학교는
어떻게
학교가 될까

학교는 어떻게 학교가 될까

함께 꿈꾸며
성장해 온
혁신학교
12년의 이야기

전남학교혁신 집필팀

 에듀니티

혁신학교를 넘어 미래학교로 도약하는 전남교육

김대중(전라남도교육청 교육감)

'함께 꿈꾸며 성장해 온 혁신학교 12년의 이야기'가
한 권의 책으로 나오게 된 것을 진심으로 축하합니다.
쉼 없이 학교혁신을 위해 실천해오신 여러분께 감사의 마음을 전합니다.

혼자서 꿈을 꾸면 한낱 꿈에 불과하지만
모두가 함께 꿈을 꾸면 그것은 새로운 세상의 시작이자 현실이 됩니다.

2010년 8개의 시범학교 운영으로 출발하여
2011년 '무지개학교', 2019년 '전남혁신학교'를 거쳐
2022년 현재 139교를 운영하고 있습니다.
학생의 행복한 배움을 위한 공교육 혁신의 필요성에 공감한
많은 학교들이 참여하여 성장하고 있습니다.

세상은 빠른 속도로 변화하고 있고
미래의 모습은 불확실하며 가야 할 길은 멀기만 합니다.
하지만 미래는 기다리는 것이 아니라 만들어가는 것입니다.

소중한 우리 아이들이
전남에서 배우고 전남에서 꿈을 이루도록 하기 위해
교육을 먼저 고민하고 변화를 시도했던 혁신학교의 성과를 계승하여
교육의 기본에 충실한 학교,
학생의 미래역량을 탄탄하게 키우는 미래학교를 만들어가겠습니다.

그동안 축적된 혁신교육의 실천을
전남교육의 자산으로 삼아야

  이 책은 전남지역의 교육 주체들이 학교를 주제로 고민하고, 학습하고, 실천했던 15년 가까운 흔적을 기록하였다. 기억은 기록을 이길 수 없다. 시간이 지나면 우리의 기억들도 희미해지고, 순환근무제의 특성을 고려할 때 그 흔적을 찾기도 어려워질 수 있다. 누군가의 가슴에 남아있는 '추억의 공동체'로 그치기에는 적지 않은 시간 동안에 함께 일구어온 '실천력'과 '자산'이 너무나 아깝다. 이 책은 저자들이 혁신학교를 매개로 무엇을 고민했고, 실천했는지를 수필, 일기와 이야기, 사진 등으로 다양하게 풀어내고 있다. 저자들은 대부분의 연구시범학교 보고서처럼 그들의 실천을 성공으로 포장하지 않는다. 혁신은 결과보다는 과정이며, 완성형이 아닌 진행형이기 때문이다.

  구조적인 제약과 한계, 난점이 없는 학교가 어디 있을까? 우리가 혁신을 하지 않아야 할, 또는 못하는 이유를 100가지 이상 이야기할 수 있다. 작은 학교이기 때문에, 관료주의가 견고하기 때문에, 입시 위주의 교육풍토가 여전히 강하기 때문에, 어려운 여건에 놓인 학생들이 많기 때문에, 우리는 무엇인가를 시도하다가 좌절하고 실패했던 경험이 DNA처럼 교사 개인과 학교문화에 박혀 있는 듯하다. 그런데 저자들은 '무엇 때문에' 안 된다고 말하기보다는, '그럼에도 불구하고'의 관점을 갖고 그들이 속해 있는 삶의 공간에서 어떻게 변화를 일구어갈 수 있는가에 초점을 둔다.

혁신은 직선이 아닌 곡선이다. 자극과 반응 모델처럼, 어떤 문제를 인지해서 무엇인가를 처방하면 그 효과가 그다음 날에 바로 나타나지 않는다. 저자들은 생각보다 쉽지 않았던 좌절과 고통, 어려움의 시간을 제시한다. 중요한 것은 '혼자'가 아닌 '함께' 몸부림을 쳤고, '사람의 마음'을 얻기 위해 노력했다는 점이다. 혁신은 사람과 사람, 주체와 주체, 기관과 기관의 연결이다. 혁신은 사람으로 시작해서, 사람으로 끝이 난다.

전남의 학교가 살길은 강남과 분당의 대도시권 학교를 흉내 내는 데 있지 않다. 오히려 대도심의 학교와 지역에 없는 우리 지역에 존재하는 고유한 무엇인가에 주목하고, 그 가치와 의미를 살려야 한다. 전남지역의 고유한 역사와 환경 그 자체가 생태전환교육과 시민교육의 중요한 원천이 아닐까? 이 책의 저변에 흐르는 지향은 학생과 학부모, 교직원의 성장이며, 그것은 사람을 존귀하게 여기는 따뜻한 마음과 문화, 상호작용으로 가능해진다. 그러한 모습은 학교자치를 가능케 하는 토대가 된다. 우리나라의 교육 역사를 보면, 국가와 시장 중심의 길에서 관료주의, 통제, 경쟁 등의 양상이 학교로 전가되었다. 이제는 제3의 길로서 '공동체의 길'을 모색할 필요가 있다. '공동체의 길'은 문서로 존재할 뿐, 문화와 일상에서 구현하기는 생각처럼 쉽지 않다. 공동체의 길은 자유주의와 공화주의의 지향점을 함께 지니기 때문이다. 동시에 학급자치, 교직원 회의, 교직원 학습공동체, 학부모 참여 등의 각 영역에서 구체화될 수 있는데, 이 책에서는 배려와 존중의 관계성을 바탕으로 3주체들이 학교라는 공간에서 충분히 성장할 수 있는 토대와 조건, 맥락, 과정, 가능성을 종합적으로 보여주고 있다. 이 책에서는 혁신교육의 보편적인 지향점이 드러나지만, 동시에 지역의 고유한 속성을 찾으려는 특수한 지향점 역시 확인할 수 있다.

아무리 생각해도 혁신학교와 혁신교육은 교육감, 교육부 장관, 대통령이 누가 되느냐에 따라서 그 운명이 결정되는 영역이 아니다. 저자들의 눈물겨운 성장기와 실천기를 보라. 기존 학교에 대해 성찰하고 반성하면서, 학교의 철학과 비전, 수업과 교육과정, 평가, 학급운영, 학교 민주주의, 생활지도, 일하는 방식 등 바꾸어야 할 영역을 놓고, 치열하게 연구하고, 공부하면서 실천하고 있지 않은가? 이러한 노력들을 가볍게 바라봐서는 곤란하다. 마땅히 그랬어야 할 학교의 모습을 만들기 위해 실천한 저자들의 흔적은 전남교육을 넘어 대한민국 공교육의 큰 자산이다. 축적된 자산을 토대로 성찰하고, 비판하고, 지킬 것은 지키고, 고도화할 것은 고도화해야 한다. 그동안 혁신교육과 혁신학교의 고민은 크게 세 가지로 범주화할 수 있다. 가치와 실천의 일반화, 실천 수준의 질적 심화, 시스템과 문화에 의한 지속 가능성이다. 이 책에서 해결의 단초를 확인할 수 있다.

김성천(한국교원대 교육정책전문대학원 교수, 교육정책디자인연구소장)

35년의 교직생활을 되돌아보니 가장 행복했던 시기는 선생님들과 함께 밤늦은 시간까지 토론하며 고민하고 아파하며 눈물 속에 아이들 성장을 지켜볼 수 있었던 때였습니다. 혁신학교를 다니며 가장 힘들었던 순간을 이야기해 달라는 학교평가단에게 "서로 배우고 나누며 함께 성장하는 가치 속에서 생활했는데, 고3이 되어 친구가 자꾸 경쟁자로 느껴지고 친구가 실패해야 내가 성공하는 것 아닌가 싶은 생각이 언뜻언뜻 들어 입시 앞에 무너지는 내 마음을 억누르는 것이 가장 힘들었다."고 답하는 아이를 보며 참 잘 컸구나, 그렇게 성장하도록 옆에서 도운 선생님들 정말 애쓰셨구나 싶었습니다. 그게 교육이다 싶었습니다.

잘 자라 좋은 이웃이 되고 또 다른 잘 자란 이웃과 만나 좋은 사회를 만들어가는 것은 혁신학교의 목표가 아니라 우리 교육의 목표입니다. 전남의 곳곳에서 아파하고 눈물지으며 아이들이 좋은 이웃으로 성장하도록 애써온 혁신학교 분투기를 읽으며 가슴이 짠해집니다. 지속가능한 교육을 응원합니다.

이범희(前 경기도성남교육지원청 교육장)

혁신교육의 위기를 이야기하는 사람이 늘고 있다. 다양한 정책적 오류가 있었던 것도 사실이고, 정책환경의 변화가 위기 담론에 불을 붙이기도 했다. 그런데 이 책을 읽다 보면 혁신교육 위기에 대한 징후보다는 희망의 근거를 찾게 된다. 10여 년 전 새로운 학교를 만들기 위한 선생님들의 고민과 실천이 건재하며, 이것이 진화와 확산을 거듭해왔고, 궁극적으로는 정책환경의 변화에도 불구하고 학교를 꿈틀거리게 하는 원동력으로 작용하고 있다는 것을 확신할 수 있게 되기 때문이다. 혹독할 수 있지만 길지 않을 시간, 이 책과 함께 꿈꾸고 새로워지면서 관념적 성찰을 넘어서자.

백병부(경기도교육연구원 선임연구위원)

전남에서는 2000년 초부터 작은학교 살리기, 마을학교 만들기, 수업혁신 운동 등 아래로부터 교사들의 자생적인 학교개혁 운동이 이어져 왔다. 이들의 노력은 민선 교육감 시대와 함께 탄생한 혁신학교 운동을 이끄는 동력이 되어왔다.

이 책에서는 이들이 혁신학교 운동을 통해 일구고 싶었던 혁신학교의 모습과 이를 실현하기 위해 학교 현장의 공동체성을 회복하고, 아이들의 삶을 가꾸는 학교로 만들기 위한 고민을 각기 다른 모습으로 잘 그려주고 있다는 점에서 의미가 있다 하겠다.

한편으로는 전남 학교혁신 10년의 궤적을 어제와 오늘을 중심으로 정리하다 보면 이 시대의 앞선 과제에 대한 교육적 의제로까지 이르지 못했다는 지적이 있을 수도 있다. 하지만 이 책을 통해 지금까지 일궈온 혁신교육의 성과를 정리하고 공유하며 되돌아보는 과정이야말로 미래교육을 새롭게 설계하는 시작점이 될 것으로 기대한다.

서길원(前 경기도교육연수원 원장)

전남혁신학교는 새로운 길을 열어왔습니다. 삶을 위한 교육을 위해 질문하고 연구와 실천으로 희망을 만드는 길은 설레었지만 두려운 시작이었을 것입니다. 이 책에는 동료들과 두근거리는 마음으로 머리와 손발을 맞대고 새로운 학교를 만들어가는 과정이 진술하게 기록되어 있습니다. 학생들을 위해 배움과 나눔을 새롭게 하고, 성장에 대한 믿음과 기다림으로 선생님의 역할도 달리하고, 학교 공간도 그에 맞춰 변화하는 이야기는 우리에게 큰 감동을 줍니다. 어려움이 어찌 없었을까요? 아이들의 성장과 행복을 위해 애써오신 선생님들께 깊은 존경을 표합니다.

김주석(남한산초등학교 교장)

프롤로그

존중과 협력을 바탕으로
학생의 행복한 삶과 배움을 추구하는 학교

교육과정과 수업 혁신으로 창의적 교육을 실현하며 구성원이 민주시민
으로 살아가는 학교. 학생 한 명 한 명이 자기 삶의 주인으로 설 수 있도록
모든 선생님과 학부모님, 지역민이 지원하는 학교. 바로 혁신학교다.

그렇다면 자기표현이 솔직하고 아직 타성에 젖지 않은 2030 청년교사
가 바라보는 혁신학교는 어떤 모습일까?

– 나와 비슷한 생각을 가진 사람들이 함께 모여 협의하는 것만으로도 즐
겁다. 내가 제안한 내용이 반영되어 학교를 새롭게 만들어갈 수 있다. 상
상이 현실로 이루어질 수 있는 곳이다.

– 혁신학교에서 아이들의 성장을 지원하는 것이 가장 의미 있었다. 더불
어 교사도 필연적으로 성장했다.

－ 교사들은 함께 모여서 연구하고 학생들은 협력해서 배우는 학교다. 학생과 교사, 학부모가 다 '재미'를 느끼는 학교다.
　－ 다른 학교에 가보고 나서야 비로소 혁신학교에서는 지극히 당연했던 일들이 당연하지 않다는 걸 느꼈다.

　－ 처음에는 거부감이 들었고 부담스러웠다. 지금도 잘하고 있는데 거창하게 혁신이라니… 하지만 선생님들과 협의를 통해 합의하고, 합의한 것을 교육과정에서 실천하니 학부모의 말투가 따뜻해졌다. 가장 큰 변화는 학생회다. 학생자치회가 0단계였던 우리 아이들이 이제는 위원회를 나누어 각종 기념일에 주체적으로 행사를 기획하고 운영하기까지 한다.

　이 책은 전남혁신학교에서 근무했거나 근무하고 있는 저자들의 혁신학교 경험담이자 실천 사례이다. 뛰어난 개인의 이야기가 아닌 공동체의 관점으로 기술한 12년의 역사이기도 하다. 학교를 변화시키고자 고군분투했던 교사에서 선생님들을 든든하게 지원하는 학교장으로, 한 지역의 교육을 책임지고 교육공동체를 견인해내는 교육장으로 계속해서 성장하고 있는 저자들이지만 여전히 누군가의 '선생님'이자 배우기를 두려워하지 않는 '학생'임에 틀림없다.
　이 책은 크게 4부로 구성되어 있다. 1부에서는 혁신학교 초기 어떠한 것도 주어지지 않은 열악한 교육여건 속에서도 주변의 선생님들, 학부모님들과 새로운 학교의 모습을 꿈꾸며 신명 나게 만들어가는 이들의 모습이 생생하게 전해진다. 특히 큰 규모의 학교 사례가 눈에 띈다. 2부에서는 교육과정과 수업 혁신으로 교사의 정체성을 찾아가고, 학교 공간을 건물이 아닌 삶의 공간으로 인식하여 학생의 배움과 연결하는 공간혁신의 이야기, 더 나아가 지역 안에서의 학교의 위상과 역할에 대해 고민하는 교사들의 모습이 그려진다. 3부에서는 초, 중, 고 학창 시절을 혁신학교에서 보낸 졸업생들의 구체적인 실화와 한 아이에서 모두의 아이를 키우는 학부모의 아름다운 삶의 실천담을 풀어낸다. 4부에서는 전남혁신학교의 어제, 오늘 그리고 내일의 모습을 도교육청과 청년교사의 시선으로 짚어본다.

〔그럼에도 불구하고: 비록 사실은 그러하지만, 그것과는 상관없이.〕

그럼에도 불구하고. 이 책에 가장 많이 등장하는 글귀다. 누군가 이렇게 열심히 살라고 강요한 적도 없고, 부와 명예로 보상한 적은 더더욱 없다. 다만, 교사는 교사답게, 학생은 학생답게, 학부모는 학부모답게 살기 위해 서로의 존재를 인정하면서 더 행복한 학교를 만들기 위해 기꺼이 손을 잡았다. 빠르게 변화하는 교육환경, 앞당겨진 미래교육의 흐름 속에서 여전히 혁신학교가 유효한 이유는 언어로 표현할 수 없는 교육적 사명감과 성장의 기쁨 그 너머에 있는 뭔가를 경험했기 때문이 아닐까.

차례

1부 · 함께 꿈을 꾸면 현실이 된다

2부 · 모두가 성장하는 학교

1부

–

함께 꿈을 꾸면
현실이 된다

–

함께 꿈꾸며
새로워지는 사람들

• 정운영 •

"새로운 학교는 어떤 학교일까요?"
"지금과는 다른 학교겠죠?"
"학교가 통째로 변하는 것이 가능할까요?"

2009년 가을, 새로운학교전남네트워크(이후 전남새학교넷) 준비위원회에서 추진하는 이우학교 탐방 길. 버스 옆자리 선생님과 나눈 대화는 '변화'라는 부분에서 그쳤지만 '새로운 학교'라는 단어만으로도 우리는 조금 들떠 있었다.

새로운 학교가 가능할까?

'사교육 없는 학교, 친구와 벗하고, 스승과 벗하고, 세상과 벗하는 학교. 수업이 즐거운 학교, 실력이 있는 학교, 서로에게 '배움'이 되고, 서로에게

'선물'이 되는 새로운 학교를 꿈꾸는 선생님들과 함께하고 싶습니다.'

2009년 10월에 만난 이우학교 탐방단 안내 문구다. '서로에게 선물이 되는 새로운 학교'라는 문구가 눈에 확 띄었다. 더군다나 100여 명의 시민들이 세운 학교라니……. 일행은 찬란한 등대를 발견한 듯 설레는 마음으로 이우학교 탐방에 나섰다. 광주·전남에서는 40여 명, 전국에서 2백여 명이 참여했다.

1~4교시 수업 참관, 5~6교시 수업 나눔 일정이었는데, 학교 공기가 사뭇 달랐다. 자유로운 아이들, 생각대로 던지는 질문들, 아이들이 살아있는 수업, 아이들이 스스로 만들어가는 학교문화가 숨 쉬고 있었다. 10여 년 전인데 이우학교 아이들은 삶 속에서 발견한 주제를 중심으로 프로젝트 수업을 하고 있었다.

학교 공간도 놀라웠다. 일반학교의 틀에서 벗어나 아이들과 삶에 어울리는 공간들이 사람과 문화를 연결하고 있었다. 일반 학교보다 조금 작은

사람은 사람을 통해 배우고 성장한다. 전남새학교넷은 사람들이 서로 바라보고 소통하며 연결될 수 있도록 '인적 플랫폼' 역할을 해왔다. 어떤 지향을 함께 만들어간다는 것은 안정감과 행복감을 준다.

교실, 교실마다 아이들 숨통이 되는 테라스가 있었고, 운동장 한편에는 커다란 정자가 있어 글쓰기, 그림 그리기 등 아이들의 또 다른 교실, 상상터, 쉼터 역할을 하고 있었다. 입학 조건이 사교육을 받지 않는 것임에도 입학을 기다리는 학생들이 많다고 했다. 학교 교육철학에 동의한 학부모들의 지지가 있어 가능했다.

이우학교 탐방을 마치고 돌아오는 길에는 '새로운 학교'라는 단어가 다르게 다가왔다. '새로운 학교가 가능하구나. 함께 꿈꾸면 만들어갈 수 있구나.' 오랫동안 풀지 못한 숙제의 실마리가 풀리듯 머릿속이 환해졌다. 희망을 본 것이다.

서로에게 '배움'이 되고, '선물'이 되는 학교

전남에서 '새로운학교네트워크'라는 이름을 걸고 진행하는 첫 연수[1]는 김춘성 선생님을 중심으로 순천별량초 송산분교에서 열린 새로운학교전남네트워크 준비모임에서 만들어졌다. 이 자리는 '새로운학교를 만들어보자'는 교사, 학부모가 함께 모인 것이라 더욱 탄력을 받았다. 자발적인 새로운 학교 운동이 경기도를 넘어 전국으로 확산되면서 전남에서도 실천운동의 씨앗들이 움트기 시작한 것이다.

2010년 1월 6일~8일 진행된 '함께 꿈꾸는 새로운 학교 직무연수'는 주춤거리고 있던 선생님들이 서로 손을 내밀고 마주할 용기를 갖게 했다. 작은 수런거림이 시작된 것이다. 학교 변화를 위해 개별적으로 노력해 왔던 선생님들의 마음을 흔드는 바람이 되었다. 이것은 개인적 노력이나 실천

---

[1] 2009년 6월 2일~18일 '새로운학교 만들기—우리 학교개혁을 위한 배움과 나눔'이라는 주제로 열렸다. 북유럽, 일본의 배움의공동체, 영국과 미국 등 외국의 다양한 학교개혁 실천 사례와 우리나라의 새로운 학교 초등과 중등 모델을 공유하고, 토론을 통해 교사들의 학교 현장 실천 방안을 찾는 연수였다.

으로 진행되어왔던 학교 변화가 공동체의 '새로운학교 운동'으로 변화되는 것을 의미한다. 운동은 개인이 아니라 '사회 안에서 같은 방향을 바라보며 조직적인 활동'을 지속적으로 하는 것이다. 더 이상 혼자가 아니라 손 내밀어 함께하는 동료들이 생긴 것이다. 함께 꿈꾸는 벗들이 있으면 먼 길도 지치지 않고 갈 수 있음을 우리는 잘 알고 있었다. 그래서 더 든든하고 무엇인가 할 수 있을 것 같은 힘을 얻었다.

혼자가 아닌 함께 움트다

새로운학교 운동. 전남 교사들의 관심은 차차 새로운학교를 구체적으로 만들어가는 내용으로 옮아갔다. 학교문화, 수업, 교육과정이 그것이다. 가장 먼저 집중한 것은 학교문화와 수업에 대한 관심이었다. 이즈음 전남새학교넷에서 추진해 나간 연수의 과정을 들여다보면 그 변화를 쉽게 알 수 있다.

연번	연수명	연수 기간	연수 주제
1	일본 배움의공동체 탐방	2010. 1. 19.~1. 23.	배움의공동체 수업 철학과 실제
2	호남권 혁신학교 연수	2010. 7. 29.~7. 30.	학교혁신을 위한 리더십, 수업
3	배움의공동체 교사 실무과정	2010. 8. 18.~8. 20.	배움의공동체를 통한 혁신학교
4	학교혁신 교사 실무과정	2011. 1. 19.~1. 21.	학교혁신의 철학과 실천 전략
5	새로운학교 2011년 여름 워크숍	2011. 7. 23. ~ 7. 24.	혁신학교 성공과 실패, 학교문화
6	배움의공동체 수업 분석 과정	2011. 8. 10.~8. 12.	배움의 공동체 수업 분석
7	전남 학교혁신 활동가 겨울 연수	2011. 12. 29.	수업 · 교육과정 철학과 관점
8	배움의공동체 수업 분석 과정	2012. 8. 1.~8. 3.	배움의 공동체 수업 분석
9	학생중심 수업 '수업 대화 모형'	2012. 8. 6.~8. 10.	학생중심 수업

이때 전국새로운학교네트워크에서는 한 걸음 앞선 연수를 진행하고 있었는데, 전남 회원들도 삼삼오오 전국 차원에서 진행되는 연수에 참여하여 새로운 교육의 물결을 놓치지 않으려 애썼다. 회원들은 함께 연수를 듣고 머리를 맞대 연구하고 협의해 나갔다.

연번	연수 명	연수 기간	연수 주제
1	새로운학교 리더십 연수	2011. 1. 17.~1. 26.	미래사회와 학교혁신의 방향
2	혁신학교 리더십 연수	2011. 7. 25.~8. 3.	새로운 사회변화와 학교개혁
3	새로운학교네트워크 핵심 회원 역량 강화 워크숍	2012. 5.~11.(토 6회)	학교혁신 방향과 과제
4	학교혁신 리더십 직무연수	2012. 7. 28. ~ 7. 31	학교혁신과 리더십

무지개학교의 '씨나락' 되다

새로운학교에 대한 열망은 2009년 경기도교육청에서 먼저 구체화되기 시작했다. 경기도교육청에서 '혁신학교'를 모델학교로 지정하기 시작하자 전국적으로 혁신학교에 대한 관심이 높아졌다. 전남에서도 새로운학교 운동이 학교개혁의 마중물이 될 수 있도록 체계적인 준비를 해나갔다. 2010년 교육감 선거를 통해 전남지역에 확산되는 계기가 될 것으로 예상했다.

2011년 2월 22일 전남새학교넷 준비위원회는 총회와 워크숍을 열어 '지역과 학교 단위 소모임 차원의 새로운학교 운동을 이제는 전남교육의 미래를 준비하는 운동으로 한 차원 끌어올려야 할 시점'임을 확인했다. 혁신학교에 대한 기대와 바람이 불던 때였다. 여세를 몰아 같은 해 5월 20일 전남새학교넷을 창립하기에 이른다.

정식으로 출범한 전남새학교넷은 지역별 연구모임 운영을 통한 구체적

함께 배우고 함께 나누면 더 행복하다. 전남새학교넷은 2009년부터 지금까지 방학 때마다 학교문화 · 수업 · 교육과정 · 생활교육 등 전남교육의 오늘과 미래에 대해 직무연수를 진행해왔다.

인 활동 공유와 무지개학교 교사[2] 지원, 직무연수 운영, 무지개학교 운영에 필요한 강의 및 컨설팅 활동 등을 지원하였다. 120여 명의 선생님들이 회원으로 함께하기 시작했다. 초대 대표는 준비모임부터 주도적인 역할을 해왔던 김춘성 선생님이 맡았다. 개인적 실천 운동에서 집단적 실천으로 전환하는 새로운학교 운동이 본격적으로 닻을 올린 것이다.

전남새학교넷은 학교 변화를 지향하는 선생님들의 연대 단체로 소통과 나눔, 협력의 네트워크를 통한 연구 · 실천 활동을 목적으로 출발했다. 새로운학교 운동을 통해 낡은 교육을 탈피하고 21세기 새로운 교육을 실현하기 위해 '새로운 학교의 상과 방향을 모색하며, 현장 선생님들과 연구자의 긴밀한 연결망을 꾸렸다. 교실과 학교에서 새로운 교육의 모델을 창출하고 확산을 시도한 것이다.

전남에서는 이러한 노력들이 모아져 2011년 전남형 혁신학교인 무지

---

2 전남교육청에서 지정한 혁신학교. 2019년 이후 '전남혁신학교'로 개칭

개학교가 30개 지정 · 운영되었다. 이중 전남새학교넷을 중심으로 구체적인 준비를 해왔던 선생님들이 주도적으로 참여한 학교가 약 10개교였고, 2014년에는 75개 무지개학교 중에서 30여 개의 학교로 발전해왔다. 30여 개의 학교와 선생님들은 전체 무지개학교의 거점학교와 길잡이 역할을 맡았다.

전남새학교넷과 무지개학교의 시너지효과

변화되는 여건에도 흔들림 없는 중심이 필요했다. '무지개학교'라는 제도 속의 학교혁신은 여러 가지 한계가 있었다. 무지개학교로 지정이 되었어도 그 학교에 중심 교사가 없으면 제대로 방향을 잡지 못했다. 일부에서 '무늬만 무지개학교'라는 말이 생겨난 것도 학교혁신의 이런 어려움을 반영한 것이었다.

무엇을 조금이라도 바꾸어간다는 것은 결코 쉬운 일이 아니다. 특히 학교라는 거대한 조직을 변화시켜 나가는 일은 어마어마한 에너지와 노력, 협력, 인내와 고통이 요구된다. 개별로 교실 수업에 충실하던 교사들이 수시로 협력하고 협의하고, 연대하고, 연구하며 실천해야 아주 조금씩 변한다. 그렇다고 늘 순항하는 것도 아니다. 때로는 갈등이 생기고, 반목과 반대에 부딪히기도 한다. 변화는 때때로 살을 깎는 고통을 요구한다. 그러니 폭풍우에도 흔들리지 않을 든든한 선장과 기둥들이 필요했다.

하지만 돛대가 되어줄 교사들이 어느 날 갑자기 우뚝 세워지는 것은 아니다. 학교 안에서 교사들이 성장하고 세워지기 전에 어딘가에서는 중심 교사들이 성장할 수 있도록 옹달샘 역할을 해야 했다. 서로 기대고 공유하고 연대하는, 지칠 때 목을 적실 샘물이 절실한 시기였다. 무지개학교라는 제도에서 담아내지 못한 것들을 전남새학교넷이 서로 연결하며 도도히 흐르는 물결이 되려고 애썼다. 그래서 전남새학교넷에는 무지개학교에 근무하지 않더라도 학교 변화와 혁신에 관심이 있는 선생님들이 함께 참여했다.

방학 때마다 학교문화, 수업, 교육과정, 학생생활교육 등 학교혁신에 관련한 주제들로 연수를 열어 함께 공부했고, 거기서 조금씩 성장한 전남새학교넷 회원들이 무지개학교로 들어가 학교를 만들었다. 그러니 무지개학교의 토대를 다지고, 그 무지개학교를 일구는 엔진 역할을 전남새학교넷 회원들이 담당했다고 해도 지나친 말은 아니다.

이는 "2009년 준비위 과정을 거쳐 2011년 전남새학교넷이 출범하였고, 그 열망으로 현재 51개의 무지개학교가 있다고 생각한다. 99명의 정회원과 200명의 온라인 회원이 참여하면서 여기까지 왔다."는 2013년 5월 1일 전남새학교넷 김춘성 대표 이임사에서도 드러난다.

지역 소모임 대표자들이 모인 이날 활동가 워크숍에서 다음 대표를 맡은 강성윤 대표는 "전남새학교넷은 전남 혁신학교 운동의 마중물 역할을 해야 한다."며 무지개학교 밖 교사들까지도 정보를 공유하는 것에 대해 제안하기도 했다. 그만큼 무지개학교를 세우고 일구는 역할을 회원들 스스로도 주요 활동으로 여겨온 것이다.

실제 회원들 대부분은 전남새학교넷과 무지개학교 활동을 분리해서 생각하지 않았다. 전남새학교넷의 연수와 활동 내용들은 무지개학교가 나아가야 할 방향과 내용에 대한 고민들이었고, 그 고민들은 고스란히 무지개학교 실천으로 옮아갔다. 전남새학교넷은 자발적으로 모인 개인들이 집단 속에서 성장하는 토대가 되었고, 그 토대에서 자라난 사람들이 실천하는 단위는 전남혁신학교이거나 학교혁신 운동이었다.

지속 가능한 변화는 30년, 100년이 필요하다

그래서인지 '무지개학교를 전남교육청 차원에서 운영하고 있는데 새로운학교네트워크가 꼭 필요해?'라는 질문이 가끔 나오기도 했다. 그 시기 2015년부터 2016년까지 2년간 필자가 전남새학교넷 대표를 맡게 되었다. 전임 대표와 활동이 왕성한 선생님들이 함께해주어 큰 힘이 되었다.

'새로운학교네트워크 꼭 필요? 왜 필요하지?'

대표를 맡으며 스스로에게 물었다. 선생님들의 어깨동무가 학교 변화의 큰 물결을 만들고, 토양이 된다고 생각했다. '나 홀로 또는 몇몇이 어렵게 학교 변화의 꽃을 피워도 우리 한 송이 한 송이를 이어주는 벌과 나비가 없다면 튼실한 열매를 맺기 어려울 것이다. 함께해야 오래 할 수 있고, 같이 해야 변화를 만들 수 있다. 지속가능한 변화를 위해서는 30년, 100년이 필요하다.'고 생각했다.

지금 당장 제도 안에서 무지개학교가 운영되고 있으니 선생님들의 자발적인 운동성은 이제 접어도 된다고 생각할 수 있지만, 정책과 제도라는 것은 언제든지 변할 수 있다. 무지개학교가 당시 전남교육청의 정책으로 채택되었지만, 만약 다른 교육감이 들어서면 어찌 될지 알 수 없는 일이다. 그리고 학교의 변화와 혁신이라는 것이 제도 안에서 정책으로 추진되면 완성될 수 있을까? 필자는 제도만으로는 한계가 있다고 생각했다. 제도라는 것은 언제든지 변할 수 있는 불안정한 것이고, 현장 교사들의 자발성과 열정이라는 강물과 함께하지 않을 때는 쉬이 말라비틀어질 수 있다.

실제로 무지개학교를 성공적으로 운영하고 있는 학교는 '중심 교사 그룹의 형성'이라는 공통점이 있었다. 자발적으로 학교 변화를 위해 노력하는 교사 그룹 형성 여부가 중요한데, 전남새학교넷은 초기부터 중심 교사들이 성장하는 텃밭 역할을 해왔다. 현재를 공유하고, 좀 더 먼 미래까지 우리의 노력이 흐르도록 서로를 이어주는 '벌·나비' 같은 존재, 앞으로 백 년을 이어갈 학교혁신의 '아름다운 유전자'를 만드는 역할이 필요하다고 생각했다. 그래서 선생님들의 참여는 우리 교육의 지속가능한 DNA를 만들어가는 매우 긴요하고 소중한 일이라고 강조했다.

새로운학교 연구동아리

그렇다고 전남새학교넷이 엄청난 역할과 많은 일을 해 온 것은 아니다. 그저 쉬지 않고 전남새학교넷이라는 터전을 지켜왔을 뿐이다. 회원들은 대개 교육 현장에서 무지개학교 담당자로, 혁신교육지구 활동가로, 전문적학습공동체 일원으로, 1인 3역~5역을 하고 있었기 때문에 전남새학교넷라는 이름으로 큰 역할을 해나가는 것은 쉽지 않았다.

그런 상황에서 우리가 중심적으로 해왔던 것은 지역에서 연구동아리(소모임 활동)를 꾸리는 것과 방학 때마다 학교혁신에 관련된 연수를 열어 선생님들을 서로 연결하는 것이었다.

연구동아리는 광양, 순천, 여수, 장성, 해남, 담양 등 전남새학교넷 중심으로 꾸려 활동을 시작했다. 2010년에는 새로운학교네트워크 회원들이 각 지역에서 주축이 되어 '새 학교 연구회(구례), 배움의공동체 연구(목포 중등), 작은학교 소모임(순천·광양 중등), 행복한 학교 만들기(여수 초등), 배움과 협력 사례 연구모임(장성), 새로운학교 해남교사모임, 새로운학교 담양모임' 등을 꾸려나갔다. 이때 연구동아리는 주로 전남새학교넷 회원들이 중심이 되어 '새로운학교'와 '배움의공동체 수업' 등에 관심이 많았음을, 이름을 통해서도 알 수 있다.

운동에서 제도로

전남새학교넷 연구동아리[3]는 무지개학교 연구동아리와 겹치면서 경계가 무의미해졌다. 2015년 무지개학교 연구동아리들을 살펴보면 전남새학교넷 중심 연구동아리들이 제도 안의 무지개학교 연구동아리로 옮아가고 있음을 알 수 있다.

2010년 동아리에는 '새로운학교'라는 이름이 많이 등장했던 것에 비해 2015년 연구동아리에는 '무지개학교연구회'라는 이름이 자주 등장하는 것이 특징이다. 이 시기에도 전남새학교넷 회원들이 주도하는 연구동아리들이 많았으나, 전남새학교넷 차원에서 시작했던 동아리들이 무지개학교 연구동아리와 차츰 통합 흡수되고 있음을 알 수 있다.

이즈음 전남새학교넷은 새로운학교를 위한 자발적인 지역 모임을 일구며 100여 명 회원으로 외연의 확대는 이루었으나 새로운 회원 확대는 부분적으로 정체되고 있었다. 당시 전남새학교넷과 지역 동아리들의 관계성이 모호해지면서 전남새학교넷의 조직 형태에 대한 고민이 깊어지는 상황이었다. 그래서 지역 모임의 내용성을 무지개학교 연구모임으로, 질적으로 성장 발전시키고자 했다.

중심 선생님들이 지역과 학교에 역량을 집중하고 있어 전남새학교넷의 역량으로 묶어 세우는 데는 어려움이 있었다. 다른 관점에서 보면, 전남새학교넷 회원들이 무지개학교라는 정책을 떠받치는, 전남 혁신학교 운동의 기둥 역할을 하고 있다는 방증이기도 했다. 전남새학교넷 활동의 무게중

---

3 새로운학교 연구동아리를 살펴보면 다음과 같다. '목포지역초등무지개학교연구회, 서남권배움의공동체수업연구회, 늘솔길·꿈틀샘·늘해랑(여수), 행복한학교를만들어가는순천교사모임, 순천무지개학교연구회, 빛깔있는유치원교사연구회, 무지개학교연구회 옹달샘, 나주무지개학교연구회, 행복한학교를꿈꾸는광양초등교사연구회, 새로운학교순천·광양교사연구회, 광양배움의공동체연구회, 담양무지개학교연구동아리, 구례학교혁신연구회, 전남교육과정연구회, 장흥무지개학교연구회, 해남새로운학교교사연구회, 서남권중등무지개학교만들기연구회, 장성수업연구모임, 백암배움터, 자유의지(완도), 행복한교실만들기(진도)' 등이다.

심이 '운동에서 제도로' 이동하고 있는 시기였다.

실제로 전남새학교넷 회원들은 전라남도교육청과 교육지원청의 무지개학교지원단, 무지개학교컨설팅단, 신규 지정을 위한 무지개학교심사단, 평가를 위한 무지개학교평가단 활동을 해왔다. 이는 2018년 무지개학교가 '전남혁신학교'로 이름이 바뀐 뒤에도 지속되었다. 그러다 보니, 어디서부터 어디까지가 전남새학교넷 활동이고 어디서부터 어디까지가 무지개학교 활동이라고 말하는 것은 큰 의미가 없었다. 활동 내용과 실천이 연결되어 있다 보니, 운동과 제도로서 서로 경계를 넘나들기도 했고, 그 경계를 무너뜨리기도 했다. 경계가 흐려졌다는 것은 그만큼 전남새학교넷 활동이 무지개학교 활동으로 스며들었다는 것을 의미한다.

연수, 서로를 연결하는 배움

전남새학교넷은 자연스럽게 혁신 교육에 대한 깊이 있는 연수를 꾸려가는 것에 더 집중하게 된다. 혁신교육의 지속가능성을 열어가는 자발적인 배움이 중요하다고 여겼다.

'학교가 세대의 말단까지 지혜의 혈액을 공급해주는 문명의 심장'이라면, 그 지혜를 제공하는 교사들은 학교의 또 다른 심장이자 혈관이라 할 것이다. 전남새학교넷은 연수를 통해 교사들 스스로 지혜를 찾고 전수의 내용을 함께 만들어가는 장을 마련하고자 했다.

매년 여름방학과 겨울방학 두 차례에 걸쳐 주로 1박 2일(15시간) 연수를 진행했는데, 2014년부터는 연수를 기획하고 진행하는 역할을 학습연구년 중인 전남새학교넷 회원들이 주로 맡아왔다. 연수를 기획하고 진행하는 일은 생각보다 많은 역량을 필요로 하여 현장에서 수업하는 회원들보다는 조금 더 시간을 낼 수 있는 학습연구년 회원들이 맡기로 한 것이다. 제도 변화에 따른 적절한 역할 분담이었다.

연번	연도	연수 명	연수 기간
1	2014	혁신학교 새내기 연수	2014. 1. 7.~1. 9.
		무지개학교 교육과정 만들기	2015. 1. 3.~1. 4.
2	2015	함께 만드는 무지개학교 교육과정	2015. 7. 26.~7. 27.
3	2016	학생중심 수업하기와 전문적 학습공동체 만들기	2016. 7. 28.~7. 29.
		다시, 혁신교육을 생각하다	2017. 1. 23.~1. 24.
4	2017	혁신교육을 확장하다	2017. 7. 27.~7. 28.
		혁신교육 현실과 마주하다	2018. 1. 12.~1. 13.
5	2018	미래교육, 현장에서 답을 찾다	2018. 8. 9.~8. 11.

전남새학교넷은 직무연수를 통해 수업과 교육과정, 회복적생활교육, 학교문화 등에 대해 현장 교사들과 연구하며 소통했다. 학습연구년 중인 선생님들의 집단지성이 집약되어 기획된 연수들이어서 이즈음 연수들에 대한 참여 교사들의 호응이 아주 좋았다. 특히, 양혜단 선생님이 전남새학교넷 대표를 맡은 2017년부터 2020년 시기에는 실행학습[4] 방식으로 연수를 진행, 연수의 질이 한 단계 높아지는 시기였다. 연수를 받은 선생님들은 시나브로 수업과 교육과정, 학교 변화라는 물결에 젖어들었다. 또한 연수 후 전남새학교넷 회원으로 가입하는 선생님들도 꽤 있었다. 현장 교사들에게 높은 호응을 받으며 깊이를 더해가는 시기였다.

---

4 Reason & Bradbury(2001)는 '실행 연구'를 인간에게 가치 있는 목적을 추구하는 데 필요한 실천지식을 획득해가는 참여적이고 민주적인 과정으로, 타자와의 공동 참여 속에서, 넓게는 개인과 그들이 속하는 공동체의 번영을 추구하는 가운데 행위와 성찰, 이론과 실천의 통합을 추구하는 것으로 정의하였다. 또한 실행 연구의 특징을 다음과 같이 설명하였다. 첫째, 사람들의 일상에 유용한 실천지식을 산출하는 것을 주목적으로 한다. 둘째, 실천적 결과 달성과 함께 새로운 형태의 이해를 창출하고자 한다. 행위 없는 이론이 의미가 없듯이 성찰과 이해가 없는 이론은 맹목적인 것이다. 셋째, 사람들의 일상사와 함께하면서 실천 지식을 추구하므로 참여적 연구의 성격을 지닌다. 넷째, 실행 연구에서 얻어지는 지식은 완결된 명사형이 아니라 끊임없이 형성되어가는 동사형이다.

전국새로운학교네트워크와의 연대

　연수의 질적 변화를 가져온 실행학습 연수는 전국새로운학교네트워크
에서 도움을 받아 가능했다. 강의 중심에서 벗어나, 연수 참여자들이 스스
로 해결과제를 도출하는 방식으로, 이론과 현장의 경험이 결합될 수 있도
록 운영하는 것이다. 전국새로운학교네트워크는 2010년부터 실행학습 연
수를 조금씩 시도하다가 2017년 본격적으로 실행학습 연수를 진행해왔
다. 전남새학교넷 연수에 경기네트워크 선생님들이 먼 길을 달려와 기획
에 도움을 주거나 강사로 지원해주기도 했다.

　연수뿐 아니라 전남새학교넷이 힘을 얻고 지속가능성을 가질 수 있었던
것은 전국새로운학교네트워크라는 큰 물결과 함께했기 때문이다. 2009년
부터 방학마다 연 2회 전국 연수를 진행했는데, 필자도 빠짐없이 참석하
려 노력했다. 이유는 전국연수에서 지역의 교육 운동 변화는 물론 세계적
인 흐름과 도전들을 만날 수 있었기 때문이다. 전국 연수는 교육 활동에
대해 새로운 영감을 얻고, 고심하던 과제를 함께 풀어나가는 시간이었다.
그래서 전남새학교넷 선생님들은 해마다 5~10명씩 짝을 지어 빠지지 않
고 전국 연수에 참석, 큰 흐름을 놓치지 않으려 노력했고 그것을 전남 연
수와 전남에서의 학교혁신 운동에 반영해왔다.

　전국새로운학교네트워크[5]는 '새로운 학교 깊고 넓게 뿌리 내리기, 새로
운 학교! 넓게 만나고 깊게 소통하기, 우리 더불어 숲이 되자, 교육정책 토
론, 새로운학교 리더십 아카데미' 등의 활동가 워크숍과 정책 포럼 등을
통해 주요 교육 의제와 교육 운동을 주도해왔다.

5　전국새로운학교네트워크는 2008년 (가칭)새로운학교네트워크 추진단을 구성하며, 2011년 9월 정식 출
　범했다. 더욱 다양한 활동을 위해 2014년 1월에는 스쿨디자인21과 통합하여 사단법인 새로운학교네트
　워크를 설립하기에 이른다. 사단법인 새로운학교네트워크(이하 (사)새로운학교네트워크)로 설립, 전국
　11개 지역네트워크에서 1천5백여 명의 회원들이 활동하고 있다. 사단법인 이후 김춘성 선생님과 필자
　가 전국 이사로 활동했다.

교실에서 학교 중심으로

(사)새로운학교네트워크가 초기에 집중해 온 것은 학교문화다. 학교문화의 변화를 통해 수업과 교육과정까지 변화시키려는 전략을 가지고 있었다. 애국 조회 없애기, 반성 조회 없애기, 민주적인 협의 문화 만들기 등교장과 교사 사이의 비민주성을 없애려 노력했다. 상벌점제 없애기, 점수로 하는 성적표 없애기 등 교실에서 교사와 학생 사이의 비민주성을 해결하기 위해서도 애썼다.

또한 학교 변화를 위해 교실 중심에서 학교 중심으로, 수업 중심에서 교육과정 중심으로 연구·실천해왔다. 실질적인 학교 변화와 개선을 위해각자의 실천 경험을 공유하고, 그 과정에서 학교의 변화과정을 실천적 이론으로 정리한 것이다.

이 과정에서 개인주의와 교실주의 문화를 극복하고, 교사들의 협력문화를 만들려 노력했다. 학습공동체를 통해 토의 토론 수업, 팀티칭 등 새로운 수업에 대한 연구가 활발하게 이루어지고, 교사들의 협력 문화가 전국으로 확산되었다. 교사 개인의 교실 실천을 넘어서 교사들의 협력적인 실

전국새로운학교네트워크 새넷학습터와 소식지(웹진)를 통해 세계 교육의 흐름과 사례, 우리나라 교육 의제, 새로운학교 소식 등을 나누며 혁신학교 운동에 새 물을 제공하고 있다.

천을 통한 학교 변화를 일구어내는 학교 실천 운동의 방향을 만들어 낸 것이다.

이러한 흐름은 새로운학교네트워크 전국 연수와 총회 등을 통해 전국의 혁신학교 운동과 전남혁신학교 방향에 영향을 미쳤다. 전남새학교넷 회원들이 전남혁신학교지원단, 전남혁신학교컨설팅단, 전남혁신학교평가단과 각 혁신학교 주요 활동가로 활동을 해왔기 때문에 서로 넘나들거나 융합되는 것은 당연한 일이었다.

전남혁신학교에서도 교실보다는 학교 중심으로, 수업보다는 교육과정 중심으로, 개별보다는 교사들의 협력과 민주적인 협의 문화, 학습공동체를 중심으로 학교 변화를 만들어가려 노력해왔다.

'전남교육과정연구회' 학교 교육과정 새 장을 열다

이러한 변화를 위해 전남새학교넷은 집행부, 학습연구년 회원을 중심으로 하는 연수위원회, 연구 활동을 하는 연구위원회를 중심으로 활동하였다. 초기 연구동아리가 지역마다 활발하게 운영될 때는 연구동아리 대표들을 중심으로 운영위원회를 세워 활동하였으나, 2017년 이후부터는 운영위원회보다 연수위원회와 연구위원회, 집행부 중심으로 운영되었다.

특히 2015년에 만들어진 '전남교육과정연구회'는 지금까지도 그 명맥을 유지하며 연수와 전남새학교넷 운영의 중추적인 역할을 해왔다. 첫해 전남교육과정연구회는 2014년 학습연구년을 마친 회원들을 중심으로 꾸려졌으나 다음 해부터는 2015년 학습연구년팀이 합류하여 학습연구년의 성과를 지속적이고 체계적으로 축적해가고자 했다.

(사)새로운학교네트워크 전국 연수에서 학교 교육과정을 함께 만들어가는 것이 학교 교육력을 세우는 데 얼마나 중요한 일인가를 깨달은 회원들

이 교육과정에 대한 체계적인 연구를 하고자 함께 매달 1회 모인 것이다.

하지만 모임 자체가 쉽지 않았다. 학교 수업 끝나고 전남 각 지역에서 1시간 이상씩 운전을 하고 모여야 했기 때문이다. 김밥과 어묵 국물로 저녁을 때우고 서너 시간씩 토론을 하고 나면 녹초가 되어 집에 돌아오곤 했지만, 전남교육과정연구모임만큼은 회원들 대부분이 빠지지 않고 참석했다. 그만큼 교육과정 연구 실천에 대한 열정이 높았고, 교육과정이 학교 교육과 학교자치의 핵심임을 알고 있었기 때문이다. 우리는 교육과정 연구를 통해 혁신학교에서 지향해야 할 교육과정 재구성의 관점, 재구성 및 개발의 실제, 혁신학교에서 진행되고 있는 교육과정 사례연구 등을 통해 전남교육에 맞는 교육과정의 방향을 찾고자 했다.

"50대 언니들까지도 학교 수업 마치고, 먼 길 달려와 밤늦게까지 같이 공부하고 고민하는 모습을 보며 정말 놀랐어요. 몸이 힘들다고 하면서도 김밥 한 줄에 끼니를 기대며 아이들 교육을 이야기하는 것을 보며 많이 배우고 참 존경스러웠어요. 한두 해도 아니고 수년 동안 그걸 다 봐왔잖아요."

전남교육과정연구모임을 함께하던 어떤 후배 선생님의 회고담이다. 학교자치는 학교교육의 핵심인 교육과정을 학교 구성원들이 함께 만들고 함께 운영하는 것으로부터 시작된다는 것을 알게 되었다고 한다. "교사는 교육과정 개발자로서 우뚝 설 때 비로소 교육전문가가 되어가는 것 같다"는 말도 덧붙였다.

'학교 교육과정 함께 만들기'의 첫걸음

전남교육과정연구회 활동이 기반이 되어 전남새학교넷에서 주관하는 연수에 2014년부터 '역량중심 교육과정 세우기, 무지개학교 교육과정 만들기, 학교 교육과정 함께 만들기' 등의 연수가 활발하게 꾸려졌다. 특히 2015년부터는 함평교육지원청의 요청으로 함평 지역 관심 있는 교사들을 대상으로 교육과정 재구성에 대한 연수를 학교 현장 단위에서 진행하기 시작했다.

그러다가 교육과정 재구성 차원을 넘어 학교 교육과정 함께 만들기로 바뀌는 계기가 생긴다. 2018년 가을 함평교육지원청 학교혁신 장학사가 전남새학교넷에 함평지역 학교를 대상으로 학교 교육과정을 함께 세우는 실행 연수 진행을 정식으로 제안했다.

교육과정을 함께 만들어가는 경험을 학교 현장 선생님들과 나누고자 한 담당 장학사의 과감한 도전 덕분에 여러 가지 어려움 속에서도 세 명의 회원이 함평지역 7개 중학교를 지원했다. 학년말 현장 선생님들과 직접 학교 교육과정을 세우는 실행 연수를 전남에서는 최초로 학교 단위로 진행하게 된 것이다. 함평지역 초등학교는 경기새로운학교네트워크 선생님들이 도움을 주었다.

이후 무안, 목포, 영암, 영광, 진도, 고흥 등 교육지원청과 전라남도교육청, 전남교육연수원에서도 교사들이 직접 참여하여 학교 교육과정을 만드는 연수를 배치하며 전남에서 크게 확산된다. 물론 전남새학교넷 전남교육과정연구회 선생님들이 실행연수안을 함께 만들며 강사로 나섰다. 전남교육과정연구회의 몸부림이 전남혁신학교 운동에 작은 파장을 만들어 내기 시작한 것이다.

2019년부터 전라남도교육청에서 추진하고 있는 새학년집중준비기간도 그 영향을 받아 추진된 정책이다. 학교 구성원들이 새 학년이 시작하기 전에 모여 학교 교육과정을 함께 만드는 시간을 제도적으로 보장하고 지원하자고 제안했고, 그것이 정책으로 만들어져 지금은 혁신학교뿐만 아니라 전남의 모든 학교들이 새학년집중준비기간을 운영하고 있다.

아직 학교 현장에서 경험이 부족하다 보니 주춤하는 학교도 많지만, 전남혁신학교를 중심으로 우리 학교 교육에 대해 함께 고민하고, 우리 학교 아이들에게 맞는 교육과정을 만들어가는 시간을 내고 있는 것이다.

학교 구성원들이 우리 학교 아이들에게 맞는, 우리 학교 교육과정을 함께 만드는 것이 얼마나 중요한 것인지 알기에 지금도 전남교육과정연구회 회원들은 각자 또는 같이 자신의 학교는 물론, 전남혁신학교를 비롯한 일반학교들의 학교 교육과정 함께 만들기를 지원하고 있다.

이렇게 한 걸음씩 나아가다 보면 전남의 많은 학교에서 구성원들의 교육철학과 비전, 학생들에게 필요한 역량 등이 담긴 교육과정들이 만들어질 것이다. 그 작은 시작과 실천을 전남새학교넷과 전남교육과정연구모임이 내디뎠다고 자부한다.

오늘도 내일도 새로운 길을 열어가다

새로운학교 운동은 네트워크 방식으로 결합력이 다소 느슨한 편이다. 여러 방향으로 끊임없이 새로운 연결망을 만들어 내는 구조로 각 단위가 주체가 되어 스스로 서고, 열려 있는 것이 네트워크 운동의 특징이다. 조금은 느슨하지만 각 지역의 새로운학교네트워크가 자체적으로 활동력을 지니며 수평적으로 서로 연결되는 방식이다. 특정 이슈를 중심으로 상향식 의제 수립과 자발적인 참여를 바탕으로 운동을 전개해 왔다.

이전에는 다양한 학자들의 이론을 가지고 학교개혁을 추진했지만 실패하였다. 혁신학교가 성공할 수 있었던 것은 학교 변화에 대한 실천의 경험과 이를 정리한 이론을 현장의 교사들이 가지고 있었기에 가능했다. 실천 운동을 통해 학교 현장의 변화라는 경험을 키우고, 다시 그 경험을 정리한 실천적 이론을 가지면서 혁신 교육의 바탕이 되어 온 것이다.

전남새학교넷은 양혜단 선생님 이후, 2021년부터 박효숙 선생님이 대표를 맡고 있다. 코로나19 여파로 2020년 이후 전남새학교넷 연수를 진행하지 못하다 2022년에야 '학교혁신 역량 강화 직무연수(2022. 8. 11.~8. 12.)'를 60여 명이 참석한 가운데 진행했다. 교육의 생태적 전환, 환경교육의 실제, 교육과정 재구성과 프로젝트 수업, 전남 교육정책의 방향, 체인지메이커에 대해 이틀 동안 함께 머리를 맞대고 이야기할 수 있다는 것이 얼마나 행복한 일인지 새삼 깨닫는 시간이었다.

우리는 스스로에게 끊임없이 묻는다. 우리가 추구해 온 교육 비전과 실천 활동은 앞으로도 유용한가? 새로운 시대적 변화 앞에서 새롭게 바뀌어야 할 것은 무엇인가? 지금까지 그래왔듯이 동료 교사, 학부모들과 함께 머리와 손발을 맞대면 새길이 보일 것이다. 연구와 실천 속에 새 길이 열릴 것이다. 우리는 '함께 꿈꾸며 새로워지는 사람들'이다. 오늘도, 내일도 전남혁신학교 운동의 새로운 길을 열어갈 것이다.

길이
시작되다

• 김현진 •

만남이 행복으로 이어지다

2007년 9월 8일

세월이 지나도 변하지 않는 것이 있더라. 대학 친구들, 선후배들을
오랜만에 만났다.

우리들의 이야기는 날이 새도록 이어졌고, 학교생활에 대한 아쉬
움은 산더미였다.

힘들다는 것은 그 문제 상황이 어려운 것이 아니라

스스로 선택하고 결정하지 못하는 자신이 어렵다는 것이었다. 결
단이 필요하다.

경력 10여 년 차의 교사가 되었다. 시골 작은 학교부터 도시의 큰 학교
에 근무하기까지 많은 사람들과 아이들을 만나면서 늘 바람이 있었다. 교
육과정을 재구성하고 학급을 운영하는 활동을 혼자가 아니라 함께하고 싶

었다. 그러나 동료 교사를 설득하는 일은 버거웠다. 뿐만 아니었다. 관리자의 성향에 따라 학교 문화는 너무나 쉽게 바뀌어 버렸다.

그즈음 남한산초등학교의 이야기를 접하게 되었다. 동료 교사들이 함께 모여 교육과정을 고민하고, 아이들과 학부모도 함께 만들어가는 학교가 있다는 것이다. 주변에 이러한 학교를 꿈꾸는 사람들과 '학교'를 이야기하며 만나기 시작했다. 우리 지역도 가능하지 않을까 하는 기대, 전국의 몇 개 학교가 이미 시도를 하고 있으니 우리는 좀 더 수월할 것이라는 바람, 모두가 원하는 교육과정을 함께 만들어 갈 희망으로 가슴이 두근거렸다.

그렇게 마음을 모으고 자료와 정보를 찾아 고민하던 중, 우연히 학부모의 전화를 받게 되었다. 우리 지역에서도 남한산초등학교처럼 대안적인 교육과정을 접목시키는 학교가 있었으면 좋겠다는 제안이었다. 그렇게 같은 뜻을 지니고 있는 몇몇 교사, 학부모와 만났고 그 속에서 함께 '작은 학교'를 일굴 수 있으리라는 확신을 가졌다.

그해 가을, 겨울은 참으로 가슴이 따스했다. 우리는 '새 학교를 꿈꾸는 순천시민의 모임'을 만들어 공부, 토론, 초청강연 등을 통해 학교를 준비했다. 홍보 자료를 만들고 이러한 교육적 시도에 공감하는 학부모들을 모았다. 예상보다 반응은 뜨거웠다. 함께 하려는 학부모들의 숫자는 한 주 한 주가 다르게 우후죽순처럼 늘어났다. 모임에 참여하여 작은 감동을 받은 학부모들이 주위 사람들에게 이야기하여 입소문이 나게 되었다. 우리는 학부모와 교사들의 토론 결과를 바탕으로 '새학교 모임'에 대한 홍보물을 만들어 지역의 학부모들에게 안내하였다.

그 무엇보다 사람을 소중히 여기는 '새 학교'를 만들어 가고자 합니다.
아이들과 함께 자신의 삶을 가치 있게 만들고 배움과 삶이 하나가 되며 배움의 과정이 행복이 되는 학교를 가꾸어 나가려고 합니다.

무엇이 되기보다 어떻게 사는 것이 소중한지 생각하는 학교를 만들어 보고자 '새학교를 꿈꾸는 순천시민의 모임'을 만들었습니다.

1. 자율과 자유, 그리고 창의적 삶을 생각하는 자주적인 학교를 만들고자 합니다. 새 학교는 자율과 자유, 창의적 삶의 즐거움을 교육을 통해 경험하고 실천하는 공간이 되길 바랍니다. 아이들은 두려움 없이 즐겁게 배우고 자신 있게 행동하며, 학교와 교사는 아이들의 자발적인 움직임을 소중히 여기며 소통합니다.

2. 삶을 가꾸어가며 배우는 학교를 만들고자 합니다.
   몸과 마음으로 만나는 공부, 삶과 연계된 살아 있는 학습이 단순 지식보다 더 귀하게 여겨지는 학교를 생각합니다. 노작, 역사와 자연, 전통과 문화, 예술적 교감, 감성, 인성, 체험 교육 등 참 삶의 요소들이 교육과정으로 구체화되는 학교를 지향합니다.

3. 학부모와 지역사회의 주체적인 학교교육 참여가 이루어지는 공동체 학교입니다.
   학부모와 학생, 교사 모두가 학교교육의 권한과 책임을 동시에 갖는 교육 공동체를 지향합니다. 학교와 학부모가 서로에 대한 신뢰와 존경을 바탕으로 함께하는 학교를 만들고자 합니다.
   학교, 학부모, 지역사회가 마음을 모아 행복의 길을 시작합니다. 취지에 동의하시는 분들과 함께 이 큰 꿈을 실현해 가고자 합니다. 많은 관심과 참여를 부탁드립니다.

주말이면 공문보다 교육과정에 집중할 수 있는 여건이 갖춰진 분교장을 찾아 다녔다. 그 중 논과 밭이 펼쳐져 있고 산책할 수 있는 산이 있으며 가까운 곳에 갯벌도 있는 아름다운 전원 학교를 찾았다. 당시 학생 수 11명으로 폐교 위기에 놓여 있던 송산분교장이었다. 본교 교장선생님도 이러한 교육적 시도에 공감하며 순천 시내에서의 아이들의 전학을 허락하였다.

2007년 송산분교장 모습

2022년 공간혁신이 이루어진 송산초

2008년 2월 말, 학부모들과 함께 입학 준비를 위해 송산분교장을 찾았다. 아무것도 갖춰지지 않은 학교지만 학교 주변과 교실 등을 청소하며 다섯 명의 교사와 37명의 아이들을 맞을 채비를 했다.

2008년 2월 28일

삐그덕거리다 못해 곳곳에 구멍이 나 있는 복도, 창고로 사용되고 있는 교실들, 아직도 도착하지 않는 책상과 의자, 학부모들에게 미안하고 부끄러운 것투성이었다. 그래도 모두들 새 학교에 대한 기대와 희망을 이야기했다.

청소를 마친 후 다시 둘러보니 멋진 곳이다. 너른 운동장에서 교실 창가로 불어오는 바람이 아이들 뛰는 소리와 함께 마음을 울린다. 차가운 공기마저 가슴 깊이 들이마셨다. 가슴이 부풀어 오른다. 큰 바람에도 흔들림 없는 연못에 이는 바람처럼, 우리들의 진심이 가슴에서 가슴으로 전해질 것이다. 작은 시작이 세상을 울리는 따스한 바람이 되었으면 한다.

참으로 설레기도 하고 두려운 시작이었다. 아이들과 마음을 나누기 위한 활동을 고민하고 실천했던 시간들이었다. 3월 2일, 어색했던 첫 만남 이후 우리는 '주제중심 통합학습'에 들어갔다. 처음 시도하는 학습 방법이었지만 생각보다 알차게 진행되었다.

첫 주제는 '함께하는 우리'였다. 자기중심적인 사고가 많은 우리 아이들에게 규칙을 정하고, 함께할 수 있는 활동을 정하는 학습이었다. 3~4일에 걸쳐 토의하는 과정을 통해 아이들의 생각을 이끌어냈고, 여섯 개의 규칙을 만들었다. 문장을 통합하고 정리하는 일이 쉽지 않았지만 문득 문득 아이들에게서 더 좋은 단어가 나올 때마다 어찌나 고맙고 대견했는지 모른다.

두 번째 주제는 '경청'이었다. '어린이를 위한 경청'이라는 책을 함께 읽고 토론하는 시간을 가졌다. 국어 시간에 독서감상문을 쓰는 방법에 대해 공부하고 연계하여 진행하였다. 현수가 좋은 토론 주제를 제안했다. '경청하는 방법은 나와 있지 않고 왜 친구와 관계 맺기가 나와 있나?' 라는 주제였다. 이 주제토론을 하면서 진정한 경청에 대해 알아갔다. 진정한 경청이란 내가 먼저 상대방을 향해 마음을 여는 것, 그러기 위해서는 상대방에 대해 편견이 없어야 한다는 것. 이런 토론 결과들을 송산의 생활에 적용하기로 했다.

마지막으로 '함께 사는 세상'을 주제로 통합학습을 진행했다. 이 학습을 통해 아이들은 알고 있는 공중도덕을 실천하는 일이 더 중요함을 알았다. 영국의 썸머힐 학교, 일본의 키노쿠니 학교의 친구들이 어떻게 학교의 규칙을 만들어 가고 지켜 나가고 있는지 EBS 다큐프라임을 감상하였다. 모두가 놀란 것은 그 많은 친구들이 한 마디 말도 없이 그들의 회의에 적극적으로 참여한다는 사실이었다. 그 진중함이 그들의 학교와 자신을 성장시키고 있음을 실감했다. 송산의 다모임과 비교하면서 진중하게 생활 속에서 실천해보자 마음을 모으는 시간들이었다.

주제중심 통합학습, 다모임, 토요체험활동, 계절체험학교, 텃밭 가꾸기 등 아이들이 직접 체험하고 활동하는 학습을 진행하였다. 교사들이 다 구성되지 않아서 몇몇이 고민하고 계획을 세우는 과정이 힘들었다. 분주하게 좋은 강연들을 찾아다니며 자신을 채우고 교육과정과 다양한 활동들을 고민했다.

2008년 6월 17일
숲 속 나무들이 영양분을 빨아 스스로 자라나듯, 나도 연수를 통해 생각을 키웠다.
이강산 선생님과 함께하는 '작은 교육' 연수는 듣는 내내 잔잔한 감동이 일었다.
"내 행동과 말의 변화가 내 사고를 지배함과 동시에 아이들에게 말 없이 전해진다."
마음이 급해지고 하고 싶은 일들이 많아진다.

일단 내일부터는 아이들과 '님'자 부르기를 해봐야겠다.

내가 먼저 아이들은 '님'으로 존중할 때 아이들도 서로를 존중할 것이다.

아이들의 반응이 어떠할지 궁금하고 설레기까지 한다. 오늘 밤이 길겠다.

송산교육에 관심이 있는 선생님과 '교사 소모임'을 꾸려 운영하였다. 공교육다운 공교육을 꿈꾸는 교사들, 모두가 함께 논의해 가며 아이들의 배움과 성장이 있는 교육과정을 만들고, 지역을 살리는 지역공동체 학교로 거듭나기 위한 방안을 공부하는 모임이었다. 15명의 교사들이 매주 모여 공부하고 토론했다. 다른 지역의 작은 학교 사례는 물론이거니와 대안학교의 교육과정도 들여다보았다. 다른 나라의 자유학교에 대한 책을 골라 읽고 한국의 학교와 어떻게 다른지 비교해 보기도 했다. 토론을 통해 서로의 이야기를 나누며 자신의 학교생활과 아이들과의 관계를 되돌아보기도 했다. 방학이면 직접 다른 지역의 학교를 탐방하기도 하고, 학기 중에라도 좋은 강연이 있다는 소식이 들리면 한걸음에 달려갔다.

새로운 학교를 꿈꾸는 교사들! 특별한 것을 갖추는 것이 아니라 지극히 평범한 교사로서 마음을 가지고 모였다. 뭔가 다른 특색을 찾는 것이 아니라 아이들을 기다려주며 믿어줄 수 있는 교사의 모습이 중요하다고 입을 모았다. 그런 교사가 되자며 마음을 모으고 부단히 공부하고 토론했다.

학교에서의 학부모 역할은 다양했다. 한 달에 한번 차량 도우미하기, 아이들과 학교 텃밭가꾸기, 토요프로젝트 체험학습, 계절학교, 생일 축하회 도우미 등 보조교사 역할이 많았다. 독서와 축구를 지도해주신 분들, 행사마다 아이들 활동사진을 찍어 올려주시는 분도 있었다. 학교생활을 즐거워하며 행복해하는 아이들과 열정적이고 헌신적인 교사들의 모습에 감동을 느끼며 학부모들은 더 적극적일 수밖에 없었다. 그렇게 자주 만나다 보니 어렵게만 여겼던 교무실은 정겨운 대화의 장소가 되기도 했다. 전교생의 이름을 알게 되고 모두가 자신의 자녀 같은 마음으로 대하다 보니 가족적인 분위기도 만들어졌다.

물론 갈등이 없었던 것은 아니었다. 사립학교 수준의 특별교육을 받는 학교로 오해하고 전학 시킨 경우도 있었고, 시내 큰 학교에서 적응하지 못해 찾는 경우도 있었다. 분교장의 여건과 시내에서의 전학을 빌미로 교육청에서는 시설지원을 해주지 않았다. 비가 오면 물이 떨어져 양동이를 들고 다녀야 했고, 구멍 뚫린 바닥에서는 들쥐들이 들락거렸다. 나무 재질로 된 복도에서 놀다가 가시에 찔리는 아이들이 많아서 교사들은 바늘을 늘 소지하고 다녔다. 학부모들은 교육적 혜택도 적고, 낙후된 시설문제에 대해 조금씩 불안해했다. 그중에는 결국 다시 학교를 떠난 이들도 있었다. 일반 학교에 비해 빈번한 학부모 도우미 요청에 적응 못하고 떠나는 이들도 있었다. 학교에서는 학부모들에게 아래와 같이 안내장을 보내기도 하고 학부모 연수를 정기적으로 실시했다. 학부모들은 매월 다모임을 진행하며 아이들의 삶과 학부모로서의 역할에 대해 고민하며 해결책을 찾기 위해 노력했다.

학부모님께!
함께 길을 걸어 가시되 발 아래 있는 작은 돌멩이와 먼지를 보지 말고
멀리 있는 첨산과, 첨산 위의 푸른 하늘을 내다 봅시다.
그것이 우리가 송산교육에 품는 희망을 현실로 가져올 수 있는 중요한 첨경입니다.
학교와 교사의 교육방향을 올바르게 이해하고 함께 아이들을 키워나가야 할 협조자로서 학부모의 역할이 참으로 중요합니다.
직접 수업에 참여하여 학습 도우미와 수업 참여자로서의 역할은

수업의 효율성뿐만 아니라 학부모와 교사 사이의 이해의 폭을 넓게 합니다.

송산은 학부모들의 적극적인 참여를 중요하게 생각합니다. 함께 생각하고 함께 참여하면서 조화를 이루어 나가는 학교의 모습이 바로 '송산'이며, 이제 그 지혜를 발휘해야 할 때입니다. 매월 학부모 모임을 통해서 아이들 교육에 관한 '연수'에 참여하고 학교 교사와 함께 소통하고 논의해야 합니다.

학교 교육에 참가하는 것만큼 학교와 교사를 믿고 맡기는 모습도 중요합니다. 신뢰와 격려속에 이루어지는 학교 문화에서만이 아이들도 올곧게 성장할 수 있습니다. '송산'의 교육을 위해 우리 학교와 교사들도 최선을 다할 것임을 약속드립니다.

모두가 행복한 학교가 가능하다

2009년 3월 27일

다소 무거운 마음으로 광주를 다녀왔다. 주암호의 짙은 안개마저 힘들게 했다.

사토 마나부의 강연은 우리들의 고민을 대신 얘기해 주는 것 같았다.

저글링하는 교사와 학교 밖으로 도주하는 아이들의 대안은 협력적 배움이다.

다시 송산교육에 대한 희망을 갖게 했다. 단 한 사람도 행복하지 않으면 안 된다.

무거웠던 마음도 세차게 내리는 빗속에 던져버렸다.

학부모들은 학교의 시설보다 더 중요한 것은 좋은 선생님과 행복해하는 아이들이라고 생각했다. 송산 안에서 아이들이 자신의 삶을 꾸려갈 수 있는 힘을 기르고 있음을 믿었다. 학예회를 진행할 수 있는 변변한 공간이 없어서 대형 트럭을 빌려서 운동장에 무대로 꾸며 진행해도 행복했다.

> 2시간 정도의 학예회를 보면서 참으로 행복했습니다. 일반적인 학예회와는 차이점이 있었습니다. 아이들의 표정을 살펴보니 스스로 즐기고 있다는 것이 기존의 학예회와는 다르더군요. 많은 연습을 통하여 프로(?)에 가까운 작품들을 일사천리 진행하는 것은 보는 사람은 좋지만, 정작 주인공인 당사자들은 즐기지 못한다는 것입니다. 트럭으로 만든 작은 무대가 비좁아 보이지도 않았고, 무대 위의 주인공들과 구경하는 아이들은 정말로 재미있어 했습니다. 아마도 실수가 많아서 더 재미있지 않았을까요? 웃음이 떠나지 않았습니다. 특히 전래 놀이는 우리 분교의 색깔이 나타나서 마음을 찡하게 했습니다. 개인적으로 '인어 공주' 연극에서 마술사와 공주(신부) 역할을 당당하게 연기한 지원이의 새로운 모습 덕분에 즐거웠답니다. – 학예회를 마치고 학부모님의 글 중

어떤 일이든 적극적으로 참여하는 학부모들은 자신들만의 활동을 했다. 학년별 모임도 하고, 취미 동아리활동도 했다. 퇴근해서 집에 돌아오면 학교 운동장에 가서 '누구 없나' 괜히 한 번 살펴보게 된다는 아빠도 있었다. 다른 학교에선 찾아보기 힘든 아빠모임도 만들었다. 처음에 술 한 잔 마시며 만나더니 아이들을 위한 동화를 읽게 되었다. 지금은 그 아빠모임이 '파파스'라는 아빠합창단 활동까지 이어지고 있다. 이렇게 학부모들도 '내 아이'만이 아니라 '우리 아이들'을 위해, 부모로서의 삶을 위해, 자신을 위해 함께 배우고 성장했다.

학부모 다모임을 넘어 분야별로 고민하고 집행하는 학부모분과도 꾸렸다. 교육사업 분과, 차량운영 분과, 봉사지원 분과, 역사자료 분과를 만들어 활동하며 공유했다. 분과에서는 우리가 예상치 못했던 다양한 사업을 전개했다. 주말이면 아이들과 체육대회며 캠프를 진행하기도 하고, 남한산초등학교를 졸업한 학생들을 초청해 강연도 진행했다.

놀라운 일도 벌어졌다. 어느 날 봉사분과의 지희 어머니께서 '돈까스 사업계획'을 들고 왔다. "여기 마을에 사는 민아가 마음에 걸려서요. 내 자식만 행복하면 되나요? 얼굴도 고쳐주고 싶고 해서 엄마들이 회의했는데 돈까스를 만들어 팔기로 했어요." 송산의 품안에서 함께 생활하는 모든 아이들이 행복해야 한다는 것이었다. 마을에서 어렵게 살아가는 민아는 선천적으로 언청이에다 한쪽 눈 시력이 계속 흐려지고 있었다. 그렇게 시작한 일이 민아 수술도 가능하게 했고, '사랑의 리퀘스트' 촬영까지 하며 성금 모금을 했다. 무너질 것 같아 보이는 방 한 칸에서 부모님, 오빠, 민아가 함께 생활하던 공간을 부수고 새 보금자리도 만들어 주었다. 교사들이 생각지 못했던 부분까지 학부모들의 마음으로 채웠다. 지금까지도 학부모

솔뫼 도서관 개관식: 2009년 7월 17일 꿈을 이루는 도서관이 만들어지다.

들은 매해 돈까스를 만들어 어려운 지역 어린이들을 돕고 있다.

학교의 낙후된 시설을 보완하기 위한 발걸음도 분주했다. 시청을 여러 차례 방문한 결과 방과 후수업 지원과 상수도 시설 보수와 야외 수도 시설까지 설치해 주었다. 무엇보다 기뻤던 것은 변변한 도서관 하나 없던 공간에 어느 기업의 후원과 도교육청의 지원으로 학교 도서관이 완성되었던 것이다. 모두가 환호성을 질렀다. 아이들은 시간이 날 때마다 도서관을 찾아 옹기종기 모여앉아 책을 읽고, 책 동굴에 파고들어 꿈을 키웠다. 그런 모습을 보는 것이 행복했다.

'순천 새교사 모임'에서 함께 공부했던 교사들도 송산분교장으로 전입해 왔다. '아, 드디어 혼자가 아니라 함께 만들어갈 수 있겠구나!'하는 생각에 설레었다. 기대가 큰 만큼 실망도 컸을까. 몇 년을 함께 공부하고 준비한 우리는 서로 '다름'을 알게 되었다. 같은 말을 하고 있는 것 같았는데 막상 풀어놓고 보면 각자 다른 생각들을 하고 있었다. 아이들이 복도를 뛰어 갈 때도 대응하는 방식이 달랐다. "우측통행 해야지"하는 교사가 있는가 하면, "바쁜 일이 있나 보구나"하며 머리를 쓰다듬는 이도 있었고, "네, 이놈!"하면서 호통치기도 하고, '왜 아이들은 복도에서 뛰는 것인가?' 근본적인 이유를 먼저 고민하는 이도 있었다. 서로의 다름을 존중하자고 했지만 쉽게 자신의 교육철학을 내려놓지 못했다.

그때 가장 절실하게 느낀 것은 학교의 '비전과 철학'을 세우는 것이었다. 우리는 치열하게 토론했다. 학교 교육과정이, 만들어가고 있는 학교운영 시스템이 유지되기 위해서는 우리 학교만의 철학을 세우는 것이 중요했기 때문이다. 일시적이고 백화점식으로 나열된 교육과정 운영이 중요한 것이 아니라, 학교의 비전과 철학을 구현할 수 있는 정리된 교육과정이 필요했던 것이다.

교육이란 어떤 가치와 목적을 위해 존재해야 하는지, 학교와 교사들은 어떤 관점으로 아이들을 대하고 교육에 임해야 하는지, 학부모들은 어떤 철학과 역할로 학교 교육과정에 참여해야 하는지를 주제로 토론했다. 가르침과 배움에 있어 '무엇을 가르치고 배우게 할 것인가? 어떻게 가르치고 어떻게 배우게 할 것인가? 왜 가르치고 왜 배우게 할 것인가?'에 대해 끊임없이 고민하는 과정이 되풀이되었다.

토론 중 학교의 비전을 '자율'로 할 것인지, '자유'로 할 것인지가 논란이 되기도 했다. 결론이 나지 않아 막걸리 한 잔 기울이면서 계속 토론을 이어갔고 이러한 'ㄹ'자 논쟁은 학교의 철학적 기반을 다지는 데 큰 의미가 되기도 했다. 긴 시간을 통해 끝내 우리는 학교 교육의 중심이 되는 학교 철학을 다음과 같이 결정했다.

2010년 송산분교장 학생 중심의 철학 세우기
1. 자율과 협력을 기반으로 학생의 자율적 선택권을 존중하고, 학생의 결정권을 보장한다.
2. 기본적으로 학생들을 바라보는 시선이 따스하며, 학생들이 스스로 할 수 있을 때까지 믿고 기다린다.
3. 학교는 학생들이 자신의 행동과 마음을 잘 다스리고, 다른 사람과 좋은 관계를 맺는 능력을 배우고 익히도록 힘쓴다.

교사들이 학교 철학을 중심으로 논의하고 결정할 즈음 교감 선생님도 부임했다. 다시 한 번 교사가 중요한 만큼 관리자의 역할이 정말 중요함을 실감했다. 학교 교육은 다른 사람들에게 보이기 위한 실적이나 외부적인 모습이 중요하다거나 교사나 아이들 관리를 위한 공문서나 업무가 중요하다는 논리는 우리를 아프게 했다. 여러 차례 민주적인 의사 결정 과정을 거쳤음에도 불구하고 늘 실행하는 과정에서 관리자의 주관적인 판단으로 정리되기도 했다.

2011년에는 본교 승격을 앞두고 교장선생님도 부임했다. 서로를 존중하며 어떠한 경우에도 사람을 잃어서는 안 된다는 원칙 아래 소통을 아끼지 않았다. 다행히 교장선생님께서도 송산이 만들어가는 교육과정, 아이들을 중심으로 하는 학교 철학에 대해 공감하였다. "김선생님! 김선생님!"하고 부르며 존중과 신뢰를 보내주었다. 성급함과 조급함을 달래주는 이야기들은 나 자신을 뒤돌아보게 했다. 작은 문제에도 학부모들과 적극적으로 소통했고 교사들의 입장을 대변해 주었다. 학교교육이 아이들과 교사가 중심이 되어야 한다는 교육철학을 가진 관리자가 있었을 때 아이들과 교사도 행복할 수 있고, 학교는 더욱 에너지를 받는다는 진실을 확인하는 순간들이었다.

　　마침내 전남 최초로 전교생 11명의 분교장이 다시 본교로 승격했다. 본교 승격기념식은 학교 운동장에서 진행됐다. 아이들, 학부모들, 지역 마을 어르신까지 초청했다. 아이들과 학부모들은 기념 체육대회를 즐겼고, 학부모들은 마을 어르신들을 위한 체험마당과 먹거리를 준비했다. 마을 어르신들은 "조용하던 마을에 아이들 웃음소리가 들려서 사는 것 같네, 자식 같은 학부모들이 이렇게 장수사진까지 찍어주네, 10년은 더 오래 살겠네."하시며 웃었다.

> 2011년 1월 27일
> 누구는 스펙타클 하다고 했다. 또 누구는 지역의원 정치권력의 문제라고 했다.
> 하루에도 몇 번이나 뒤집어지는 결정들, 소용돌이의 한 중심에 서 있다.
> 속 시원히 솔직한 말 한마디 하지 못하고 본교 운영위원회에 참여했다.
> 탄원서까지 만든 학부모님들이 상처받으면 안 된다.

초빙교사도 받고, 본교 승격도 받아내야 한다.

그동안 꿈을 이루기 위한 과정들이 스쳐 지나갔다. 백조처럼 물 밑에서 보이지 않으면서도 쉼 없이 발놀림을 했던 시간들이었다. 함께할 사람들을 찾아 나서야 했고, 설득해야 했다. 함께 시작했던 학부모들과 부둥켜안고 울던 날들도 많았다. 또 그렇게 만난 사람들과 함께하기 위해 '나'를 내려놓아야 했다. 자존심 버리고 시의원에게 만나 달라 간청했던 날들, 초빙교사로 남기 위해 본교의 운영위원장에게 읍소했던 일들이 떠올랐다. 이제 송산도 진짜 학교다. 더 이상 본교를 찾아다니지 않아도 되고, 학교 운영위원도 구성해서 논의하고, 학부모지원사업도 받을 수 있고, 무엇보다 아이들에게 더 많은 예산으로 더 행복한 학교를 선물할 수 있게 되었다.

전교생 120명이 훌쩍 넘었고, 밀려드는 전학생들을 모두 받을 수 없었다. 입학을 희망하는 아이들과 학부모들은 사전 학부모교육을 받고서야 추첨에 응할 수 있었다. 방학 동안에 낙후된 몇 개의 교실과 복도 보수도 했다. 이 교실, 저 교실 무거운 짐들을 옮기는 것도 행복한 신음이었다. 그후 10여년 동안 송산은 교실 리모델링을 하고 1층 교실에는 운동장으로 통하는 출입문과 테라스를 만들었다. 언제나 자유로운 공연이 가능하도록

본교 승격기념식: 2011년 5월 7일 가족한마당과 함께 진행하다.

학부모, 아이들과 함께 구령대를 없애고 간이 무대를 직접 완성했다. 커다란 체육관도 생기고, 널따란 운동장에는 낮은 언덕과 미로집을 만들어 놀이공간도 마련했다. 트리하우스, 암벽등반과 집라인 등 공간혁신도 마무리 지었다. 그곳에 없었어도 어떤 논의들이 오갔을지 생각하면 가슴이 차올랐다.

꿈꾸었던 학교, 모두가 행복한 학교는 그렇게 가능했다. 아이들은 선생님과 함께 아침 숲속을 거닐고, 숨바꼭질을 하며 운동장을 뛰어다녔다. 고민이 생기면 교장선생님이 있는 상담실로 달려갔다. 학교 곳곳에 있는 놀이기구 하나하나에 선생님들의 정성이 담겨있고, 놀이터에서는 바닥에 철퍼덕 앉아 신나게 모래놀이를 한다. 개구쟁이 아이들도 "방학이 없었으면 좋겠어요"라고 할 정도였다. 매일 긴 회의와 연수를 진행하고, 교육과정과 수업을 준비하는 교사들도 행복했다. 송산이 선순환 되도록 기록과 자료를 아끼지 말라 당부하던 교장선생님과는 아직까지도 서로의 안부의 묻고 얼굴을 마주하는 사이가 되었다.

아이들과 교사, 관리자, 학부모도 학교의 품 안에서 행복했다. 작은 씨앗을 뿌렸고, 많은 이들이 공교육이 공교육다운 학교를, 아이들의 삶을 중심으로 움직이는 학교를 만들어 보겠다고 나서고 있었다.

혼자가 아니라 모두의 힘으로 만들어가다

언제 피었는지 모르게 향기를 내뿜던 매화꽃이 곱던 이른 봄, 순천을 떠나 장흥으로 지역을 옮기게 되었다. 장흥교육지원청에서는 무지개학교와 무지개학교교육지구 사업을 내걸고 수업과 학교문화 바꾸기를 진두지휘하고 있었다. 그 때문에 새롭게 근무하게 될 학교는 이미 무지개학교로 지정되어 있었다. 천관산 자락 아래 남해의 갯벌이 펼쳐져 있고 학생 수 50

명도 채 되지 않는 작은 학교였다. 함께 근무하는 교사들은 20대 후반, 30대 초반의 젊은이들이었다.

교장선생님께서는 교무부장을 맡아 달라 부탁하였다. 송산의 경험을 살려 교무부장을 하면서 학교 철학과 시스템을 만들어가면 될 것이라 자신이 있었다. 다만 그러기 위한 몇 가지 기초 토대가 필요해서 부탁했다. 첫째, 교사들의 자발성을 이끌어 내기 위해서는 '교사 다모임'이 필요하며 그 협의 결과를 존중해달라. 둘째, 지속 가능한 학교의 유지와 발전을 위해 '교사학생학부모 다모임'을 하게 해달라. 셋째, 교장선생님의 가치와 철학으로 다모임의 결과를 번복하지 않고 기다려달라. 교장선생님은 흔쾌히 새로운 시도에 동의하였다.

젊은 선생님들과의 만남은 새로운 경험이었다. 관심 분야나 좋아하는 것이 달랐고, 생각하고 소통하는 방법도 달랐고, 일과 후나 휴일 시간을 보내는 방법도 모두 달랐다. 다름을 존중하며 서로에게 서서히 닮아갔던 시간들이었다. 먼저 교감선생님과 교무부장, 교무행정사를 중심으로 교무업무지원팀을 꾸렸다. 선생님들이 가르치거나 학교 행사를 진행하는 일 이외의 공문서를 작성하거나 보고하는 업무를 모두 줄이고, 모여서 협의하고 공부하는 시간, 수업을 준비하는 시간을 확보했다.

젊은 선생님들에게 부탁한 것은 세 가지였다. 첫째, 누군가 업무 지시를 할 때는 무조건 'yes'라고 하기보다는 '왜? 어떻게?'라는 근본적 질문을 해야 한다. 둘째, '우리 학교는 안돼!'라는 체념보다 자신이 중심이 되어 학교운영 시스템을 변화시키려 노력하자. 그러기 위해 작은 일에서부터 거꾸로 생각해 보자. 마지막으로, 소통하는 방법과 전문성을 갖추기 위해 함께 공부하자는 것이었다. 상대의 성향과 원하는 것을 먼저 읽은 후 '공감'하며 대화하는 일에 대해서 연수도 받았다. 전문성을 갖추기 위해서 부단히 움직였다. 함께 연수를 받으러 가기도 하고, 송산을 넘어 다른 학교의 사례를 찾기도 했다. 학교를 변화시키고 싶다면 어떻게 변화해야 하는

3월 첫 학생다모임

지 그 방향을 알고 구체적인 방법을 고민한 과정이었다. 학교 혁신과 관련된 국내외의 다양한 서적들을 가까이 두고 함께 읽고 이야기를 나누었다.

젊은 선생님들의 반응은 예상 외로 뜨거웠다. 처음 아이들과 만남 이후 은영샘은 "아, 선생님! 어떻게 그런 생각을 하셨어요? 애들 일렬로 줄 안 세우고 의자까지 놓고 큰 원으로 빙 둘러앉아서 너무 놀라웠어요!"라고 했다.

작은 변화가 감동을 가져왔고, 그것은 학교의 변화로 이어졌다. 우리는 기존 생각의 틀을 깨고 새로운 일을 하나씩 만들어갔다. 의견을 조율하고 중재하는 일이 어려운 일이지만 안내하고 소통하고 부탁하면 안 되는 일도 없었다. 그렇게 1년. 학교의 지리적 특성, 생태적 환경 등을 고려하여 '역사 프로젝트' 학습을 재구성하게 되었다.

역사 프로젝트는 교육과정을 운영함에 있어 낱개의 지식이 아닌, 지식이 만들어지는 과정을 다양한 방법으로 배워갈 수 있도록 했다. 1학년 '정남진 걷기' 활동에서부터 6학년 '울릉도 찾아가기'까지 학년별 발달단계와 교육과정에 맞게 주제를 정해서 실행했다.

교육과정을 재구성하기 위한 교사 연수

세월호 사건으로 체험학습이 쉽지 않았던 그 시기, 6학년 아이들은 '울릉도 찾아가기'를 계획했다. 지역에 대한 조사, 가는 방법, 울릉초 6학년 친구들과의 사전 만남, 울릉도에서 체험해야 할 곳 등 사전 준비도 교사와 아이들이 함께했다. 드디어 버스 타고, 기차 타고, 배 타고 울릉도를 찾아갔다. 학습을 준비하면서 메일로 친구가 되었던 울릉초 친구들도 만났다. 아이들은 울릉초등학교 운동장에서 함께 '독도는 우리 땅' 플래시몹을 할 때, '애국심이 이런 것이로구나!'라고 느꼈다고 한다.

아이들은 교사들이 제안하는 새로운 모임, 자치회, 학습 방법, 프로젝트, 체험학습 등을 스펀지처럼 빨아들였다. 목말라 있었던 풀처럼 직접 활동하면서 배우고, 자신이 계획하는 활동에 적극적으로 참여했다. 그런 아이들을 보면서 젊은 선생님들도 월급 받는 직업인이 아닌 열정 있는 교사로 성장해갔다.

대부분 농사를 짓는 학부모들이었다. 학부모다모임을 설명하고 앞으로의 활동을 안내하고, 교육과정에 대해서도 친절히 말씀드렸다. 처음에는 올까 말까 망설이시다가 학부모다모임 시간에는 논밭에서 일하시다 흙 묻은 장화를 신고 한걸음에 달려오셨다. '우리 애가 일류가 되는 것보다, 자기가 원하는 일을 행복하게 할 수 있는 기회를 만들어주는 학교'를 원하고 있었다. 그들의 어려움에 귀를 기울여 주고, 아픔에 공감하며 함께 대안을 모색할 때 기꺼이 열고 지원해 주었다. "빈이 엄마, 고구마 체험학습 계획하고 있어요"라고 하면 어느새 어마어마한 양의 모종이 학교로 왔다. 학부모다모임에서 '김장체험' 얘기가 나오자마자 서로 재료를 준비하겠다고 아우성이었던 고마운 분들이었다.

또 꿈을 꾸기 시작했다. 전남의 모든 학교의 구성원이 행복했으면 좋겠다는 희망을 품었다. 조금만 제도적으로 지원하면 학교의 변화는 가능하다는 결론에 도달했다. 송산에서 눈물로 함께 했던 이들의 희망, 시골 작은 학교에서의 젊은 선생님들과 학부모들의 바람, 컨설팅을 통해 만난 이들이 꿈꾸는 학교를 만들어 보자. 학교의 변화를 위해, 한 학교에 머물기보다 교육청을 견인하는 역할을 하기로 했다. 교육부에서, 교육청에서 먼저 아이들을 학교의 중심에 두는 정책을 펼치고, 따뜻한 리더십을 지닌 관리자의 역할을 강조하며, 역량 중심의 교육과정과 학생중심의 수업이 펼쳐지도록 제도적 정비를 하도록 학교 밖에서 학교를 지원하는 역할을 시작했다.

도시의 큰 학교에서 학교 혁신을 노래하다

광양마로초는 전남혁신학교로 지정되어 운영되고 있었다. 그러나 늘 사람의 문제에 봉착했다. 중간리더로서 열심히 했던 교사들이 발령이 나서 모두 떠나고 교무부장 혼자 발을 동동 구르고 있었다. 7년 동안 광양마로초가 운영되어온 이야기를 들으면서 많이도 아팠다. 어떤 때는 관리자의 마인드와 역량이 준비되지 않아 교사와의 갈등이 컸다고 한다. 지원하는 관리자가 부임했던 때는 교사의 준비 정도와 열정이 뒷받침되지 않아 어려웠다고 한다. 지원체제인 업무지원팀이나 행정실과의 협력이 안 되었던 시기, 학부모와 소통의 어려움도 나누었다. 그동안 과연 학교는 무엇이 달라졌는지, 교육청과 교육감은 무엇을 추진했는지, 나는 무엇을 했는지 부끄러워졌다. 단위 학교 하나 하나, 그 속의 교사 한 명 한 명이 얼마나 많은 에너지를 쏟고 있나 생각하니 안타깝지 그지없었다. 결국은 어떤 제도도 사람을 넘어설 수는 없다. 공동체 구성원이 시스템을 만들고, 변화시킬 수 있다.

중요한 의사결정 과정으로는 관리자와 부장 협의체인 '기획회의'가 있었고, 모두가 함께 협의하는 '한자리 모임'이 진행되었다. 코로나19 시대를 극복하기 위한 방법과 교육과정은 어떠해야 하는지, 온라인 수업에서 소통과 신뢰를 높이려면 무엇이 필요한지 함께 협의했다.

코로나19 방역으로 인한 지침과 교장선생님의 단호한 결정이 가끔 마음을 누르기도 했지만, 어쩌면 학년 단위 운영체제를 경험하기에는 좋은 시기였다. 예전처럼 모든 학생이 일괄적으로 체험학습도 가면 안 되고, 함께 모여도 안 되고, 함께 체육활동을 하는 것도 안 되었다. 학년별로 체육대회를 하는 기간도 달랐고, 체험학습을 가는 날짜도 달랐고, 창의적 체험활동이 이루어지는 시간과 공간, 내용도 달랐다. 5학급의 한 학년이 작은 학교처럼 독립적으로 교육과정을 운영할 수밖에 없었다. 이것이 학교 안의 작은 학교, 'Small School'을 시작할 수 있게 했다.

광양마로초 제2막을 열어가기 시작했다. 각 학년 부장들이 월 1회 정기적으로 모여 협의를 했다. '우리는 아이들에게 무엇을 주기 위해 가르치는가, 왜, 어떻게, 무엇을 해야 하나?' 등 교육의 본질에 대해 서로 질문을 하고 답을 찾아가는 과정이었다. 학년별로 진행되고 있는 교육과정에 대한 공유도 이루어졌다. 각종 체험활동, 프로젝트, 도전활동, 마을학교, 교육청 지원사업 등 너무 많이 펼쳐져 있는 교육계획을 점검하기도 했다. 결국 배움의 깊이가 부족하면 교사의 보람도 낮게 마련, 교육과정 평가회의 주제로 선정하기도 했다. 작게는 아이들 화장실 사용 문제나 학생 자치에 대한 제언, 관리자에 대한 바람을 이야기하기도 했다. 가장 좋았던 것은 학년을 이끌어가는 부장으로서 어려움을 공감하고 서로 격려했던 것이다.

전체 교원협의를 여러 차례 진행했다. 앞으로 마로가 가야 할 길을 다시 만드는 시간이었다. '우리가 버리고 덜어내야 할 것과 견고히 세워야 할 것은 무엇인가'라는 주제 토론도 했다. 학교의 규모상 구성원들이 많이 바뀌는 상황과 코로나19로 인해 학교 철학을 세워왔던 구조와 체계가 조금씩 무너지고 있다는 진단을 내렸다. 다시 학교 철학을 고민하고 선생님들의 목소리를 듣는 과정을 거쳤다. 자신이 공동체 일원으로서 '자기 중심성'을 넘어서기 위해 어떤 노력을 했는지 성찰하고 공동체 안에서 함께해야 할 책무도 있어야 함을 공유했다. 어느 조직이든 갈등과 걸림돌이 있게 마련이니 이것을 해결하고 디딤돌로 만들어가는 과정이 혁신임을 알아갔다.

다시 교무부장을 맡았다. '학교 안의 작은 학교'를 만들어가며 도시형 혁신학교가 가능하다는 도전을 하고 싶었다. 또한 전남도 타시도처럼 큰 학교 혁신학교 모델을 만들어가야 한다는 책임감도 있었던 것 같다. 3~4월에 걸친 코로나19 대유행기에는 지속적으로 확진자가 발생하면서 어려움도 겪었다. 부장교사 협의마저 어렵기도 했다. 교사의 인사이동이 많아 마로의 철학을 깊게 공유하는 일도 쉽지 않았다. 구성원들의 갈등이 생기면 찾아다니며 중재해야 했다. 위기가 닥쳐왔을 때 현명하게 대처하는 것도 자신의 성장이라 위로해야만 했다.

드디어 일상회복이 선언되고 많은 활동이 가능해졌다. with코로나19 시대다. 새로운 일일 시정이 적용되면서 학교의 풍경도 달라졌다. 학년별로 계획했던 체험학습을 진행하고 도전 활동을 준비하기도 했다. 선생님들은 학년별로 모여 협의를 진행하며 학년 교육과정을 만들어 나갔고, 수업공개도 꾸준히 이어졌다.

1학기 교육과정 평가회를 진행하면서 교실 안에서, 학년 간, 교사와 학생 사이 관계를 높이는 활동에 대해 주제 토론을 하고 2학기 공동 실천 과제도 정했다. 가장 어려운 지점인 학부모와의 소통 방안도 나누었다. 학부모도 올해 학년 대표를 만들고 체계를 만들어가고 있다. 학교혁신을 주제로 연수도 실시했으니 학부모도 앞으로 더 성장할 것이라 믿는다.

교육과정 협의회

구성원 전체가 모이고 토론하는 일이 쉽지 않았지만 그 시간을 통해 서로를 알아가기도 했다. 큰 규모의 도시 학교에서도 진정으로 정성을 다하면 언젠가는 닿는다는 것을 믿으며

마로버스킹: 여름방학을 앞두고 전교생이 자율적으로 모여서 '끼'를 나누다.

우직하게 걸었던 시간이었다.

아이들이 운동장을 누볐고, 학교 곳곳에서 피구를 했다. 그로 인해 빈번하게 다툼이 발생하기도 했지만, 2년여 동안 함께 놀며 배려하는 방법을 배우지 못한 탓이었지, 아이들 잘못은 아니었다. 다만 이를 바라보고 지도해야 하는 선생님들의 고민이 더 컸다. 공동 생활교육 기간을 정해서 지도해 보기도 하고, 학년별 규칙을 만들어 보기도 했다.

여름방학을 앞두고 한 학기 동안 쉼 없이 실천한 선생님들과 열심히 생활한 아이들에게 작은 선물을 주고 싶었다. 업무지원팀에서 '버스킹'을 준비했다. 안내하자마자 아이들은 신청을 하고, 스스로 연습해서 춤, 노래, 태권도, 연극, 줄넘기 등 자신의 재능을 선보였다. 30분이라는 중간놀이 시간의 풍경이 바뀌었다. 아이들은 시키지 않아도 무대 주위로 모여 들었다. 그렇게 다투던 아이들이 집중을 하고, 흥 넘치는 공연에 호응해주고 여름 햇빛보다 더 뜨거운 갈채를 보내 주었다. 우리 아이들 안에 어마어마한 재능과 가능성이 있음을 느끼는 순간이었다. 업무지원팀에서 3일 동안 흘린 땀이 아깝지 않았다. 교사와 학교가 어떤 공간, 어떤 활동을 내어주느냐에 따라 우리 아이들의 모습이 달라질 수 있음을 눈으로 확인한 시간이었다.

학교를 혁신한다는 것은 희망을 현실로 옮기는 일이기에 그 꿈이 때로는 작은 무기가 되기도 했다. 그 무기로 다른 사람에게 상처를 내기도 하고 스스로를 혼내기도 했다. 새로운 학교를 만들어 가는 것은 사람과의 관계를 만들어가는 또 하나의 인생이었다. 다름과 닮음을 인정하고 이해할 수 있는 마음이 필요했다. 내가 먼저 손 내밀 수 있는 용기를 내야 했다. 내가 옳듯이 다른 사람도 옳음을 인정해야 한다. 많은 어려움이 있지만 학교의 문화와 아이들이 변해가고 교사들이 성장하는 모습을 보고 있노라면 교육자로서 내 열정을 쏟아 부을 만할 일임에는 틀림 없었다.

오늘도 내가 모르는 내 안의 다양한 능력을 꺼낼 수 있도록 도와주는 '학교 혁신'의 여행길을 걷고 있다. 도시에서의 혁신학교는 작은 학교에서 경험하지 못한 또 다른 매력이 있다. 몸짓이 거대해서 움직이기 힘들지만 막상 발을 떼고 나아가다 보면 더 멋진 광경들을 마주할 수 있고, 그 감동도 몇 배 더 크다. 교육 '때문에' 고통스러운 우리의 현실이 교육 '덕분에' 행복한 내일이 되는 그날까지 여행은 계속할 것이고 더불어 함께해 가기를 소망한다.

재미있는
학교

• 장성모 •

'재미있는 학교' 틀거리(2013~2017)

학교가
재미있다

압해동초등학교는
재미의 교육을 추구한다.
재미 속에
인성이 있고 창의성이 있다.
아이들은 자기들의 학교를
웃기는 학교라고 한다.

재미! 너 뭐니?

재미란 무엇인가?

애플이 만드는 제품들에는 한 가지 공통점이 있다. 바로 '재미'이다. 애플은 무엇이든 갖고 놀고 싶게 만든다. 창조의 바탕에는 놀이와 재미가 깔려 있다.

초등학교는 왜 재미있어야 하는가?

초등학생에게 재미는 학습에서 자기주도적이고 창의적으로 문제를 해결해가는 동기이고, 긴 삶의 여정을 긍정적으로 바라보는 내면을 형성시킨다. 그래서 재미는 아이들에게 꿈이고 끼이고 행복이다.

재미의 교육 장애요인은 무엇인가?

학교에는 의무와 엄숙함이 묻어있다. 자율보다는 지시에 의해 움직이는 수동성이 강하다. 수업은 정형화되어 있다. 이들을 풀어가고 또 풀어가자.

재미있는 학교 핵심은 무엇인가?

선생님이 보람을 느끼고 함께 재미있어야. 교육과정과 수업이 학생 중심으로 되어야. 공동체가 함께 상호 존중하는 문화가 되어야 재미있는 학교가 가능하다.

재미있는 학교를 만들어 가는 운영 공식

배움과 체험의
재미
(정규 교육과정)

- 배움에서 내 흥미와 관심은 항상 존중받는다.
- 서로 존중하면서 함께 배워간다.
- 수업은 장소와 내용이 열려 있고, 방법과 교사가
  역동적이다.
- 배움은 나를 찾아가는 흥미 있는 과정이다.

학교생활의
재미
(비정규 교육과정)

- 학교 폭력 없이 서로를 믿으면 친구 간에
  재밌는 일이 많다.
- 자연과 놀이와 시간을 선물 받는다.
- 학생들이 스스로 재미있는 학교생활 이야기를
  만들어 간다.

웃기는
작은 학교

아이들은 압해동초등학교를 웃기는 학교라고 한다.
자기들이 생각해도 웃기는 일들이 많다.
그래서 아이들은 생동감이 있고 자발적이며,
감성이 풍부하다.
창의와 인성이 길러지고 있다는 의미이다.

재미있는 학교 교육 프로그램

1. 학습자중심 배움학교

내가 있고
친구가 있어서
배움이 재미있다.

학교는 배움의 장이다.
어떤 것에 관심을 가지고 스스로 성취하는 배움을
통해 학생들은 삶의 재미를 느끼며 미래를 설계할
것이다.

- 자존감에 기반한 학력 향상
- 수업 준비하는 선생님
- 개인별 교과별 맞춤형 특성화 수업
- 내 생각 학습법
- 생동감 있는 프로젝트 현장 체험학습
- 개성과 꿈이 있는 평가
- 다중지능이론에 의한 재미+관심 프로젝트

2. 관계학교

관계가 재미있으면
저절로 표현의 문이
열린다.

인간은 관계 속에서 살아간다.
인간–인간, 인간–자연, 인간–지역의 관계 속에서
실질적인 삶의 교육이 이루어질 것이다.

- 인간관계 : 압해뻘낙지 관계공동체
- 자연관계 : 자연+평화나눔 프로젝트
- 지역관계 : 학교 속의 마을, 마을 속의 학교

3. 발도르프 감성학교

자연과 시간은
최고의 재미 선물이다.

발도르프학교는 이미 세계적으로 인정받은 인간중심 학교이다. 발도르프적 체육, 음악, 미술 표현의 교육을 통해 건강한 신체와 아름다운 감성의 소유자가 될 것이다.

- 눈빛 맞추기, 정원 노닐기, 오이리트미, 포르멘 선묘, 습식채색화, 문학에포크, 노작교육(목공, 텃밭, 판화) 등

4. 자율적 공동체학교

우리들이 만들어 가는
우리 학교가 재미있다.

학교는 학생을 중심으로 한 우리 모두의 공간이다. 함께 소통하면서 학교 구성원 모두가 각각의 주체가 되어 학교 발전은 물론 개인의 발전을 도모하는 장이 될 것이다.

- 학생 · 학부모 · 선생님 공동체 다모임
- 학교 폭력 없는 안심 스쿨
- 1년 내내 재미 스토리

5. 무지개학교

선생님께 존중받고
사랑받아서 재미있다.

학교가 변해야 할 것이 많지만 그중 제일 중요한 것은 아이들을 어떻게 바라보느냐이다. 전남형 혁신학교인 무지개학교로서 아이들이 학교 교육의 주체로 사랑과 관심을 받으며 학교생활을 하게 될 것이다.

- 자율 · 민주 · 공동체에 의한 새로운 학교 문화
- 학생 중심 다양한 교육 방법 실천
- 학생 교육 중심의 교육 지원 시스템
- 학부모와 지역사회의 협력적 파트너십

'재미있는 학교' 아이들과 선생님들의 일상 스토리

꽃순이를 아시나요?

6월의 어느 날, 학교가 갑자기 소란스럽다. 몇몇 아이들이 우르르 교무실로 몰려들었다.

> "선생님, 선생님, 봄이가 오늘도 꽃순이를 데리고 학교에 왔어요."

2학년 봄이는 걱정스러운 눈빛을 하면서도 한 편으로는 꽃순이에게 전적으로 책임이 있다는 듯이 딴전을 피운다.

봄이네 집은 학교에서 4km가 더 걸리는 꽤 먼 곳이다. 매일 아빠의 트럭을 타고 등교를 했는데, 요 며칠 가정 사정이 여의찮아 버스를 타게 되었다. 마을 앞에서 버스를 기다리며 꽃순이와 놀다가 그냥 걸어서 함께 학교까지 오게 된 것이다.

꽃순이는 작은 강아지이다. 며칠 전에도 꽃순이를 학교에 데리고 와서 급하게 종이상자를 구해 임시로 하루 거처를 마련해 주었는데, 꽃순이가 그만 탈출해서 학교 밖으로 나가 버린 일이 있었다.

> "꽃순아~ 꽃순아~~"

학교 교직원들이 모두 나와 학교 안팎과 마을을 돌며 꽃순이를 찾아 나섰다. 다행히 두어 시간여 만에 찾아서 바로 승용차에 태워 집에 데려다주었는데, 털갈이 시기였던지 승용차 안에 무던히도 많은 털을 남겨서 청소하느라 애를 먹기도 하였다. 그러고선 꽃순이를 데리고 오지 않기로 봄이와 약속했는데, 며칠이 지나지 않아 오늘 또 학교에 데리고 온 것이다.

우선 급하게 인근 철물점에서 강아지 목걸이를 구해 학교 정원 한가운데 서 있는 배롱나무에 묶어 두었다.

학교를 한번 떠들썩하게 했던 전력이 있던 꽃순이인지라 아이들은 신이 나서 시끌벅적하며 꽃순이 주위를 맴돌다가 1교시가 시작되자 각자 학급으로 돌아갔다. 하지만 1교시가 끝나 다시 와서 보니 꽃순이 주변이 심상치 않게 변해 있었다.

1학년 교실과 유치원 교실에 있어야 할 한글 글자 공부 입체판과 영어 알파벳 판이 꽃순이 앞에 놓여 있는 것이었다.

강아지인 꽃순이가 글자 공부를 한다는 소문이 작은 학교라서 그런지 금방 퍼지면서 2교시가 끝난 오전 중간놀이 시간에 아이들이 또다시 몰려들었다. 고학년들은 키득키득 웃었지만 아무도 그 상황을 부정하지 않았고 1, 2학년들은 호기심 어린 눈으로 쪼그려 앉아 꽃순이 글공부 광경을 지켜보았다.

"누구든지 학교에 오면 공부해야 한다. 꽃순이도 예외가 될 수 없다."

꽃순이 글공부를 담당한 교장선생님의 말씀이었다. 점심시간에는 영국 원어민 제임슨까지 합세하여 꽃순이에게 영어를 가르쳤다. 제임슨도 재미가 있었던지 이 웃기는 상황에 동참한 것이다.

그날 하루를 학교에서 지낸 꽃순이는 봄이의 하굣길에 함께 집으로 되돌아갔다. 하지만 탁이는 다음 날도, 그다음 날도 꽃순이의 글공부에 대해 물어왔다.

"교장선생님, 꽃순이 지금도 글공부하고 있어요?"
"봄이 누나, 꽃순이 집에서 글공부해?"

교장선생님은 꽃순이가 혼자 열심히 공부하고 있을 거라 했지만 봄이의 답변은 달랐다.

매일같이 꽃순이는 시골 들판을 지천으로 뛰어다니며 놀기만 한다는 것이었다. 그 후에도 한 달여 넘게 꽃순이의 소식을 아이들도 선생님들도 궁금해했다. 1학년들은 사상 유례없던 강아지와 글공부 경주를 할 뻔했던 사태의 긴장감에서 벗어나 평온을 되찾았다. 어찌 되었건 꽃순이는 1학년들에게 글공부의 중요성을 깨우쳐주고 자신의 생활로 돌아간 것이다.

기다림의 교육학

강아지 꽃순이와 함께 받아쓰기 시험 본다는 것에 긴장하는 아이들이 압해동초 아이들이다. 비 오는 날 운동장에 쪼그려 앉아 모래 사이에 틈틈이 박혀있는 자갈돌에 흥미를 가지고 모으는 아이들이 압해동초 아이들이다. 풀 덮이고 물 가득한 운동장에 악어를 키우자고 제안하는 교장을 걱정하는 아이들도 압해동초 아이들이다. 운동장에 새로운 물길을 만들고 교정 곳곳에 나뭇가지를 쌓는 아이들을 따뜻한 눈빛으로 지켜보기만 하는 선생님들도 압해동초 선생님들이다. 별 자랑도 아닌 것 같아 보이는 이런 일들에 감동하고, 세상에 이런 아이들은 압해동초 아이들밖에 없다는 말에 괜히 힘주어 자랑하는 선생님들이 압해동초 선생님들이다.

이러한 아이들과 선생님들의 모습이 의미 있는 학교의 모습일까? 요즘같이 바쁜 경쟁사회에서 현실성 없는 허무맹랑한 학교로 비난받아야 할까?

왜 압해동초의 선생님들은 학교를 이야기하는 첫머리에 아이들의 재미를 내어놓는 것인가?

아이들 이야기에 파묻혀 산다는 것은 선생님들에게는 행복이고 보람이지만 요즘 일선 학교의 현실은 꼭 그렇지만은 않다. 사실 학교에서 선생님들이 아이들의 소소한 일상에 관심을 가지고 함께 이야기 나누면서 감정의 교감을 갖는다는 것은 정말로 진심 어린 애정 없이는 어려운 일이 되는 세상이 되어가고 있기 때문이다. 그러나 압해동초 선생님들은 아이들과 함께하는 그러한 시간들이 결코 의미 없지 않으며, 무엇과도 바꿀 수 없는 가장 소중한 시간들임을 깨닫고 실천하고 있다. 교육에서 아이들의 동심에 동의하지 않고 아이들 눈높이에 맞출 수는 없음을 잘 알고 있기 때문이다. 눈높이를 맞춘다는 말이 수업 시간에 표면적으로 드러난 아이의 수준에 맞춘다는 말만은 아닐 것이다.

초등학교 아이들은 아직 미성숙하고, 내면은 완성되어 있지 않다. 그 미성숙한 내면이 삶의 희열과 꿈으로 형성되어 가도록 하기 위해서는 아이들이 놀고 재미있어야 하고, 교사는 그 모습을 긍정으로 바라봐 주어야 한다.

지난해 목포를 중심으로 한 전남 서부지역 학교들을 탐방하여 학생들을 대상으로 문학 워크숍을 진행하는 예술가 팀이 압해동초를 방문하였다. 하루 일정을 끝내고 가면서 이런 말을 남기고 갔다.

"저희들이 여러 학교에 다니고 있는데, 이 학교 아이들은 달라요. 정서적으로 매우 안정되어 있고 수업 참여 태도가 진지해요. 한 마디로 요즘 아이들답지 않게 순수성을 느낄 수 있었어요."
"그런데 그보다 더 놀랐던 것은 이 학교 선생님들이 아이들을 바라보는 눈빛이에요. 요즘에도 저렇게 아이들을 바라보는 선생님들이 계실까 하는 생각이 들 정도예요."

예술가들이라 아이들과 선생님 간의 관계에서 느껴지는 감성적인 면에더 민감하셨으리라 짐작한다.

요즘을 살아가는 선생님도, 아이들도, 학부모들도 모두 바쁘다. 모두 열심히 하는데도 또 바쁘다. 열심히 사는 것이 목적이 되어 버린 것처럼 학교는 바쁘게 돌아간다. 선생님과 학생들은 무엇 때문에 바쁜가? 바쁘게 열심히 사는 것만이 진정한 교육의 길일까?

압해동초 선생님들이 학교에서 가장 바쁜 일과는 내 학급 다른 학급 가릴 것 없이 아이들을 만나면 눈 마주치고 웃으며 말을 건네주는 일이다. 교무실에 모이면 가장 많이 하는 이야기가 역시 아이들 이야기이다. 그리고 계절마다 바뀌는 학교 정원에 대한 이야기였다. 학교 교직원 분위기가 선생님들의 마음이 쫓기는 것을 허락하지 않는 학교였다. 여유 있게, 더 여유 있게 아이들을 바라보기를 원하였다. 교사가 아이들을 아는 것도 중요하지만, 아이들의 그대로를 이해하는 것이 무엇보다 더 중요했기 때문이었다.

아이들이 재미있게 노는 것을 바라보기만 한다고 하여 선생님들이 방임한다는 의미는 아니다. 선생님들은 끊임없이 아이들을 바라보고 있고, 아이들의 마음이 더 활짝 열리면서 스스로 성장하기를 기다려주고 또 기다려주는 것이다. 그 기다림은 아이에 대한 존중과 관심의 가장 기본적인 시작이다.

산이의 가방

산이는 지난해 인근 도시에서 전학 온 학생이다. 산이가 등교하는 시간은 빠르면 8시. 늦어도 8시 30분이면 등교한다. 산이가 학교에 오면 가장 먼저 들르는 곳이 교실보다 조금 더 넓은 다목적실이다. 다목적실에서 전교생 대상으로 아침 명상 호흡 수업이 열리기 때문이다. 그런다고 의무적으로 참여하는 것은 아니다. 자율적으로 참여하는데, 대체로 전체 아이들이 참여하고 있다.

명상 호흡 수업은 30~40분 정도 진행되는데, 주요 활동은 요가 동작과 비슷한 몸풀기가 주를 이루고, 아랫배에 있는 단전이라는 곳을 중심으로 호흡하는 법과 몸의 기운을 느끼면서 하는 기체조 등이 짧은 시간에 이루어진다.

산이가 처음 명상 시간에 참여하던 날은 요가 매트를 한쪽 구석에 두고, 가방을 멘 채로 앉아 있다가 친구들이 하는 모습을 보기만 하였다. 그러나 마음이 내키면 가볍게 흉내를 내어 따라 하는 정도였다. 그런데도 굳이 선생님은 산이를 재촉하지 않았다. 산이는 2, 3개월을 이렇게 하다가 가방이 어깨에서 내려졌고, 다시 또 2, 3개월이 지나서야 다른 아이들과 짝을 이루며 몸풀기에 참여하기 시작했다.

"산이야, 가방 내려놓고 함께하지 않을래?"
"아니요. 나는 이렇게 하고 싶어요."

1주일 정도 지난 다음 다시 선생님은 산이에게 이야기했다.

"산이야, 가방 내려놓고 하면 친구들과 더 재미있게 할 수 있을 텐데……."
"아니요."

산이 스스로는 가방이 등에 있는 것과 없는 것의 차이에는 별로 관심이 없어 보였다. 보고 있는 선생님이 불편한 것이지, 산이에게는 가방이 등에 있는 것이 더 마음이 편했다. 그래서인지 의문스러워하는 선생님의 질문에 왜 가방이 등에 있어야 하는지 산이가 딱히 설명해야 할 필요를 느끼지 못하는 듯 보였다.

한 달쯤 지나서 선생님은 산이의 어깨에 손을 얹고 말했다.

"산이는 가방이 등에 있어야 좋은가 보구나?"

이 말에 산이는 웃기만 하였다.

그러던 산이가 5, 6개월 지나니 가방을 내려놓고 매트 위에서 구르고, 친구들과 짝을 지어 몸풀기에 참여하기 시작한 것이다. 딱히 극적인 이유는 없었다.

명상은 산이뿐만 아니라 압해동초 아이들의 마음을 어루만져주고 있다. 내 몸을 살펴주고 친구와 서로 몸을 풀어주면서 많이 웃었다. 호흡을 가다듬으면서 마음이 안정되었고 아이들은 서서히 본능적으로 세상을 편안하게 볼 수 있게 되었다. 그래서 무의식 속에 내 본성이 가는 대로 호흡에 몸을 맡기면서 어렴풋이 자신이라는 존재를 더듬어 가게 했다. 이러한 목적의 명상이 산이가 아닌 누구라도 무거운 마음의 짐인 아이들의 가방을 메고 있다면 스스로 어루만지면서 편안하게 내려놓도록 하였을 것이라고 생각했다.

이러한 산이의 새로운 학교생활은 명상에서만이 아니고, 학교 전반에서 그랬다. 선생님들은 굳이 산이에게 선생님들이 원하는 바른 생활이나 학력이 지금 바로 변화하기를 요구하지 않았다. 언젠가 산이가 마음을 편하게 내려놓듯이 가방 내려놓기를 기다려주었다. 다른 일반 수업시간 내내 산이가 가방을 내려놓지 않았다면 선생님들은 많은 고민을 안고 대책을 협의했을 것이지만, 다행스럽게 산이는 아침 명상 시간에만 가방을 내려놓지 않았기에, 시간을 갖고 산이가 스스로 가방을 내려놓을 것이라는 확신을 가질 수 있었기에 기다릴 수 있었다. 중요한 것은 가방을 내려놓는 것이 선생님들의 선택 사항이 아니라 산이의 선택 사항임을 직접 말하지 않았지만 암시하고 있는 것이었다.

일상적으로 아침 명상을 끝내고 교실로 간 산이가 선생님과 가장 먼저 하는 일은 눈 맞추는 일이다. 짧은 시간이지만 선생님과 산이의 눈빛에는 긍정이 담겨있다.

'산이야, 마음을 편안하게 해. 너는 참 고귀한 사람이야. 선생님은 너를 존중해.'

'선생님, 저 왔어요. 학교에 오면 재미있어요.'

말은 하지 않았지만, 선생님과 산이는 서로의 마음을 인정하고 있었다.

산이가 작은 학교인 압해동초에 와서 가장 달라진 환경은 사람과의 관계이다. 사실 전학해 오기 전 도시 학교 학급에서는 30여 명의 친구들이 있었지만, 산이는 고립되어 있는 경우가 많았다. 전체 학급 분위기에 휩쓸려갔고, 학교가 끝나면 학원이나 부모가 없는 빈집에서 TV나 컴퓨터 앞에 앉아 있는 경우가 많았다. 선생님과도 특별한 사안이 없으면 감정을 교류할 시간은 없었다. 그런데 이곳에 전학해 오고 나선 담임선생님을 비롯해서 교장, 교감 선생님, 다른 학년의 선생님들까지 하루에도 수차례 이야기를 걸면서 관심을 보여왔다. 하지만 더 공부 잘 해라 한다거나 습관을 고치라는 주문보다는 잘 지내냐? 학교생활은 재미있냐? 오늘은 표정이 밝다. 등과 같은 아주 사소한 관심을 보여주는 것이었다. 그리고 산이의 조그만 변화에도 선생님들이 서로 앞다투어 칭찬해주는 것이었다. 친구 간의 관계에서도 같은 반 학생 수가 7명이었지만 7명의 관계는 매우 가까웠다. 그리고 학교 전체 시스템이 전교생이 함께하는 수업이나 모임이 많기 때문에 학년 간 관계도 같은 학년의 친구 관계 못지않게 가까웠다.

6개월이 지난 후 산이의 등에서 삶에 대한 두려움과 방어의 무게가 쌓인 가방이 내려지면서 다른 모습에서도 서서히 스스로 변화하기 시작했다. 얼굴 표정도 밝아졌고, 친구들과도 함께 잘 어울렸으며, 학습 참여도도 높아 성적도 향상되기 시작했다.

산이의 이러한 변화는 선생님들의 지시에 의한 것이 아닌 산이 스스로에 의한 변화였지만, 사실 담임 선생님과 교장선생님을 비롯한 선생님들은 지난 6개월간 항상 산이를 지켜보면서 기다리고 있었다. 교무실에서는 선생님들이 모이면 산이의 이야기가 자주 등장했다.

"산이가 오늘은 지나가면서 나와 눈이 마주쳤어요."
"점심시간에 산이가 내게 와서 감기 조심하라고 했어요."

눈을 마주친 것이 감동이었고, 감기 조심하라고 걱정해 준 것이 감동이었다. 심각하게 산이의 행동이 문제가 있으니 이렇게 하자는 논의보다는 산이의 마음이나 행동을 그대로 인정해주고, 우리 선생님이나 학교가 산이의 적이 아니니 그냥 편안하게 다가오라는 보이지 않는 신호만 산이에게 계속 보내주었던 선생님들이시다.

요즘을 살아가는 대부분 아이들은 자신의 모습을 위태롭게 여기고 행복하지 않다고 생각하는 경향이 강하다. 이러한 아이들은 본능적으로 자신을 감추거나 반대로 공격성을 보인다. 압해동초에서 이루어지는 모든 성공적인 교육 방법이나 프로그램의 적용에 있어 기반이 되는 것은 이러한 아이들이 자신을 바라보고, 편하게 이 학교와 사회에 스스로 적응해 가도록 하는 것이다. 처음에는 아이들이 잠시 주춤거리지만, 웃음이 많아지고, 주변과 관계가 깊어지거나 넓어지면 아이들은 스스로 배움의 동력을 생산해 내기 시작한다. 산이의 이야기에서처럼 말이다. 그러기 위해서는 교사들이 깊은 성찰의 시각으로 아이들을 바라보지 않으면 안 된다.

발도르프 교육에서는 아이들을 경외의 눈으로 보라고 하였는데 어떻게 하는 것이 경외인가? 영혼을 존중하라 하는데 영혼이 보이는가? 압해동초의 선생님들은 아이들을 잘 기다려준다. 무관심이 아니다. 이 조그만 학교에서 만나는 선생님마다 산이의 부족한 외적, 내적인 면을 바로 잡으려고 했다면 산이는 전학해 오기 전보다 더 깊이 자신을 숨겨버렸을 것이다. 산이가 자신의 마음을 편하게 내려놓고, 무슨 말을 하거나 행동을 해도 두려움 없는 자신의 세상임을 이 학교는 허락해 주었던 것이다. 이처럼 발도르프 도입의 첫 번째 목표는 엄청난 프로그램에 있는 것이 아니라 아이들을 바라보는 교사의 성찰에 있었다.

관계와 자치, 다모임!

삶은 주변과 관계 속에서 살아가는 과정이다. 압해동초 아이들은 누구나 서툴 수 있다는 것을 인정하고 서로를 존중하며 더불어 살아가는 삶을 몸으로 익혀간다.

압해동초에서 지키고 있는 복도 통행과 점심 식사 순서는 지난해 학생들 스스로가 정한 규칙이다. 전교생이 모인 다모임 자리에서 학생들이 실내에서 지나치게 뛰기 때문에 이러한 규칙이 필요하다고 학생들이 제안하여 만들어진 것이다. 제안의 내용은 6학년들이 복도에서 우측 통행을 하지 않는 학생을 확인하여 매주 발표를 하자는 것이었다. 가장 많이 규칙을 어긴 학년은 좀 유치하지만, 점심 식사를 늦게 하기로 하였다. 이러한 규칙이 만들어진 후 학교는 정말로 눈에 띄게 조용해졌다. 선생님들이 복도에서 뛰지 말라고 주의를 줘도 별 소용없던 아이들이, 선생님들이 보든 말든 복도 우측으로 딱 붙어 걷는 모습을 보면 도리어 걱정스럽고 안쓰러울 정도였다. 간혹 불만의 목소리가 있기도 하였지만 그렇게 1년 가까이 학생들은 스스로 만든 규칙을 지키며 무리 없이 지내왔다.

> "아이들이 복도에서 좀 뛰어도 되지 않나요? 너무 학교 분위기가 딱딱한데 좀 풀어주는 것이 좋을 것 같은데요?"

하고 오히려 선생님들이 반문하였지만, 학생들이 스스로 만들어놓은 규칙을 존중하기에 그대로 두고 지켜보았다.

그런데 문제는 지난달부터 3학년이 몇 주째 연속으로 점심을 늦게 먹게 되는 상황이 반복되는 것이었다. 현재 압해동초 3학년 학생들은 좀 유난스러운 데가 있다. 한마디로 말도 많고 불만도 많다. 가만히 있을 3학년이 아니다. 교장실에 찾아와 이 제도의 부당함과 함께 제도를 운영 관리하는 6학년 선배들에 대한 불만을 가득 토로하면서 한 바탕 눈물 바람을 하고 갔다. 선생님들에게도 이런저런 경로를 통해서 문제를 제기했고, 다른 학년들에게도 동의를 구하며 이 규칙을 보완하도록 요구했다. 당연히 자기들이 이런 규칙을 만들었던 다모임에서 해결해야 할 문제였다.

"우리가 다른 학년보다 많이 뛰었다는 근거가 어디 있습니까?"
"6학년 선배들은 자기들이 뛴 것은 왜 기록하지 않습니까?"
"우리가 학교에서 서로 감시하면서 살아야 합니까?"
"걸려서 벌칙으로 밥을 늦게 먹으면 밥맛이 없어요."

막상 다모임이 열리자 아예 이 규칙을 없애자는 쪽으로 가고 있었다. 처음 생각했던 보완의 의도와는 달리 폐기로 기울어진 것이다. 다모임 분위기가 조금 심각해지고 있었다. 다른 학년들이 동조하지 않을 거라 생각했는데 그동안 벌칙에 걸려서 밥을 늦게 먹어본 학생들까지 가세하였다. 그런데 적극적으로 대응할 줄 알았던 학생회장을 중심으로 학교를 이끌고 있는 6학년 8명의 분위기가 의외로 한발 물러서는 분위기이다. 6학년들에게 해명할 기회를 주기 위해 마이크를 넘겼으나, 6학년들 스스로도 문제가 좀 있었다고 판단되었던지 머뭇거렸다. 체계적이고 객관적이지 못하게 체크해서 벌칙 학급을 정한 것을 시인하게 된 모양새가 되었다.

"그렇다면 어떻게 하면 좋겠습니까?"

조금 자신 없는 목소리로 학생회장이 말하였다.

"학년별로 대표 한 사람씩을 뽑아 그 사람들이 공정하게 체크해서 벌칙 학년을 선정합시다."

"아예 벌칙 규정을 없애고 스스로 알아서 하기로 합시다."

"그러다 예전처럼 학교에서 뛰는 학생이 많아지면 어떻게 합니까?"

"뛰는 학생에게는 본 사람이 뛰지 말라고 하면 되지요."

　지속하자는 의견과 폐기하자는 양쪽의 의견이 팽팽해져서 결국은 표결에 부쳤는데, 2/3의 다수 학생이 복도 통행 규칙 자체를 없애는 쪽으로 결정했다. 그 대신 학년별로 한 명씩 선정하여 학생들이 정한 결과를 학생들이 스스로 잘 지키는지 2주 정도 지켜보고 판단한 후에 다시 한번 논의하기로 하였다. 그리고서 2주가 지났지만 특별한 문제 제기는 없었다.

　이렇게 새롭게 결정된 복도 통행 규칙에 의해 한 달 정도 지난 후 학교 분위기는 달라졌다. 전에 비해 한 줄로 걷는 모습도 적어졌고, 좀 더 자유로운 분위기가 되어 뛰는 학생들이 간혹 보이기도 하였다. 이런 복도 통행에 대한 규칙 제정에 대해서는 처음부터 선생님들도 의견이 분분하였다. 다시 약간 소란스러워진 복도 통행 모습에 어떤 선생님들은 여러 사람이 함께 생활하는 학교 건물에서는 어느 정도 규율이 필요하다고 하였고, 어떤 선생님들은 지나치게 군대식으로 규율이 적용되는 것은 바람직하지 않다고 하면서 보기 좋다고 하였다. 선생님들 간 좌담회에서 논의가 있었지만 결정을 내리지 못하고, 교장선생님의 의견은 무엇인지 물었다.

"복도 통행 문제를 처음 제기한 것도 아이들이었고, 자기들이 제정한 규칙이 지나치게 사람을 경직시킨다고 깨달은 것도 아이들이었습니다. 아이들의 안전에 크게 문제가 되지 않는다면 지켜보는 것도 좋을 것 같습니다. 한 나라의 법 조항도 시대에 따라 바뀌는 것처럼 현재의 우리 학교 복도 통행 규칙에 문제가 있다면 우리 학교 아이들은 분명히 다시 문제를 제기할 것이라고 생각합니다."

일단 복도 통행 문제는 이렇게 일단락되어 지금까지 큰 문제 없이 진행되어 오고 있다.

압해동초에서 아이들이 반듯하게 줄을 서 열중쉬어 자세로 교장선생님의 훈화 말씀을 듣는 시간은 입학식, 운동회, 졸업식 등 1년에 큰 행사 있는 날로 몇 번 되지 않는다. 대신 매주 월요일 애국주회가 있는 날은 전교생과 선생님들이 동그랗게 편하게 둘러앉아 학교 일을 학생들이 직접 의논한다. 그 모임을 다모임이라고 한다. 주로 학생회장과 교장선생님이 공동으로 진행하는데, 매주 빠지지 않는 단골 주제는 학교 폭력 문제이다. 압해동초에서 학교 폭력 문제는 거의 일어나지 않지만 조그마한 학교 폭력 발생 소지도 사전 예방 차원에서 간단하게 확인하고 학생들이 제시하는 사안에 대해 논의에 들어간다. 핸드폰 사용, 군것질, 학교 행사 등 매우 다양한 문제들이 논의되는데, 어떤 때는 하나의 문제에 대해 한 달 내내 지속적으로 문제를 끌고 가기도 한다. 생각의 차이로 간혹 갈등이 일어나기도 하지만 결과에 대해서는 잘 따르고 있다.

이처럼 압해동초에서 일어나는 모든 일들에 아이들이 관여하지 않은 일은 없다. 처음 이 학교에 오신 선생님들은 이러한 학교 분위기를 의아해하지만, 시간이 지나면서 자연스럽게 아이들이 학교 문제를 해결해 가는 과정을 즐기면서 지켜본다. 다모임 시행 초기에는 저학년들이 약간 소란을 떨기도 했지만, 지금은 곧잘 의사 표현도 하고 질서를 지키면서 참여한다. 선배들을 따라 토의 문화를 배우기도 하고, 논의되는 문제들이 대부분 자기와 직접 관련된 문제들이기 때문에 저학년들도 신중하게 참여할 수밖에 없다.

선생님들의 약속

매주 화요일 오후 수업이 끝나면 선생님들도 모여 공부를 한다. 일명 선생님 학습공동체이다. 이번 주 모임의 특별 주제인 학교 행사와 매주 하는 일반 주제인 수업에 대한 논의가 이루어졌다.

다음 주에 있을 행사에 대해서는 학생들이 개별로 어떤 역할로 참여하는지 논의했다. 1년간 일반 학교에서는 학생들을 위한 행사가 수차례 열리지만, 학생 각자가 주인공이라기보다는 대부분 참여하는 데 의의를 두는 경우가 많다. 압해동초에서는 행사의 목적이나 방법, 내용 등에 대해 선생님들 간, 선생님과 학생 간 논의를 통해 결정된 후에도 학생들 한 사람 한 사람이 모두 주체가 되는 행사가 되도록 하기 위해 선생님들이 세심한 부분까지 살피고 또 살핀다.

다음은 수업에 대한 논의이다. 우리 사회의 경직성처럼 학교의 수업도 엄숙하고 굳어있는 경우가 많다. 선생님들은 학생들이 좀 더 활발하게 수업에 참여하여 자기의 생각을 이야기하고, 친구들과 토론하면서 문제를 스스로 해결해 가기를 바란다. 그래서 수업 방법에 대한 자료를 모으고, 우리 학교 학생들에게 어떻게 적용시킬 것인지 토론했다.

압해동초 선생님 학습공동체는 행사, 수업, 생활교육, 학생인권, 교육과정, 교사의 역할 등 다양하게 학교 운영 전반을 논의한다. 우리 교육에서 관례처럼 자리 잡고 있는 인식이나 방법 등을 학생 입장에서 재조명해 보고 방법을 찾아간다. 학생 중심인 압해동초의 교육 철학과 방법을 이해하고 실천해 나가기 위해서는 선생님들이 함께하고자 하는 공동체 정신이 우선되어야 한다.

다음은 압해동초 선생님들이 교사로서 학교 교육에서 가장 중요하게 생각하는 10가지이다.

- 학생들과 정서적으로 교감하는 시간이 가장 소중하다.
- 철저하게 학생 개개인의 발달을 돕는다.
- 긍정과 존중의 관점에서 학생을 바라본다.
- 서열화가 아닌 학생의 자기성찰을 위한 도구로써 평가한다.
- 수업은 학생이 자발적으로 배우도록 하는 것이다.
- 배운다는 것은 놀고 재미있는 것이다.
- 자율적이고 협동적이며 통합적인 수업을 강조한다.
- 수업은 준비하는 것이다.
- 학생도 선생님도 자신과 세상을 아름답게 바라본다.
- 학생을 품에 안을 마음의 여유를 항상 비워놓는다.

삶이 있는 배움, 압해뻘낙지 유통 여행

압해도 사람들의 가장 큰 소득원은 뻘낙지로 일명 '세발낙지'라고 한다. 신안, 무안, 영암군 일대에서 나는 낙지는 다른 지역의 낙지에 비해 발이 가늘고 길며, 맛이 부드러워 지역 특산물로 전국에 알려져 있다.

이번 프로젝트 수업은 6학년 학생들이 우리 지역을 상징하는 압해 뻘낙지를 테마로 하여 환경, 문화, 경제적 측면을 함께 직접 체험하는 통합 수업 형태이다. 테마 여행의 경로는 낙지가 갯벌에서 자라 식탁에 오를 때까지를 그대로 추적해 보는 것이다. 우리 마을 앞 갯벌에서 시작하여 목포 수산물 경매시장을 거쳐 서울 노량진 수산시장과 낙지 전문 식당까지 추적하게 된다. 이번 프로젝트 수업은 우리 마을을 다양한 측면에서 이해하는 것도 있지만 학생들의 배움이 실제 우리들이 살아가는 현장에 있고, 국어와 사회, 과학 등에서 배우는 지식이 분절되는 것이 아닌 통합적으로 실생활과 관련되어 있다는 것을 배우도록 하기 위함이다. 유통 여행 경로에 대한 사전 탐구는 학생들이 스스로 준비하면서 여행 계획을 만들었다.

학생들은 먼저 갯벌에 대한 탐구활동을 하였다. 낙지 잡는 일을 하시는 친구 아버님을 모시고 낙지 잡는 방법에 대해 설명을 들은 후, 낙지의 서식 환경을 알아보기 위해 갯벌 탐사를 하였다.

그리고 꼭두새벽에 열리는 목포 공동 활어 위판장에 가서 낙지가 어떻게 경매가 되고 어떻게 팔려 나가는지 직접 보고, 또 경매자인 아저씨와 면담도 하면서 철에 따라 다른 낙지 가격의 변동에 대해 알아보았다.

며칠 후에는 KTX 기차를 타고 전국에서 생선들이 다 모인다는 서울 노량진 수산시장에 가서 압해도 뻘낙지를 찾았다. 하지만 넓고 넓은 수산시장 어디에도 목포 인근에서 올라온 낙지는 없었다. 대부분 중국산 낙지이거나 다른 지역에서 나는 낙지였다. 수산시장에서 낙지를 팔고 계시는 아주머니로부터 우리 지역의 뻘낙지가 그만큼 귀하다는 것을 들을 수 있었다. 수산시장을 나와 직접 압해도에서 잡은 낙지를 직배송 받아 음식점을 하는 낙지 전문 식당을 찾아갔다. 서울 한복판에서 우리 마을에서 잡은 낙지가 들어간 비빔밥을 먹으면서 압해 뻘낙지가 얼마나 귀한지를 학생들은 알게 되었다.

서울 여행을 마치고 다시 한번 마을 갯벌을 찾은 아이들은 갯벌의 숨소리가 들리는 것 같다고 하였다. 그 뒤 압해 갯벌에서 서울까지 뻘낙지를 따라간 유통 여행의 과정과 결과들을 정리하여 탐구 보고서를 작성하고 발표하였다. 보고서에는 갯벌의 중요성과 천혜의 자연이 주는 소중함이 담겼다.

압해동초에서는 이와 같은 프로젝트 학습이나 현장 체험학습이 많은 편이다. 이러한 학습 형태는 학생들의 흥미와 참여를 높이고, 자신들이 배우는 공부 내용이 현실 속에 있음을 체험함으로써 스스로 배움에 대한 강한 동기를 갖게 한다.

'재미있는 학교'의 의미 있는 전이 효과

압해동초가 추구했던 교육의 핵심은 '재미'이고, 기다림, 발도르프, 생명, 관계, 살아있는 배움, 학교 공동체 등이 '재미 교육'을 둘러싸고 있다. 이러한 학교교육의 기본 구조는 유럽의 오래된 미래교육이라 할 수 있는 '스스로 자기 삶을 살아가는 힘을 기른다 - 프뢰네', '아이들을 경외하라 - 발도르프', '대화하는 교육공동체 - 그룬투비'가 뒤섞인 한국판, 엄밀히 말하면 폐교 위기의 매우 작은 학교 압해동초판이라 할 수 있다.

압해동초 교육이 자리 잡고 알려지면서 정말 많은 학교의 교직원들이 다녀갔다. 그런데 이해하기 힘든 현상 하나가 있었다. 진짜로 압해동초에서 이런 교육을 한다고? 안타깝지만 압해동이 추구했던 이러한 재미교육은 홍보용일 것이라고 의심하는 분들이 많았다. 대안학교면 모를까 대한민국의 공립학교에서는 가능하지 않다는 뜻이다. 이러한 반응은 대부분 교원들에게서 나왔지만, 역으로 학부모들은 아이들을 통해 직접 체감하고 있었기 때문인지 학교 교육에 대한 신뢰도가 매우 높았다. '우리 지역 가까운 곳에 이런 학교가 있어.'라고 하는 학부모들의 입소문 덕분에, 바다다리 건너 목포에서 압해 섬으로 전학해 오는 학생들이 많아지면서 폐교 위기를 극복했다.

압해동초 교직원들은 끊임없이 아이들의 존재와 자율적 학교공동체에 관심을 가졌다. 아이들은 스스로 성장하고 변화할 힘을 갖고 있다고 확신했다. 그래서 선생님들은 최대한 아이들의 판단과 선택을 존중하려 했고, 아이들은 선생님들이 생각했던 것보다 훨씬 더 자발적이고 협력적이며, 책임감 있는 모습을 보였다. 수업 시간에 주도적으로 참여하거나 기초학습 부진을 스스로 깨고 일어서는 모습도 보였다.

무엇이 학교의 혁신일까? 그 혁신의 방식은 무엇일까에 대한 답은 아이들의 존재를 믿어주는가? 그 존재의 믿음이 갖는 놀라운 변화를 신뢰하는

가? 그리고 그러한 확신을 바탕으로 실천하려고 노력하는가였다. 그것은 교직원, 학부모들과 함께 공감해야 가능한 일이었고, 교장인 내가 지나친 의지를 보일 때면 여지없이 학교공동체를 퇴행시키는 결과를 가져왔다. 과욕의 근원을 추적해보면 아직도 눈에 보이는 성과와 행정 중심의 관행으로 둘러싸인 나 자신을 발견할 수 있었다. 학교공동체 구성원들과 공감대를 형성하며 함께하는 노력이 중요하다는 것은 나만이 아니라 압해동초 식구들 모두가 깨닫지 않았을까 싶다.

지금도 그 당시 함께 근무했던 압해동초 선생님 몇 분은 교직 인생에서 압해동초에서의 교육활동이 중요한 전환점이었다고들 회상한다. 당시 함께했던 교감 선생님 중 한 분은 다른 혁신학교의 교장이 되어 교사의 시간을 온전히 학생에게 돌려주기, 학생 중심의 공간 혁신하기, 배움의 공동체 실현하기를 통해 교직원과 학생, 지역민이 자부심을 갖는 압해동초보다 더 아름다운 교육공동체를 만들었다. 선생님 한 분은 혁신학교 컨설턴트가 되어 혁신교육이 추구하는 수업, 학교문화, 공동체가 함께 교육계획 세우기 등의 활동을 하고 있다. 또 다른 선생님은 아직도 압해 지역에 머물면서 지역민들과 함께 압해 아이들 사랑에 여념이 없다. 필자 역시 압해동초 임기를 마치고 다른 규모가 큰 학교, 교육청, 다시 소규모 학교로 옮기면서 혁신 교육을 이어가고 있다. 굳이 '혁신'이라는 이름보다는 우리 교육의 본질에 대한 물음을 던지면서 방법은 조금씩 다르겠지만 소속된 학교와 교육청에서 의미 있는 교직자의 삶을 실천하고 있다고 봐야 할 것이다.

혁신학교가 처음 시작되던 2010년의 시점과 지금은 많이 달라져 있다. 학교는 지역사회와 학부모에게 더 개방되어 있고, 직급이나 직종 간 상호 존중과 배려의 학교 문화도 필수 요인이 되었다. 교육과정은 역량교육이라는 이름으로 더 고도화되어 있지만, 아직도 학교의 교육과정 개념은 역량교육을 보듬어 안기에 벅차다. 그럼에도 불구하고 미래는 무겁고 엄중하게 다가오고 있다. 특히 인구소멸과 함께 수도권 중심 교육 프레임을 무조건 쫓아야 하는 전남교육의 현실은 그야말로 절박하다. 전남의 혁신교육은 2010년과 2022년, 수도권과 전남 혁신의 차이가 무엇인지를 깊이 있게 고민해야 할 때다. 어쩌면, 압해동초(2013~2017)를 다시 되돌아 살펴보면 그 답이 나올 수도 있겠다는 생각을 해본다.

온 사람을
키우는 학교

· 김의성 ·

미리 그려보는 옥룡의 어느 하루

5월 어느 화창한 날

화창한 아침입니다. 에듀버스에서 내리는 아이들과 아침맞이 인사를 나눕니다. 오늘 하루도 즐겁고 의미 있는 배움으로 채우기를 희망하는 환대의 인사입니다. 곧이어 자전거 부대도 교문에 들어옵니다. 지난 5월 섬진강 자전거길 종주 도전 활동을 성공한 후 라이더가 되어가는 5학년 학생들이 하이파이브로 인사하며 지나갑니다. 헬멧을 쓰고 페달을 돌리는 뒷모습이 참 야무져 보입니다.

1교시 시작 전이라 학교 곳곳에 학생들의 모습이 보입니다. 선생님과 도란도란 이야기 나누며 산책하는 아이들, 공간혁신으로 만들어진 야외놀이터에서 어울려 노는 아이들, 텃밭에 웅크리고 앉아있는 아이들⋯⋯. 모두가 제 할 일에 열중하며 아침을 시작하는 모습입니다.

학생들의 목소리가 조곤조곤 들려오는 복도를 걸어봅니다. 교실마다 풍경은 달라도 함께 배우며 활동하는 아이들의 눈빛은 비슷해 보입니다. 현관의 학생회 게시판에는 두레에서 붙인 종이들이 붙어있습니다. 도서두레는 독서 골든벨을 하려나 봅니다. 다음 학생 다모임 안건을 제안해 달라는 안내문도 한쪽에 붙어있습니다. 다음 달에는 이웃 학교 학생회와 함께 회의한다던데 어떤 활동을 하게 될지 벌써부터 궁금해집니다.

3교시가 되니 생태학습을 하러 나가는 1~2학년의 모습이 보입니다. 솔밭공원까지 걸어가면서 마을학교 선생님들과 함께 모내기했던 논을 들러 볼 모양입니다. 생태학습의 횟수가 늘어날수록 옥룡의 자연과 아이들은 더욱 가까워지는 듯합니다.

6학년 목공수업을 지원하러 '백운산 마을학교' 선생님들이 찾아오셨습니다. 학년별로 아이들이 마을학교로 직접 찾아갔는데 오늘은 학교에 있는 공구를 이용해야 해서 직접 오셨습니다. 목공에 관심이 있으신 아빠들도 몇 분 보이고 운동장 한편에는 작은 목공소가 차려졌습니다.

담임선생님과의 수업이 끝나고 이제는 방과후활동 시간입니다. 자신이 선택한 방과후 부서로 찾아가는 아이들 사이로 동아리 활동을 하러 학교에 오는 학부모님들이 보입니다. 공간혁신으로 학부모 소통방이 만들어진 뒤부터 동아리 참여 인원이 늘어서 학부모회 교육분과가 더욱 바빠진 듯합니다.

여기저기 살피며 돌아보다가 선생님들과 함께하는 전문적학습공동체 시간에 늦을 뻔했습니다. 회복적 생활교육을 어떻게 적용할 것인지에 대한 진지한 논의가 오고 갑니다. 학생들의 평화수업에 대한 개선할 점도 모아집니다. 학부모교육 주제로도 제안하기로 합니다. 다음 주는 5학년 공개수업에 대한 사전협의가 있다고 합니다. 오늘 하루도 바쁘고 고단하게 아이들을 만났을 선생님들의 수고로움이 느껴지기에 인제 그만 협의를 마쳐보자는 제안으로 하루가 마무리됩니다.

아이들이 돌아간 교정에서 미리 다음날의 모습을 그려봅니다. 평화로운 기운 속에서 활기차게 꿈틀거릴 혁신학교 옥룡의 모습을…

학교경영계획을 제안하며

본 계획서에서 제시한 내용은 응모자의 제안이며, 학생과 교직원, 학부모와 함께 검토하고 협의하면서 세부적으로 보완하고 발전된 모습으로 옥룡을 함께 만들어 갈 것입니다. 옥룡은 96년의 전통과 10년의 학교혁신 경험을 통해 민주적 의사결정 구조가 정착되었고, 구성원들의 성숙한 민주시민 역량을 믿기 때문입니다.

– 문정식 옥룡초 교장(2020. 9. 1.~ 현재)의 교장공모제 경영계획서 첫머리

새 학교 연구동아리 회원 4명(신왕식, 조선희, 정민숙, 한지숙)이 새로운 학교를 만들어 보자는 꿈을 안고 2012년 3월 옥룡초등학교에 전입했다. 그리고 2012년 9월 내부형교장 공모를 통해 이재민 선생님이 교장으로 부임하면서 옥룡초는 '존중과 협력으로 꿈을 키우는 행복한 혁신학교'를 만들기 위한 여정을 시작했다. 이후 필자를 포함한 여러 교사들이 옥룡초에 전

입했고, 이재민 교장 이후 정종희 교장을 거쳐 현재 문정식 교장까지 교장 공모제를 통해 자발적으로 옥룡초에 합류했다. 학생들이 입학하고 졸업하고 교직원과 학부모가 바뀌는 동안에도 '존중과 협력으로 꿈을 키우는 행복한 학교'라는 학교의 비전을 품은 옥룡초등학교는 혁신학교로서 계속 성장해왔다. 그 힘으로 옥룡초 아이들을 행복한 사람으로 키워 내려 했고 학부모를 성장시켰을 뿐 아니라 교사들을 더 나은 선생님이 될 수 있게 했다. 조갯 속 진주처럼 때론 아프기도 했지만, 천천히 그러나 멈추지 않고……

새로운 리더십으로!!

이재민(前 옥룡초 교장, 2012. 9. 1.~2016. 8. 31.)

학교를 졸업하고서부터 퇴직까지 학교에서만 근무했기 때문에 나는 평생 교육자로서 살아왔다고 할 수 있다. 40년의 교직 생활을 되돌아보면 앞의 30년은 학교라는 직장에서 구성원 간의 인간관계를 잘 형성하고 민주적 학교 문화 형성에 노력하며, 학부모의 요구에 맞추어 아이들 수업에 충실하고 도덕적으로 건전한 생활을 하면 된다는 일념으로 살아왔다고 할 수 있다.

마지막 10년을 남겨두고 혁신학교 교육 사상을 접하고서부터 교육이 무엇인지 고민하며 길을 찾아갔다고 회상된다. 옥룡에서의 삶은 그런 고민의 연장선에서 지금까지 배우고 생각했던 리더십에 대한 실증의 시간이었고 자율에 기초한 학교 문화, 학생의 배움을 위한 다양한 도전의 장이었다. 뜻을 같이하는 선생님들, 혁신교육의 의미에 눈뜨며 적극 지지하는 학부모님들, 새로운 환경에 반가워하며 즐겁게 성장하는 아이들. 이론과 지식이 현장에서 하나둘 열매로 나타나는 기쁨에 감동하며 교직의 마지막을

행복하게 자리매김하게 해준 내 삶의 가장 큰
선물이었다.

교장 이재민과 옥룡 아이들의 첫 만남

내부형 공모교장! 교감도 거치지 않고 평
교사에서 공모를 통해 교장을 하는 제도. 주
변 사람들의 권고로 갑작스럽게 주어진 교장
의 지위는 낯설고 어색할 수밖에 없었다. 하
지만 주변 사람들의 시선을 떠나 나 스스로
평범한 교장으로 남고 싶지는 않았다. 부임하
기 며칠 전 행정실장, 교감 선생님과의 사전
면담 때 한 가지 부탁을 드렸다.

"아이들과의 첫 만남은 실내에서 빙 둘러앉아 하고 싶습니다."

흔히 보아왔던 운동장 구령대에서 훈화 식으로 의례적인 인사말로 이
어지는 모습이 나도 모르게 거슬림으로 남아서였을까? 아니면 '나는 어떤
교장으로 4년을 보내야 할까?' 혁신학교 교장으로 정해진 교장의 길을 고
민한 결과일까? 자연스럽게 그렇게 하고 싶었다.

뒤뜰에 있는 조립식 건물 다목적실 안에 아이들 솜씨로 정성스럽게 새
겨진 환영 글자와 치장이 문 열고 첫발을 딛는 나를 감동케 하였다. 문 앞
에 서서 한 줄로 입장하는 아이들을 일일이 손잡아 맞이하였다. ㄷ자로 빙
둘러앉은 아이들 앞에 마주 보고 앉았다.

"이 학교의 주인은 누구일까요?"

나의 첫 마디는 뜬금없는 질문이었다.

"교장선생님요!"

"물론 교장선생님도 학교를 대표하고 일도 많이 하니 그렇게 생각할 수 있겠죠. 하지만 다시 한번 생각해 볼까요?"

"선생님이요!"

"여러분이 선생님 말씀 잘 듣고 열심히 공부하니 그렇게 생각할 수 있지요. 그런데 정말 선생님이 주인일까요?"

눈치 빠른 6학년 아이가 손을 번쩍 들었다.

"우리들이요!"

"맞아요. 우리 학교는 여러분을 위해서 존재하고 있고 이 학교의 주인은 여러분입니다. 여기 있는 교장선생님은 여러분이 행복하게 생활하도록 섬기는 머슴이지요."

나의 정체성과 앞으로 옥룡초등학교가 어떤 모습으로 나아가야 할지 규정짓는 순간이었다.

"이제 주인인 여러분이 머슴인 교장선생님께 하고 싶은 말을 마음껏 하세요. 열심히 듣겠습니다."

아이들은 신이 나서 이것저것 주문하였다.

"방과후 시간을 줄여주세요."

"중간놀이 시간을 늘려주세요."

"……"

"예, 교장선생님은 여러분의 뜻을 잘 받들도록 열심히 노력하겠습니다."

상기된 아이들의 웃음 띤 얼굴을 바라보며 이 멋진 순간이 오래 기억되리라 여겨졌다.

그날 이후 나는 아침 일찍 나와 등굣길을 빗자루로 깨끗이 쓴 다음 교문에서 등교하는 아이들을 깍듯이 인사하며 맞이하였다. 통학버스에서 내리는 아이들도 마주 인사도 하고 안기기도 하면서 곧바로 친밀한 사이가 되었다.

벽돌 이천 장

어느 날 오후 텃밭과 야외 우물 사이에 아이들이 돌을 가져다가 방 모양으로 늘여 놓은 것을 목격하였다. '집짓기 놀이를 하려나? 돌멩이가 부족할 텐데 어디서 가져다줄까?' 생각하며 지나쳤다. 이튿날 점심을 먹고 나오는 길에 1학년 서너 명과 마주쳤다.

"교장선생님, 저기 벽돌 가져다 써도 돼요?"

축사 울타리 한쪽에 쓰다 남은 보도블록을 가리키고 있었다. 얼른 알아차리고

"그럼, 맘껏 가져다 써라."

몇 번 왔다 갔다 하더니 다시 찾아왔다.

"교장선생님, 리어카 가져다 써도 돼요?"
"그럼, 가져다 써도 되지. 조심히 다녀라."

아이들은 신이 나서 벽돌을 실어 나르며 되돌아갈 때는 한 두 명씩 손수레에 타고 다녔다. 거기서 끝나지 않았다. 오후에 아이들이 다시 찾아왔다.

아이들이 벽돌로 만든 벤치

"교장선생님, 벽돌 사 주세요."

얼마 되지 않은 보도블록 쌓기는 좋았지만 그들의 열망을 다 채울 수 없는 양이었던 것이다. 행정실에 들러 벽돌 1,000장 묶음을 바로 사 주면 좋겠다고 부탁했다. 그런데 벽돌공장에선 1,000장 정도는 갖다주지 않는다고 하였다. 내가 직접 전화를 했다. 아이들의 급한 사정을 이야기하고 정중하게 부탁드렸더니 쾌히 승낙해주었다.

"와, 벽돌이다."
부탁한 지 한 시간도 안 되어 눈앞에 나타난 벽돌을 보며 아이들은 신이 나서 오후 내내 새로운 곳에서 멋진 벽돌집을 만드느라 정신이 없었다.
그런데 이튿날 아이들이 또 찾아왔다. 4학년이 방해한다는 것이다. 나는 4학년 몫으로 다시 1,000장을 더 가져다주었다. 아이들이 완성한 벽돌집 위에 한 학부모가 나무로 지붕을 덮어 주었다.
그 후 벽돌은 뜰 한쪽에 쌓여 있다가 심심하면 운동장에 나와 진화된 주택 구조를 선보이기도 하고 밟고 올라가도 끄떡없는 벤치가 되기도 하였다.
아이들의 배움과 성장은 식물이 자라듯이 일순간 변하기보다는, 성장한 듯 느껴지다가도 어느새 제자리… 이러한 과정을 수없이 반복하면서 가랑비에 옷 젖듯 시간이 흐르면서 성장한다고 여겨진다.
중요한 것은 아이들이 끊임없이 도전하며 넘어지고 일어설 수 있도록 환경을 잘 조성하는 것이다. 아이들을 믿으며 끈기 있게 지켜보는 선생님들의 눈, 아이들을 존중하고 지지해주는 가정에서의 분위기, 학교 구석구석 물리적 환경까지 아이들의 생각과 삶의 흔적들을 잘 표현해주고 학교가 나의 배움과 성장을 응원하고 기뻐해 준다는 느낌을 받고 살아가도록 하는 것이다.

다모임(전체 학생 모임, 매주 금요일 오후) 때 '학생을 두 번이나 물어 상처를 낸 개를 어떻게 처리할 것인가?'에 대한 논의가 진행되었다. 여느 때와 달리 1학년까지 적극적으로 의견을 내고, 이를 존중해주는 고학년, 전교생이 집중하여 참여하는 모습이 대단했다.

"가져온 사람이 가져가겠다." "격리를 시키자." 등 다양한 의견들을 통합하여 "좀 더 지켜보며 계속 학교에서 기르자."는 결론을 이끌어내는 과정 속에서 개의 입장까지 고려하며 스스로를 성찰하는 모습이 대견스러웠다.

옥룡초는 학년이 높아질수록 성숙한 모습을 나타낸다. 성격이 독특한 학생을 배려하여 서로 협력할 수 있도록 배려함은 물론 졸업 때가 되면 '후배들이 잘 할 수 있을까?' 염려하며 옥룡의 문화를 키워가려는 의지가 엿보인다. 졸업을 하더라도 동생들이 주관하는 학예발표회가 되면 거의 대부분 졸업생이 찾아와 찬조 공연을 하는 등 공동체에 대한 긍지와 아끼는 마음이 남다르다.

혁신학교 청년 교사에서 혁신학교 학부모로

박진수(옥룡초 교사, 2013. 3. 1.~현재)

2013년 진도에서 광양 옥룡초로 전입. 당시 5년 경력의 교사였지만 이곳에서 나는 신규교사였다. 이곳에서의 생활 방식은 이전 학교와 완전히 달랐다. 출근하자마자 업무포털을 켜고 공문 확인을 하던 나의 첫 일과는 아이들과 인사를 나누고 대화를 하며 아침 산책을 가는 것으로 시작되었다. 일과 후에는 공문함을 뒤적거리다 행정실과 교무실을 바쁘게 다니며 석면 천장 교실 수를 세고 다니던 내가 이젠 동료들과 아이들, 교육활동에 대해 이야기를 나누며 새로운 교육과정을 꿈꾸고 있다.

　교사로서 나의 능력은 공문 처리와 깔끔한 행정업무 수행으로 평가받는 줄 알았다. 그런 교사들이 승진을 하고, 주변의 인정도 받는 줄 알았다. 주변 사람들은 그런 선배를 보고 배우라고 하였다. 그랬기에 나도 자연스레 그런 줄 알았나 보다. 아이들 자습을 시키고 급한 공문을 처리한 적도 여러 차례였다. 하지만 그것이 아주 큰 착각임을 옥룡초등학교에서 알게 되었다.

　나의 첫 성장은 이 착각을 직면하면서부터다. 뒤통수를 세게 맞은 듯했다. 교사로서 나의 존재 이유를 다시 찾아낸 성장의 첫 시작. 그것은 단연코 아이들이었다. 이처럼 쉽고 당연한 답이 당연하지 못했던 과거였음을 인지할 수 있었다. 그렇기에 나는 옥룡에서 신규교사였다. 돌아보면 모두 옥룡이기에 가능한 일이었다. 모든 것을 새롭게 배워야만 했다. 내 앞에서 웃고 울던 아이들의 표정을! 내 귀에 속삭이던 아이들의 말을 듣는 방법을! 아이들을 먼저 보고, 먼저 듣고 그들을 먼저 생각하는 것이 내 첫 번째 사명임을 깨달았다. 옥룡초에선 이것이 맞다고 하였다. 그리고 다들 그리하였다. 그 이후 나는 옥룡에서 10년 가까이 아이들을 보고 듣고 느끼며 살아오고 있다. 전입 첫 1년을 제하고 9년 동안 난 양적으로 성장했겠지만, 이것은 첫 1년의 질적 성장이 없었다면 불가능했으리라.

　가끔 이런 생각을 해본다. 내가 학생으로서 옥룡초를 다녔다면 난 어떤 어른으로 자랐을까? 삶의 갈림길에서 나의 선택과 인생을 바라보는 시선은 달라졌을까? 그 답이 참으로 궁금하다. 타임머신이라도 있다면 직접 경험해보고 싶지만 그럴 수는 없는 일이다. 내가 받았던 초등교육과 옥룡에서 내가 실천하고 있는 교육을 비교해 본다면… 분명히 지금보다 더 적극적이고 더 사려 깊게 인생을 살고 있지 않을까?

나는 자녀가 셋이다. 첫째는 옥룡초에 다니고 있고 둘째는 올해 입학을 하였다. 셋째도 학령기가 되면 옥룡으로 입학을 시킬 것이다. 내가 직접 경험하고 느껴왔던 모든 것들이 나와 내 자녀를 옥룡으로 이끌었다. 내 자녀들은 나보다 더 주체적으로 자신의 삶을 가꾸어 나가길, 타인과 세상을 따뜻하게 바라보는 어른으로 자라길, 행복한 어른으로 자라길 바란다.

가족캠프

가족캠프가 있던 날이다. 2013년 당시 5학년 담임교사였던 나는 6교시 수업을 마치고 행사 준비를 하기 위해 운동장으로 나왔다. 운동장에 나오니 이미 아빠들이 텐트를 줄지어 멋들어지게 치고 있었다. 상당히 더운 날씨였지만 모두의 얼굴엔 미소가 가득했다. 교사가 아닌 학부모들이 학교의 행사 진행을 위해 구슬땀을 흘리는 모습은 나에게 참 낯설고도 아름다운 모습으로 비쳤다. 하늘색 포스코 근무복을 입은 아빠들이 주말도 아닌 평일에 아이들과 커다란 느티나무 그늘에서 무엇인가를 만들었다. 분명 집에도 들르지 않고 학교로 곧장 왔으리라. 진정한 학부모는 교육 소비자가 아닌 교사와 함께 교육 생산자임을 깨달았다.

첫 부산 문화체험

현장체험학습이 다가오면 나는 작년 공문을 찾아 지난번과 동일한 수련원에 전화를 걸어 예약한 뒤 차량을 신청하고 예산에 변동이 없는지 확인하여 작년과 똑같은 계획서를 올린다. 당일이 되면 어디로 가서 무엇을 하는지도 잘 모른 채 아이들은 버스에 몸을 싣고 떠들기 바쁘다. 이것이 옥룡에 오기 전 내가 추진했던 현장체험학습이었다. 이 과정에서 아이들의 요구와 열정, 배움과 성장은 찾아보기 힘들다.

그런데 옥룡의 문화체험은 참으로 신선했다. 아이들이 직접 준비하는 체험학습이라니… 처음에는 내 머릿속에 세뇌된 '안전'이라는 녀석 때문에 조금 불편했다. 하지만 걱정도 잠시, 나는 곧 매력에 빠져들었다. 아이들은 스스로 계획하고 배우고 떠나는 여행에 불타올랐다. 누가 시키지 않아도 쉬는 시간을 쪼개어 컴퓨터실을 찾아 인터넷 조사를 하였고, 교사의 휴대폰을 빌려 낯선 어른들과 전화 통화를 했다. 2주 후 자신들이 세운 문화체험 계획서를 내게 내밀던 그 모습이 잊히지 않는다.

존중과 협력을 강조하는 옥룡초등학교

옥룡의 아이들은 욕심이 많다고 느낀다. 타인의 것을 빼앗는 욕심이 아니라 자신의 인생을 잘 살고 싶다는 욕심 말이다. 사회에서는 '애살이'라고도 표현한다. 우리 아이들은 분명 성장했고, 성장하고 있다고 확신한다.

옥룡에서 10년을 근무하며 운 좋게 아이들의 입학부터 졸업까지의 과정을 여러 번 지켜볼 수 있었다. 저학년 때 천방지축으로 자기를 내세우던 아이들이 자기 내면을 갈무리할 수 있게 되고 다른 이를 살펴볼 수 있게 되기까지의 성장을 목격하는 경험은 아무나 누릴 수 없는 참 즐거운 일이었다. 귀중한 이 시간을 통해 아이들의 삶에 선한 영향을 미치는 옥룡초등학교 교육과정과 교사들의 힘을 온전히 느낄 수 있었다. 내가 지금껏 받은 긍정적 경험을 이후 옥룡에 오는 많은 교사들도 누렸으면 좋겠다.

교실에서만 가꾸던 씨앗, 온 학교에 꽃 피우는 선생님

박현아(옥룡초 교사, 2014. 3. 1.~현재)

'교사 박현아'의 빛깔을 만들어준 옥룡. 나의 교직 생활은 '옥룡에 오기 전 교사 박현아'와 '옥룡에 오고 난 후 교사 박현아'로 구분할 수 있다. 옥룡에서 우리 아이들과 부모님들을 만나면서 끊임없는 고민을 하게 되었다. 그전에는 생각지도 않았던 것들에 질문이 생겼고 이 질문에 대한 해결 방법을 찾아가는 과정에서 나만의 색깔이 만들어졌다. 물론 아직 완성 단계는 아니지만 흩어져 있었던 생각들을 하나로 모아 '교사 박현아'로서의 삶의 방향이 결정되고 다양한 색깔들로 나를 채운다. 이 과정에서 많은 힘듦이 있었지만, 옥룡초등학교는 교사로서의 정체성을 만들어 주었고 늘 깨어있게 하고 고민하게 해준 나의 파라다이스이다.

옥룡축제

늦은 가을날, 운동장에 옥룡초등학교의 모든 학생들이 모여 분주하게 움직인다. 천막 안에는 책상과 의자가 놓이고 아이들이 가득하다. 언니, 오빠들의 친절한 설명을 듣고 동생들은 때로는 진지하게, 때로는 즐겁게 동아리 부스에 참여한다. 동아리 부스 활동에 푹 빠져있을 때쯤 공연을 알리는 방송이 나온다. 아이들은 하던 일들을 멈추고 운동장 무대 앞으로 모여든다. 객석에 앉아 있는 아이들은 기대감에 얼굴이 반짝반짝 빛난다. 무대 위에 서 있는 아이들, 무대 밖에서 자신들의 공연 순서를 기다리며 긴장한 아이

2021년 옥룡초 2학년들의 마을길 걷기 도전 활동

들, 이런 아이들을 따스하게 바라보는 선생님과 부모님.

옥룡축제는 우리 아이들이 주인공이 되어 선생님, 부모님들의 격려와 지원을 더해 모두가 한마음이 되어 즐거운 배움을 서로와 공유하는 어울림의 자리이다. 축제를 마치며 무대에 모두 올라 함께 부르는 노래가 있다.

"꿈꾸지 않으면"

옥룡초등학교 제2의 교가이다. 노래 가사처럼 오늘 우리 아이들과 선생님, 부모님들은 모두 함께 모여 꿈을 꾸었고 희망을 노래했다. 그리고 앞으로도 우리는 계속 함께 꿈을 꿀 것이다.

"배운다는 건 꿈을 꾸는 것, 가르친다는 건 희망을 노래하는 것"

2학년 도전 활동

친구와 함께 걷는 중흥사 둘레길 17km. 아이들의 표정에서 비장함이 흐른다. 설렘도 묻어 나온다. 서로를 믿고 의지하는 마음도 엿보인다. "앵그리버드 파이팅!!" 모둠 구호를 외치며 힘차게 걸어 나간다. 아이들은 이 길이 맞는지 지도를 보면서 서로 머리를 맞대고 고민한다. 길을 잘못 찾아 헤매기도 한다. 걸으면서 선생님이 내준 미션도 해결해야 한다. 갈 길도 멀고 다리는 아프고, 해결해야 할 일도 산더미인 아이들이 조금씩 지쳐가는 마음이 느껴진다. 짜증을 내는 아이들도 생긴다. 옆에는 다리를 다쳐 걷지 못하는 친구도 있다. 도전 활동하기 전 다리를 다쳐 아빠와 함께 일부 구간에만 참여하기로 결정했다. 그런데 마지막 남은 산행을 함께하

2021. 1학년 도전 활동 사전 연습 때 동생을 도와주는 6학년

고 싶은지 친구들에게 가고 싶다는 마음을 내비친다. 아이들은 회의를 했다. 점심을 먹은 후라 에너지 충전이 됐는지 다리를 다친 친구를 수레에 태워 학교까지 함께 가기로 결정을 했다. 다리를 다친 친구를 수레에 태우고 산행을 시작한다. 돌부리에 걸리기도 하고 오르막에서는 죽을힘을 다해 밀어보기도 한다. 그러다 어느새 서로에게 수레를 넘기려 눈치를 보기도 한다. 오르막과 내리막… 걷다 보니 산 아래에 도착 성공! 해가 산으로 넘어가기 시작한다. 옥룡천을 따라 학교까지 걸어간다. 끝이 나지 않을 것 같은 길이었는데 서서히 우리 학교의 모습이 보이기 시작한다. 교문을 들어선 순간 부모님들이 우리 아이들을 환영하는 현수막을 들고 환호하며 반겨주신다. 아이들의 눈에도, 부모님들의 눈에도 눈물이 그렁그렁 맺힌다. 그동안 참아왔던 어리광을 부모님의 품 안에서 맘껏 부려본다. 여기저기 아픈 곳을 하소연하기도 한다. 부모님들이 우리 아이들의 가슴에 자랑스러운 도전 활동 성공 배지를 달아주신다. 우리 아이들과 부모님들의 얼굴이 도전 활동 배지처럼 빛나는 순간이다.

옥룡에서 아이들의 배움과 성장

자신만의 속도로 각자의 배움을 만들어가고 있다. 두레와 다모임을 통해서 우리 아이들은 공동체에서 자신의 역할을 찾아낸다. 나와 함께 옥룡초등학교에 다니는 친구, 선배, 동생들에 대해 알아가고 함께 어우러져 살아가는 방법을 배운다. 나와 나를 둘러싸고 있는 공동체의 문제를 함께 해결하는 과정에서 협의하고 소통한다. 함께 결정한 것들을 실천하고 책임을 지는 과정에서 주체적으로 성장한다. 배움의 장도 다양하다. 때로는 마을에서, 자연에서, 교실에서 다양한 문제를 만나고 자신만의 배움을 만들어 간다.

아이들은 아침마다 버스에서 내리면 오늘의 기분을 물어주는 다정한 교장선생님을 만나고 교실로 들어오면서 나의 이름을 알고 반갑게 인사해주

2021년 옥룡초 2학년들의 도전 활동 성공과 학부모들의 축하

시는 선생님들을 만난다. 그리고 다정하게 손을 잡아주는 언니, 오빠들도 만난다. 우리 아이들은 자신을 둘러싼 많은 이들의 관심과 사랑을 받으며 성장하고 있다.

팔짱 풀고 함께 배우고 함께 가르치다

옥룡초 학부모. 2012년 이재민 교장이 부임할 당시 일부 학부모는 광양읍에서 옥룡초로 학생들을 보내며 혁신학교에 대한 열망을 함께 품고 있었다. 전남 최초 초등 내부형 교장공모제 학교 등 새로운 변화에 대한 분위기가 무르익었을 때 기존의 학교 교육에 대한 성찰과 새로운 혁신학교의 의미를 함께 공유할 필요가 절실했다.

학부모들의 의견을 듣기 위해 학년별로 저녁 식사를 겸한 학부모 간담회가 마련되었고, 학부모 대다수가 참석해 궁금한 점을 터놓고 질문하였다. 답변하는 과정에서 자연스럽게 옥룡초가 어떤 의미로 학교 교육을

진행하는지, 어떤 학교를 꿈꾸는지 혁
신교육의 의미를 실감나게 전할 수 있
었다.

학년별 모임이 다 끝난 후 10월 중순
쯤 학교에서 학생, 교직원, 학부모가 함
께하는 1박 2일 캠프를 가졌다. 대부분
학부모가 참여하였다. 이날 밤늦도록
대화가 이어지며 옥룡초 구성원이 하나
학부모회에서 주관하는 옥룡가족캠프
되는 분위기가 형성되었다.

초기에 다져진 학부모의 힘은 몇몇 리더들의 헌신적인 학교 교육 참여
와 함께 조직적으로 성장했다. 자발적으로 매월 1회 학년별 학부모 모임
이 이루어지고 그 자리에서 아이들과 함께하는 주말 행사 등 다양한 형태
의 학부모 주도 활동이 나타났다.

학교에서는 학부모, 학생, 교사가 함께하는 분기별 회의가 이루어지고
행사 때마다 함께 참여하여 교육의 의미를 공유하도록 하였다. 학교의 재
정적 지원도 뒤따랐다.

이런 과정에서 옥룡초 학부모는 학교 교육을 함께한다는 의식이 자리
잡았으며, 학부모 주관 옥룡 캠프 등을 통해 스스로 성장하는 경험을 쌓아
갔다. 3년 되던 해부터 아버지 모임이 자발적으로 형성되어 매주 만나 족
구도 하고 밴드 구성을 통한 동호회 활동도 하면서 결속력을 다져갔다.

물론 새로운 학부모가 들어오면서 적응에 어려움을 겪기도 하고 내부적
인 갈등도 있었지만, 공동체의 힘으로 극복하고 치유되었으며 처음 다져
진 학부모회를 근간으로 혁신학교 학부모의 자세와 참여의 문화가 이어져
내려왔다.

코로나19로 인해 멈추었던 가족캠프가 2022년 7월에 다시 부활했다. 옥
룡초등학교의 모든 부모님들이 강당에 모여 아이들과 함께 즐거운 놀이마

당을 만들었다. 무궁화꽃이 피었습니다. 실내화 던지기, 로켓 발사하기…… 오늘은 아빠들도 모두 모여서 아이들과 함께 신나게 놀이를 즐긴다. 할머니, 할아버지도 보인다. 옥룡초등학교를 졸업한 언니, 오빠들도 의젓한 모습으로 동생들과의 놀이에 함께 참여한다. 가족캠프로 옥룡관은 흥분과 설렘, 열기와 즐거움이 가득하다. 가족캠프를 준비하기 위해 몇 달 전부터 많은 부모님들이 모이셨다. 함께 머리를 맞대고 우리 아이들에게 행복한 추억을 만들어 주기 위해 고민에 고민을 거듭했다.

옥룡초등학교 학부모님들은 교육의 주체로서 아이들이 행복한 학교를 만들기 위해 선생님들과 함께 고민하면서 성장해왔고 앞으로도 성장해갈 것이다. 우리 아이들의 행복한 학교생활을 위해 분과 활동을 통해서 다양한 교육활동에 아낌없이 지원하며 아이들과 함께하고 있다. 그리고 학급 간담회, 교육주체 한자리 모임 등을 통해서 학교의 철학을 공유하고 함께 협의하고 소통하고 있다. 그리고 교육주체로서 우리 아이들의 성장을 위해 인성 동화맘, 아빠와 함께하는 체육활동, 가족캠프, 옥룡축제 등 다양한 활동을 주체적으로 계획하고 추진하면서 성장하고 있다.

옥룡초 학부모들은 스스로 성장한다? 아니다. 교직원, 학생과 함께 성장한다. 월 1회 한자리 모임을 통해 작은 어려움이라도 함께 해결해가면서 성장해왔다. 초기에는 학부모교육이 많지 않았다. 한자리 모임과 학년 모임을 통해 이야기를 나누는 것만으로도 서로에게 도움이 되었다. 우리라고 왜 갈등이 없었을까? 다른 학교에서는 굳이 드러내지 않아도 되는 내 생각, 생활, 감정들이 옥룡에서는 자주 내 것이, 우리의 것이 되는 과정을 거쳤다. 그래서 친해지다가도 때로는 심하게 부딪치기도 했다. 우리의 아이들로 키우자고 하지만 어쩔 수 없이 내 아이의 성장에 대한 욕심을 가질 수밖에 없기에…….

옥룡초의 새로운 시도들

공간혁신

옥룡초의 혁신학교 10년을 함께한 박
진수 선생은 옥룡의 교육과정이 자신을
깨어날 수 있게 한 참 대단한 학교교육
과정이라고 말한다. 그러나 한편으로 10
년 동안 큰 변화 없이 멈춰있는 하나의
전통적인 교육과정으로 자리를 잡은 듯
보였다고도 말한다. 그것이 전입 교사들
의 주체성에 오히려 걸림돌이 되는 건
아닌지 생각했다고 한다. 자신이 느껴왔

던 옥룡의 힘은 시스템화된 교육과정에 있는 것이 아니라 구성원들 간의
자발적인 움직임과 도전과 시도. 그것을 받아들일 수 있는 유연함이었다
고 한다. 그렇기에 옥룡은 구성원들이 새로운 교육과정을 함께 만듦으로
써 교육과정의 주체로 서는 도약의 경험이 필요했다.

공간혁신의 과정에서 배움의 공간을 새롭게 바라보는 선생님들의 시각
은 그동안 무난히 실천해왔던 학교교육
과정을 돌아보게 했다. 시작과 동시에
코로나19 팬데믹 상황이 발생한 가운데
학부모, 학생, 교직원이 한데 모여 아이
디어를 도출하고 의견을 모으는 것은 모
두의 건강을 지키고, 공감을 얻어야 했
기에 쉽지 않았다. 게다가 학생들의 참
신한 아이디어가 설계나 시공과정에서
각종 규제에 막혀 실현되지 못하는 것

은 큰 아쉬움을 안겨주었다. 그러나 어려운 상황에서도 다 함께 참여했다는 점, 3년이라는 긴 시간 동안 인내심으로 새로운 삶의 공간을 만들어냈다는 자부심, 학생들에게 공간 주권을 맘껏 누릴 수 있도록 기회를 제공한 것은 옥룡 재충전의 원동력이 되었다.

옥룡학술제

아이들의 배움은 언제, 어떻게 하면 즐거울 수 있을까? 하는 고민에서 옥룡학술제는 시작되었다. 아이들이 원하는 배움의 주제를 마음껏 배우게 해보자! 그리고 우리는 옆에서 우리 아이들의 배움을 지원해주고 지지해주자. 옥룡학술제는 이렇게 해서 탄생하였다.

강당에 전교생이 모였다. 3, 4학년 친구들이 자신이 정한 배움의 주제를 탐구한 과정을 공유하기 위한 시간이다. 떨리는 목소리로 마이크를 잡은

2022 옥룡초 5, 6학년 학술제 해당교실에서 13:20분에 시작합니다

팀	분야	순번	주제	성명	학년	예상 발표 시간	장소	담당 교사
1	음식	1	접시 위를 디자인하는 플레이팅	오태현	6	13:20-13:35	3학년 교실	김순희 유경민
		2	외국 음식의 유래와 역사	최서현	5	13:37-13:52		
		3	디저트의 유래와 특징 그리고 문화에 대한 조사	정수민	5	13:55-14:10		
		4	전통음식의 역사, 종류, 유래	임연우	5	14:17-14:32		
		5	요리 속에 숨은 역사와 황금레시피	김정진	6	14:35-14:50		
2	예술 체육	1	풍경을 사실적으로 그리는 방법	김나연	6	13:20-13:35	5학년 교실	조아라 조영순
		2	배구의 역사, 규칙, 기술, 선수 및 전술 연구	김해미	5	13:37-13:52		
		3	학용품의 역사, 발달과정, 제작 방법	이채령	5	13:55-14:10		
		4	작가별 웹툰 특징 분석	주현아	5	14:17-14:32		
		5	초상화 그리는 방법	서다영	6	14:35-14:50		
3	지구 생물	1	지구라는 행성에 대하여	서영민	6	13:20-13:35	4학년 교실	임거택 조달훈
		2	새를 잘 촬영할 수 있는 기법에 대한 연구	이승원	5	13:37-13:52		
		3	공룡에 대하여	이현민	5	13:55-14:10		
		4	생물 키우는 방법 조사 및 사육 및 관찰	황동규	6	14:17-14:32		
		5	아마존강의 모든 것	정지인	5	14:35-14:50		
4	음악/역사	1	프로그램을 이용한 음악 작곡	우하라	6	13:20-13:35	6학년 교실	박진수
		2	리코더와 하모니카 연주법 익히기	박세훈	6	13:36-13:51		
		3	세계 전쟁사	김아민	5	13:52-14:07		
		4	러시아에 대한 모든 것	백지후	5	14:03-14:18		
		5	북한에 대한 조사	서종훈	5	14:19-14:34		
		6	세계 2차 대전의 인물과 결과 및 영향	김송윤	6	14:35-14:50		
5	취미 / 특기	1	나의 적성과 진로를 찾아서	김라원	5	13:20-13:35	1학년 교실	박현아 서미진
		2	내 꿈을 찾아서	전율지	6	13:36-13:51		
		3	나만의 코딩게임 만들기	손태인	6	13:52-14:07		
		4	드론 자격증 취득을 위한 연구와 연습	서요진	6	14:03-14:18		
		5	일본어 익히기	최수현	5	14:19-14:34		
		6	중국어 익히기	최지현	5	14:35-14:50		

아이들, 커다란 도화지에 자신의 배움을 정성껏 기록한 아이들, 이런 배움의 과정을 진지하게 들어주며 질문을 하는 아이들. 강당에 배움의 즐거움이 가득 찼다. 5, 6학년 선배들은 부모님을 초대해서 각 교실에서 배움을 공유했다. 완성한 PPT 수준이 예사롭지 않다. 발표하는 모습에서 긴장하는 모습도 보였지만 자신의 배움에 대한 자부심도 가득 묻어나는 자리였다. 이를 지켜보는 선생님들과 부모님들에게서도 우리 아이들에 대해 대견함과 자부심이 가득 차오르는 자리였다.

행복수업

학교에 다니는 우리 아이들은 지금 행복할까? 결국 우리가 바라는 것은 아이들의 행복이 아닐까? 그렇다면 행복을 배울 수 있을까?

행복수업은 우리 아이들이 자신에 대해, 자신의 삶에 대해 끊임없이 생각하고 고민하고 사유하는 과정을 학교에서 경험해주고 싶은 선생님들의 바람에서 시작되었다. 그리고 현재도 함께 고민하고 이야기 나누며 진행 중이다. 우리 아이들에게 현재를 즐기고 자신만의 행복한 삶에 대해 스스로 답을 찾아가는 과정을 경험하게 해주고 싶다.

구성원 모두의 참여로 만들어가는 공간혁신 완성의 기쁨을 발판 삼아 새로운 교육과정을 구상하였다. 첫 출발은 미래사회에 대한 예측과 학교 구성원들의 교육적 욕구 조사로 시작되었다. 그 결과 전통적 옥룡 교육과정에서 중시해 온 공동체 의식, 생태전환적 삶과 더불어 탄탄한 개인과 디지털 시민 역량이 추가되었다.

내가 원하고 잘하는 것을 깊이 있게 배울 때 '참배움'이 일어날 수 있다는 믿음으로 개인별 연구 프로젝트를 계획적으로 진행하고 그 결과를 발표하는 '옥룡학술제'는 학생들의 배움 역량을 길러줄 것으로 기대한다. 학부모와 학생의 교육적 욕구를 종합해볼 때 모두가 행복한 삶을 원한다는 사실에 기초해서 '행복교육'을 실시해보고자 끊임없이 연수를 진행해가고 있다. 또한 인간 본연의 모습을 지키고 변화에 능동적으로 대처할 수 있도록 디지털리터러시를 길러주는 교육을 준비하고 있다.

옥룡은 지난 10년의 교육적 성과를 바탕으로 다시 새로운 10년을 만들어 가고 있다.

우리 학교는
그런 학교가 아냐

· 정종완 ·

현재 운영되고 있는 전남혁신학교 중 학생 수 400명 이상의 학교 수는 약 8%(2022년 기준)이다. 어떤 분들은 큰 규모의 학교에서는 혁신학교를 운영하기 어렵다고 말한다. 그러나 큰 학교에서도 새로운 교육적 시도를 통해 조금씩 의미 있는 변화를 만들어가고 있다.

함께 꾸는 꿈은 현실이 된다

"우리 학교는 그런 학교가 아냐."
2013년 어느 날 광양여중 한 학생이 흡연을 일삼아 냄새를 풍기는 전학생 친구에게 한 말이다. 도대체 어디서 이런 '자부심'이 생겨난 것일까? 그 자부심의 실체인 광양여중은 어떤 학교였을까?

2006년 광양여중에서 '즐거운 수업, 함께 만드는 교육과정' 연수가 있었다. 광양 순천지역 교사들 260여 명이 교과 및 주제 13개 분과에 참여하여 열띤 토론을 벌였다. 2008년에는 '학생을 주체로 세우는 수업, 함께 만드는 학교 단위 교육과정'이라는 주제로 발전하였다. 거듭된 연수의 성찰과 나눔이 자극이 되어 새로운학교 운동을 위한 주체가 만들어지고 광양여중에도 소모임이 결성되어 6개월의 준비 기간을 갖게 되었다. 마침 2010년 민선 1기 교육감이 당선되어 무지개학교가 시범적으로 추진되었고 2011년 광양여중도 무지개학교로 선정되었다.

함께 꿈을 꾼 선생님은 무지개학교의 시작을 이렇게 회고한다.

"'광양여중' 하면 가장 먼저 떠오르는 것은 2010년 어느 가을날 밤 열 명이 넘는 선생님들이 학교에 늦게까지 남아 학교의 비전을 세워보는 모습이다. 우리 아이들에게 필요한 것이 무엇인지 열띤 토의 후 핵심 가치를 찾아보며 비전문을 완성하고 함께 환하게 웃으며 설레던 아름다운 날들이었다. 함께 학교를 만들어갈 수 있다는 교사공동체의 꿈이 만들어지고 있었다."

이렇게 뜻을 모아 시작한 무지개학교로서 광양여중은 어떤 학교일까? 관점과 시각에 따라 다양한 모습으로 설명할 수 있겠지만 "우리 학교는 그런 학교가 아냐."라는 자부심을 불러일으킨 광양여중의 진면목을 '존중, 자치, 발산, 배움의 공동체'라는 네 개의 열쇳말로 그려보고자 한다.

존중

기존의 학교와 다른 '무지개학교'는 어떤 학교일까? 필자는 그 무엇보다 인권 존중이 우선이라 생각했다. '무지개학교의 정체성에 맞는 학생부장'이 되기 위해 첫날부터 교문에서 먼저 고개 숙여 인사하며 학생들을 맞이했다. '대한민국의 인권은 교문 앞에서 멈춘다.'는 비아냥거림을 '대한민국의 인권은 교문 앞에서 시작된다.'로 되치기하고 싶었다. 그러기 위해서는 말이 아니라 행동이 필요했다. 경기도 장곡중학교 백원석 선생님의 실천에 감동을 받아 바로 따라 하게 되었다. 처음에는 학생들과 다른 선생님들이 당황했지만 꾸준한 실천 덕분에 곧 존중의 표상이 되었다.

자치

일부에서는 교사님들은 학생들의 인권이 지나치게 강조되니까 교권이 침해되고 약화된다고 하소연을 한다. 그렇게 하니 아이들이 버릇이 없어지고 더 나아가 아이들을 망친다고도 우려하기도 한다. '학생관'의 차이로 논쟁이 일어나고 갈등이 생긴다. 학생들은 미성숙한 존재이니, 존중도 중요하지만, 훈육이 더 필요하다

아침 학생 맞이: 존중은 존중을 부르고, 자치를 일깨운다.

고 강조한다. '바람과 해님'이 다투는 이솝우화가 있다. 나그네의 외투를 벗긴 것은 바람의 힘이 아니라 해님의 따뜻한 숨결이었다. 학생들도 외부적인 강제가 아니라 자발적인 깨달음에 의해 변한다고 믿었다. 존중이 자치를 불러오고 자치는 힘이 세서 자신과 친구들을 변화시킨다고 믿었다. 그러나 그 믿음에는 인고의 시간이 필요하다.

학생들은 배신하지 않았다. 3년 만에 자치의 꽃이 활짝 피었다. 그리하여 학생들이 스스로 나서서 광양여중 '학생상'을 만들어갔고, 그 결과 흡연은 안 된다는 자발적 규칙과 강제가 생겨난 것이다. 자치는 자부심을 낳았고 이는 학교문화를 바꾸었다. 누구의 지시나 간섭 통제가 없

자치는 힘이 세다: 지원하되 간섭하지 않는다.

어도 학생 스스로 변화하고 성장하는 마술 같은 일들이 벌어졌다.

발산

광양여중 학생들은 생기가 넘친다. 넘치는 끼를 주체하지 못하고 온몸으로 발산한다. 스트레스가 발붙일 틈이 없다.

매일 2교시가 끝나면 신나는 음악과 함께 중간놀이 시간이 운영되었고 누가 말하지 않아도 아이들과 선생님들은 운동장으로 나왔다. 걷기도 하고 운동도 하고 삼삼오오 모여서 춤을 추기도 했다. 물론 나오기 싫은 아이들은 교실에 있기도 했지만 많은 아이들이 창문을 열고 운동장 풍경을 구경했다. 주 2회 스포츠 이벤트와 댄스동아리 학생들의 정기적인 공연도 1년 내내 이루어졌다. 중간놀이 시간은 쉬는 시간이기 전에 아이들의 다양한 놀이와 재능을 발산할 수 있는 시간이기도 했다.

토요일이면 반별 단합대회를 스포츠클럽대회와 연결하여 매주 토요스포츠데이를 운영했다. 학기 초에는 반 친구들끼리 친해질 수 있도록 가볍게 즐기는 놀이형 스포츠활동을 넣어 명랑운동회 성격의 스포츠데이를 3

중간놀이: 애들아, 춤추고 놀자!

월부터 5월까지 진행했다. 그렇게 모든 학년이 끝나면 그 이후에는 1학년은 피구와 핸드볼, 2학년은 피구와 농구, 3학년은 피구와 배구 이런 식으로 종목을 돌려가며 반별 스포츠대회를 상시 운영했다. 스포츠활동으로 광양여중은 매일이 살아있는 학교였고 웃음이 넘치는 학교였다.

배움의공동체

무지개학교에도 고민은 있다. 뭐니 뭐니 해도 수업혁신이다. 수업은 교사 평생의 업이면서도 공개와 혁신은 늘 부담스러운 것이다. 그리고 혼자의 힘으로 안 되는 것이기도 하다. 그래서 '배움의공동체'가 필요했다.

학교를 바꾸기 위해서는 무엇보다도 수업을 바꿔야 한다는 생각으로 '배움의공동체 수업'을 연구하고 경기도 장곡중까지 수업 참관을 갔다. 한 아이도 소외됨이 없이 질 높은 수업을 구현하자는 철학을 공유하며 자발적으로 수업 공개가 시작되고 지금까지 해보지 못한 내실 있는 수업협의회를 가졌다. 형식적인 수업 참관과 협의회 참석이 아니라, 수업 평가가 아닌 자기 수업 성찰의 기회를 가졌던 전문적학습공동체 운영과 경험은 참가자 모두를 감동하게 했다. 물론 수업 공개에 대한 부담감을 갖는 교사가 많았고 배움의공동체 수업에 대한 거부감을 가진 교사들도 있었지만, 학교를 바꾸기 위해서는 수업을 공개하고 협의회를 가지며 공적 공간으로 자기 수업을 드러내야 한다는 취지에는 공감하는 분위기였다. '배움의공동체'를 지속가능하게 한 것이 바로 '전문적학습공동체'였다.

2주에 한 번씩 동료와 함께 전문적학습공동체 독서토론 활동에 참여하고 수업 공개와 수업 나눔이 일상화되면서 수업을 보는 관점의 변화도 가져왔다. 사실 배움의공동체 수업 연구를 하기 전에는 공개수업에 참여하게 되면 교사가 어떤 수업교재를 가지고 어떻게 가르치는지에만 머물렀다. 그랬던 내가 아이들이 어떻게 배우고 어느 지점에서 어려워하는 것인지 보기 시작했다. 수업을 보는 관점이 달라진 것이다.

다른 교과 수업 공개를 보면서 많은 아이디어를 얻을 수 있었으며 학년별 프로젝트 학습을 하면서 단위 교과에서 다루는 것보다 학년 전체가 같은 주제를 가지고 고민하고 함께 실천했을 때 교육적 효과가 높다는 것을 깨달았다. 특히 생활지도 면에서 그 이점이 크다는 것도 말이다.

- 광양여중 교사의 수업 성찰일지 중

수업 공개, 수업 나눔: 장기를 기증하는 심정으로, 나누면 나눌수록 커지는 마술

성과와 아쉬움

이외에도 광양여중의 성과는 다양하다. 교육활동에 전념할 수 있도록 담임의 행정업무를 없앤 업무구조 혁신, 모두가 존중받는 민주적인 학교 문화 정착, 한 아이도 포기하지 않는 탄탄한 교육복지, 교육공동체가 함께 만들고 실천한 교육과정, 학생의 의견이 온전히 반영된 민주적이고 인권 친화적인 학생생활규정 등.

'시스템이냐 사람이냐' 무슨 일을 추진하거나 이루려고 할 때, 그리고 지속가능성을 이야기할 때, 무엇이 우선이고 더 중요하냐를 다툴 때 흔히 이 둘을 언급한다. 결국은 사람이다. 몇 사람의 헌신은 일시적으로 학교를 혁신할 수는 있지만 지속성에 한계가 있다. 결국은 모두의 공감과 일상적 실천이 지속적인 혁신을 가능하게 한다. 참 어렵다, 혁신은. 그리고 지속 은 더 많은 변수와 여러 어려움이 있다.

순천왕운중학교를 말하다

풍경화

고층 아파트와 각종 학원으로 둘러싸인 도심 속의 학교, 교육도시 안에서도 소위 말하는 최고의 학군에 위치한 순천왕운중학교. 처 음 이곳에 부임했을 때, 학교의 물리적인 위치만으로도 편견과 부 담이 자연스럽게 수반되었다.
대학 입시나 취업을 앞둔 청소년에게 보통 학교는 가기 싫은 공간, 부담스러운 공간으로 여겨지는 것이 일반적이다. 하지만 이곳, 순 천왕운중학교의 아이들은 신기하게도 '학교'를 대하는 자세가 달 랐다. 학교 가는 것은 신나는 일, 주말이나 방학에도 학교는 언제든 가고 싶은 곳, 학교는 안락하고 안전한 공간, 학교는 지칠 때 찾아가고 싶은 힐링 공간으로 여겨지고 있었다. 교문에서부터 학생들을 따뜻하게 반겨주시는 선생님들, 학생중심 활동으로 이뤄지는 교과수업 시간, 한 아이도 소외받지 않도록 각자의 끼를 존중하는 다양한 비교과 활동, 학생자치 주도의 즐거운 학교 행사 활동, 공간혁신으로 포근하게 쉴 수 있는 홈베이스와 자주 가고 싶은 안락한 도서관이 존재하는 곳. 순천왕운중학교는 수동적인 지식학습과 과도한 경쟁으로 숨 막히는 곳이 아닌, 민주적으로 의사소통할 수 있는 학생이 주인인 공간이기 때문이다.

많은 교육학자들은 미래사회를 살아갈 우리 학생들이 비판적이고 주도적인 삶을 살아갈 수 있어야 한다고 조언한다. 소신 없이 그저 남이 시키는 일만 성실하게 열심히 하는 수동적인 사람으로만 키워서는 안 되는 것이다. 학교는 학생들이 미래사회를 창의적이고 주도적으로 살아갈 수 있는 역량을 키우는 곳이어야 한다고 강조한다. 여러 학자들이 강조하고 있는 이러한 점을 순천왕운중학교는 이미 실천하고 있다. 이곳은 학생들이 학업 스트레스를 받는 공간이 아닌, 그들이 자신의 의견을 자유롭게 표현할 수 있고 그 생각이 실제로 반영되어 살아 움직이는 곳이다. 학생들이 다양한 교과 및 비교과 활동을 통해 키운 비판적이고 창의적인 사고력을 활발하게 표현하고, 이것이 반영되어 실현되는 생생한 경험을 통해 민주시민 역량을 진정으로 키우고 있다. 이렇게 순천왕운중학교는 학생들의 번뜩이는 창의성과 주도성을 존중하는, 앞서가는 교육현장이다.

이러한 학생들과 함께하고 있는 이곳의 교사들은 그저 직업인으로서 형식적인 교사의 삶을 살아가지 않는다. 교사로서의 소신과 사명감으로 뭉쳐있다. 여기는 교사에게도 창의성과 주도성을 발휘할 수 있게 하는 곳이다. 이곳은 교육자로서 늘 진지하게 고민해야 할 진정한 교육의 '본질'에 집중할 수 있는 곳이다. 행정을 위한 교육 활동이 아닌 교육활동을 위한 행정이 이뤄지고 있다. 교사뿐만 아니라, 학교에서 일하는 모든 교직원들이 '학생들의 행복한 학교생활'을 최우선으로 생각하고 같은 목표를 향해 함께 달려가는 이곳, 순천왕운중학교의 학생들과 교직원들은 행복할 수밖에 없다. 삭막한 도시에서 숨 쉴 수 있는 공간, 이곳이야말로 바로 사막의 오아시스 같은 곳이다.

교실에서부터 존재 자체를 인정받으며 사랑받고, 행복감을 느낄 수 있도록 아이들을 소중하게 지도하는 이곳, 순천왕운중학교. 이곳의 아이들이 각자의 삶 속에서 행복감을 느끼고 이 땅에서 열심히 살아가고 있다는 자부심을 느끼며 선한 마음으로 자존감 있게 살아갈 수 있도록 정서적인 지지를 아끼지 않는 순천왕운중학교 선생님들. 곁의 동료들과 함께 성장하며 모두가 행복한 교직 생활을 하고 있는 이곳이 바로 모두가 빛나는 지속가능한 전남교육을 실현하고 있는 혁신의 장이다.

– 순천왕운중학교 교사, '풍경화'

민들레 홀씨 되어

당시 순천왕운중학교는 교사들에게 기피학교였다. 교과교실제의 영향으로 아이들은 안정이 되어있지 않았다. 수업에 들어가지 않고 학교를 배회하는 학생들이 부지기수였고, 학교의 울타리를 벗어나 흡연하는 학생들도 많았다. 학교 안팎을 넘나드는 학생들의 일탈행동과 이를 지도하는 선생님들에 대한 불손한 태도는 선생님들을 힘들게 하였다. 학부모들의 다양하고도 복잡한 민원은 선생님들을 더욱 힘들게 하였다.

당시 순천왕운중학교는 무지개학교로 지정받았지만 운영할 준비가 부족했다. 비전이나 구체적인 청사진이 마련되지 않았고 운영주무자도 정해지지 않았다.

우선 무지개학교 철학에 대한 공유가 절실하여 다양한 연수와 모임을 기획하고 추진했다. 무지개학교에 걸맞은 교육활동 중심의 업무분장을 위해 업무구조를 살펴 혁신 방안을 마련했다. 수업혁신을 위해 적극적인 수업 공개와 수업 나눔을 추진했다. 무지개학교 예산을 활용하여 무엇보다 학생활동 중심의 다양한 교육과정을 운영했다.

또한 '학생관'의 전환에 집중했는데, 가장 먼저 '상벌점제 폐지'를 추진했다. 체벌은 법적으로 금지, 그 대안으로 학생을 지도하고 통제할 수단으로 등장한 것이 '상벌점제'이다. '상벌점제 폐지'의 취지에 동감하고 지지와 격려를 보내는 선생님들도 있었지만, 더 많은 선생님들이 냉소와 우려를 표현했다. 말로 대안을 제시하지 않고 다만 행동으로 실천했다. 추진 부서에서는 하루도 거르지 않고 교문에서 먼저 인사하며 아침 학생맞이를 하고 있다. 존중받은 사람이 존중할 줄 안다. 선생님들이 먼저 존중하면 학생들도 존중을 배울 것이다. 그리하여 자치할 것이다. 물리적 강제력은 일시적으로 학생들의 행동을 바꿀 수는 있어도 마음을 바꿀 수는 없다고 생각한다. 마치 바람이 나그네의 외투를 벗기지 못한 것처럼! 마음을 바꾸는 힘은 자발적 깨달음이요 이를 가능하게 하는 것은 존중과 사랑이라고 믿는다. 문제는 시간이다. 자치가 이루어지기 위해서는 최소한 3년의 시간이 필요하다. 아니 3년 동안 존중하면 반드시 자치한다.

정물화 1: 학교 비전 만들기

무지개학교를 1년 동안 운영해본 그해 겨울, 순천왕운중학교의 전 교사와 직원대표, 학부모대표, 학생대표들이 모여서 1박 2일 워크숍을 진행했다. 밤늦도록 교육활동에 대한 반성과 평가부터 애로사항까지 허심탄회하

게 많은 대화를 나눴다. 그중에서도 핵심은 학교의 비전을 만드는 것이었
다. 순천왕운중학교 학생들이 어떤 학생으로 성장하기를 기대하는가, 순
천왕운중학교는 어떤 학교였으면 좋겠는가에 대한 질문을 던지고 그 답에
해당하는 단어를 3가지씩 골랐다. 모둠별로 모두가 돌아가면 선택한 이유
를 설명하고 의견을 수렴하여 비전을 하나씩 만들어 전체 앞에서 발표하
고 공유하였다. 그중 가장 많이 공감하는 비전을 선택하여 심도 있는 토론
끝에 전체 비전을 만들었다. 그 결과 혁신학교의 정체성을 확실하게 대변
하는 '존중과 나눔으로 더불어 성장하는 행복한 학교'라는 자랑스러운 비
전이 탄생했다. 이후로 모든 교육활동은 이 비전의 실현을 목표로 계획되
고 추진되었다.

정물화 2: 혁신학교 교장의 교육철학과 실천
순천왕운중학교 교장은 공모교장이다. 다음은 공모교장 학교경영계획
서에서 밝힌 교육철학과 운영 방향이다. 순천왕운중학교의 비전을 철학으
로 굳건히 내면화하고 있으며 이의 실천을 다짐하고 있다.

교육철학: 존중과 나눔으로 더불어 성장하는 행복한 학교

1) 사람을 변화시키는 것은 채찍이 아니라 사랑입니다.
"바닷가의 조약돌을 그토록 둥글고 예쁘게 만든 것은 무쇠로 된 정이 아니라,
부드럽게 쓰다듬는 물결이다."는 저의 교육철학입니다. 학생들을 변화시키는
것은 채찍이 아니라 관심과 존중과 사랑임을 믿고 이를 실천해왔고 앞으로도
변함없이 실천하려 합니다.
모든 아이들은 다 다르지만, 똑같이 소중합니다. '한 아이도 포기하지 않는 혁

신전남교육'에 공감합니다. 어떠한 이유로도 차별받지 않고 소외당하지 않도록 꼼꼼히 살피고 도움이 필요한 아이들은 맞춤형으로 지원하겠습니다.

 2) 나눔과 협력은 가장 확실한 배움과 성장의 길입니다.

친구가 가르쳐주면 더 쉽게 배우고, 가르쳐주는 친구도 더 오래 기억합니다. 사람이 가장 기쁠 때는 나의 도움으로 다른 사람이 행복할 때입니다. 제가 30여 년의 교육활동을 통해 몸소 깨달은 진리입니다.

나눔이 나에게 기쁨이 되고 협력이 나를 성장시키는 지름길이라는 것을 수업과 생활을 통해 깨닫도록 교육과정을 편성하여 운영하겠습니다.

학교경영철학: 자치와 협력으로 더불어 성장하는 행복한 학교

도시 대규모 혁신학교의 모범을 만들어보고자 다음과 같이 학교 경영 방향을 제시합니다.

1) 혁신학교에 어울리는 리더십을 확립하겠습니다.

• 불필요한 업무를 덜어내고 업무를 지원하는 교장이 되겠습니다.

• 각종 갈등과 민원을 평화적으로 해결할 수 있도록 적극적으로 지원하겠습니다.

• 교내봉사 및 특별교육을 받은 학생들의 지도를 적극 지원하겠습니다.

• 수업하는 교장이 되겠습니다.

• 교직원들과 평등하게 토론하는 교장이 되겠습니다.

• 학교공동체 구성원들에게 평가를 받는 교장이 되겠습니다.

2) 자치가 꽃피는 민주적인 학교를 만들겠습니다.

3) 협력이 넘치는 배움의 공동체를 만들겠습니다.

4) 지속가능한 혁신학교 모범을 만들겠습니다.

5) 미래사회를 대비하는 역량중심의 교육과정을 운영하겠습니다.

6) 안전하고 평화로운 학교를 만들겠습니다.

실제로 순천왕운중학교 교장은 7시 30분에 출근하여 중앙과 양쪽에 있는 계단을 매일 청소한다. 8시 5분부터는 40분까지 교문에서 학생맞이, 처음에는 혼자였으나 지금은 무려 5명이 함께 한다. 12시 35분 점심시간에는 급식 잔반 처리 도우미로 봉사활동을 한다. 학기 초 '존중과 평화 주간'에 모든 학급에 들어가 1학기에는 학교 비전, 2학기에는 민주시민 생활교육을 주제로 수업을 진행하였다. '솔선수범이 최고의 갑질'이라고 어떤 선생님께서 말씀하시면서 교장이 저러하니 선생님들이 뭐라도 열심히 해야겠다는 다짐을 하고 실천하게 된다는 고백 겸 하소연을 들었다.

정물화 3: 존중과 협력의 민주적인 학교문화

　　새학년집중준비기간에 혁신학교의 비전, 철학을 공유하고 함께 혁신학교의 운영방안을 고민함으로써 혁신학교 운영을 위한 협력적인 분위기를 조성하고 있다. 주 1회 기획회의, 월 1회 전체협의회 등 주기적인 협의회를 통해 구성원 간 업무 추진 내용을 공유하고 어려운 점은 함께 고민하며 해결한다. 관리자들이 솔선수범하여 교사들과 학생들의 의견을 경청하고 존중함으로써 수평적인 조직문화가 형성되고 구성원들 대부분이 본인 의견이 존중받고 있다고 느껴 자발성이 증진된다. 학교 구성원 모두가 참여하여 '존중과 평화의 약속'을 만들어 학생, 교사, 학부모가 공유하고 모두가 주인이 되어 학교의 문제를 해결한다. 사제멘토링, 사제동행산행프로그램, 사제동행음악회 관람 등 학생과 교사가 편안한 분위기에서 함께 즐거움을 나누고, 대화하는 기회를 마련함으로써 교사와 학생 간 서로 존중하는 분위기가 자연스럽게 형성되었다.

정물화 4. 학생자치 활성화

　　존중과 자치의 핵심은 '지원하되 간섭하지 않는다.'이다. 처음 학생들은 자치권을 보장받았을 때 긴가민가하다. 이런 것도 해도 돼요? 그간의 간섭과 통제로 인해 자기검열을 한다. 지원은 전폭적이어야 하고 상상력을 불러일으켜야 한다. 한번 경험하면 성취감을 느끼고 자신감을 갖는다. 3년간 내리 학생자치를 담당하면서 전폭적으로 지지하고 지원하며 부추겼다. 광양여중에서 그랬던 것처럼 순천왕운중학교에서도 3년 만에 훌륭한 학생지도자가 나타나 학생회장에 당선되었다. '사복데이', '귀신의 집', '스승의 날 레드카펫' 등 지금까지도 계승되는 순천왕운중학교의 전통을 만들었다.

이후 순천왕운중학교의 학생자치는, 학생회장의 역량에 따라 다소의 차이는 있지만, 온전히 상상력과 창의력를 발휘하여 다양한 행사와 활동을 통해 행복한 학교를 만드는 데 앞장서고 있다.

매주 2층 학생회실에 학생회 임원들이 모여 학생자치회의를 통해 학급임원 선거, 친구사랑의 날, 세월호참사 추모행사, 선생님사랑의 날, 한글사랑의 날, 학생의 날, 학교 축제, 체육대회 등 학교 행사 전반을 학생들이 주도하여 운영한다. 아침맞이 행사, 점심시간캠페인, 금연캠페인, 학교폭력예방캠페인 등을 통해 학생들 스스로 바람직한 학교 분위기를 만들어 명실상부한 학생자치를 실현한다.

정물화 5. 교육과정 중심의 교육지원 체제 구축

순천왕운중학교 선생님들은 학교생활 만족도가 높다. 혁신학교 4년 차 종합평가에서 만족도가 무려 4.72(5점 만점)나 되었다. 특히나 담임선생님들이 더욱 행복하다고 종종 말씀하신다. 그 이유는 학교 업무의 재구조화를 통해 담임교사의 행정업무를 배제하여 담임교사와 학생 간 관계 형성에 집중할 수 있도록 하였기 때문이다. 교무행정업무 전담팀을 구성으로 교사의 행정업무를 경감하였고, 교육과정 중심 지원체제를 구축하여 선생님들은 수업과 생활교육에 전념할 수 있도록 지원하였다.

정물화 6. 역량중심 교육과정 운영

단순한 지식의 습득이 아니라 앎과 삶이 일치할 수 있도록 학생활동 중심의 교육과정을 다양하게 운영하고 있다. 학교 비전에 따라 교육과정을 재구성하여 진로탐색, 직업체험, 마을체험, 생태체험 등 다양한 교과통합 프로젝트 및 교과연계 체험활동을 실시한다. 학생 오케스트라, 밴드부, 공간혁신 버스킹 등 문화예술 활동을 통해 창의 예술적 역량을 증진시킨다. 학생 자율동아리가 활성화되어 학생 스스로 자신의 특기 · 적성을 탐색하고 증진할 수 있는 역량을 키운다. 인간을 넘어 자연과 공존하는 생태적 감수성 함양을 위해 생태환경교육을 실시하고 분리수거, 조례호수공원 탐사, 아름다운 나눔행사 등 환경보호를 실천한다. 중앙 현관 옆 시 현수막을 게시하여 학생들의 문학적 감수성을 높이고, 시와 자연이 있는 공간에서 학생 간 서로 대화를 하며 소통하는 학교 분위기를 형성한다. 교내 현악 앙상블과 오케스트라를 만들어 주기적으로 아침맞이 연주를 함으로써 학교에 대한 자긍심과 예술 감수성을 높인다.

정물화 7: 새학년집중준비기간 내실화

순천왕운중학교의 '새학년집중준비기간'은 촘촘하기로 소문나 있다. 실제 그 기간 동안 선생님들은 너무 빡빡한 일정에 힘들다고 호소한다. 그러나 막상 학기가 시작되면 그 힘으로 통일적이고 협력적인 교육활동을 추진한다. 내실 있는 운영으로 혁신학교에 대한 비전을 공유하고, 함께 목표를 세우고, 운영방안을 협의하며, 구성원 모두가 함께 '존중과 나눔으로 더불어 성장하는 행복한 학교'를 만들기 위해 뜻을 모으고 실천을 다짐한다. 교직원 마음 열기 프로그램, 연대와 행복을 위한 연수, 학교 알기 프로그램, 학생자치회 소개, 교육과정 운영 방향 협의, 교과별 교육과정 재구성, 교과 간 통합수업 방안, 함께 수립하는 학년 교육계획 등 학교 교육과정 운영 전반에 대한 의견을 모두가 공유하고 함께 고민한다.

정물화 8. 존중과 평화 주간 운영

존중과 자치에는 시간이 걸린다. "존중하면 자치할까요?"라고 질문을 던지는 선생님도 있다. 학생과 교사 간, 학생과 학생 간, 학생과 학부모 간의 관계가 원활하지 못해 평화가 깨지고 갈등이 생긴다. 이를 극복하기 위해 학기 초에 무엇보다 관계에 집중하는 '존중과 평화 주간'을 제안하였다. '존중과 평화 주간'을 선포하고 교사, 학부모, 학생들에게 존중과 평화의 중요성을 일깨워 실천하도록 한다. 존중과 평화 주간 선포식, 학교 비전 수업, 존중과 평화의 캠페인, 존중과 평화의 아침음악회, 감성키움 클래식 감상, 학교사랑 UCC대회, 회복적생활교육, 학교폭력 예방교육, 존중과 평화의 글쓰기, 존중과 평화의 학급 및 수업 만들기, 존중과 평화의 교과수업 등 다양한 프로그램을 운영하여 학기 초에 학생들의 생활 태도를 바람직한 방향으로 개선하고, 학교에 대한 자긍심 및 애정을 높여 서로 존중하는 평화로운 학교 분위기를 조성하였다.

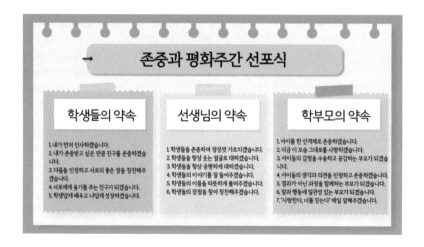

존중과 평화의 울림: 나를 맞아주는 '다울림' 오케스트라의 연주는 감동이자 자부심

정물화 9. 사제동행, 사제멘토링

교사와 학생이 서로 소통하고 존중하는 문화를 조성하기 위해 꾸준히 이어온 사제동행 프로그램은 사제동행 산행, 사제동행 문화체험(영화 및 뮤지컬 관람), 사제멘토링제 운영 등이 있다. 교실 안에서는 자칫 서로에게 날이 선 관계로 흘러갈 수 있는 갈등도 힘들게 산을 오르며 이끌어주고 도와주며 인간적인 정을 나누는 과정을 통해 풀어갈 수 있는 여유가 생긴다.

사제동행 멘토링제도는 담당 교사가 최대한 자율적으로 학생들과 학교 밖에서 프로그램을 진행할 수 있도록 지원하여 학생들과 책 읽기, 영화 보기, 밥 먹기 등 활동을 한다. 더욱 관심을 갖고 지도해야 하는 학생들과 소그룹 단위로 밀도 있게 소통하고 신뢰를 쌓을 수 있는 제도이다.

이와 같은 사제동행 프로그램은 특히 학교 부적응학생 및 마음 치유가 필요한 학생들과 교사의 소통에 큰 도움을 주고 있다. 사제 간의 정을 나눌 수 있는 프로그램은 소통과 존중 문화 조성에 저력으로 작용한다.

사제동행 산행: 서로 배려하며 고난을 함께 겪은 우리

정물화 10: 배움과 성장의 날 운영

혁신학교라서 의견 나눌 일이 많고 공부할 것도 많다. 그런데 대한민국의 교사는 늘 수업에, 업무에, 육아에 바쁘다. 겨를이 없다. 그래서 매주 화요일 40분 단축 시정을 운영하여 오후에 배움과 성장의 시간을 확보함으로써 교직원들의 전문성 신장, 수업 나눔, 협의회 시간을 마련하였다. 물론 단축된 수업은 학기 말에 보강을 통해 수업결손이 생기지 않도록 조치했다. 매월 첫째 주 학년별 협의, 둘째 주 수업 나눔 및 전체 연수, 셋째 주 교직원 자율동아리, 넷째 주 교과협의회 등으로 계획을 세워 내실 있는 배움과 성장의 날을 운영하고 있다.

정물화 11: 수업 공개 수업 나눔

수업은 교사의 본업이지만 공개하고 나누기는 늘 부담이다. 그래서 오죽했으면 '장기기증'에 비유를 할까? 그러나 혁신학교에서 수업 공개와 나눔을 회피할 수는 없다. 수업혁신이 결국 학교혁신의 핵심이니까. 교사 1인당 매년 1회 이상 수업 공개에 합의를 했다. 대신 획일적인 방식이 아니라 동 교과, 수업 친구, 학년별 수업 공개 등 다양한 형태의 수업 공개를 통해 부담은 줄이도록 했다. 교장, 교감도 부르지 않으면 참관하지 않겠다고 천명하여 부담 없는 공개와 나눔을 통해 수업에 대한 고민을 함께 나누고 학생활동 중심의 수업에 대한 방안을 탐색하도록 했다. 또한 교사에 대한 평가가 아니라 학생 관찰 중심의 수업 참관을 통해 다른 교과 시간 중 학생의 배움의 상황을 이해하여 학생 배움 중심의 수업방안을 모색할 수 있도록 하였다.

정물화 12: 다양한 교사 모임, 전문적학습공동체

교사들은 모이면 결국은 학생과 학교, 교육에 관하여 얘기한다. 교사의 모임을 지원하면 교육력은 커질 수밖에 없다. 학년별 수업 나눔, 학생생활지도 등 다양한 학교 안 전문적 학습공동체를 만들어 함께 연구 · 실천하여 성장을 도모하고 있다. 전문적 학습공동체 활동을 통해 함께 연구하며 동료성을 바탕으로 지속적인 연구 · 실천하는 학교문화를 조성한다. 아울러 교사 간 자발적인 자율동아리를 활성화함으로써 동료애를 증진시키고, 자연스레 교육과정 및 수업 관련 전문성을 신장을 지원하고 있다.

자화상

혁신학교 순천왕운중학교에 대하여 각 주체, 즉 교직원, 학부모, 학생들은 어떻게 생각할까? 다음은 그들이 스스로 그려낸 순천왕운중학교 자화상이다.

존중으로 크는 자치, 발전하는 혁신학교

학생회장 최○○

순천왕운중학교는 발전하는 학교입니다. 중학교 1학년 때 교지편집부, 2학년 때 전교 부회장, 3학년 때에는 전교 회장으로서 바라본 순천왕운중학교는 적극적인 소통을 통해 문제점을 개선해 나아가는 발전하는 학교입니다.

보통은 한 번 정해진 규칙과 규범을 애써 바꾸려고 하지 않습니다. 왜냐하면 그 당시에 있던 최선의 방법으로 정한 규칙을 번거로움을 감수하면서까지 굳이 일을 더 만들고 싶어 하는 사람은 없기 때문입니다. 그런데 순천왕운중학교는 달랐습니다. 사람마다 자신에게 어울리는 옷을 입듯이 순천왕운중학교는 바뀌어가는 환경에 맞게 계속해서 변해갔습니다.

학생들이 쉴 곳이 필요하다는 것을 파악한 학교는 적극적으로 학생들의 휴식 공간을 마련하기 위해서 공간혁신이라는 프로젝트를 진행했습니다. 그 과정을 통해서 학생들 또한 '공간 주권'을 배우면서 스스로 자신들에게 필요한 것과 자신들의 권리를 알아갈 수 있었습니다.

또한 선생님과 함께하는 사제동행 행사를 통해서 한층 더 선생님들과 소통하고 서로를 더 알아가며 스스로 해보고 싶은 체험을 함께할 수 있는 기쁨도 느낄 수 있었습니다.

그리고 핵심적인 교칙 또한 학생들의 의견을 반영하여 개정하고, 학생들의 올바른 자치를 통해 얻어 낸 자유로운 복장이 존중되는 '사복데이'도 개선될 수 있었습니다. 매주 수요일 사복을 입어도 되는 날인 '사복데이'는 순천왕운중학교 학생들의 자랑이 되었습니다.

물론 학생자치회의 입장에서는 선생님들과 학생들 그리고 학부모님들 모두가 만족하는 행사를 만들기도 쉽지 않기에, 모두 만족하는 학교를 만들기 위해선 더 많은 노력이 필요하다는 것을 잘 알고 있습니다. 더 나아가 순천왕운중학교는 재밌는 학교를 넘어선 좋은 학교를 만들기 위해서 민주적인 자치를 통한 수많은 노력들을 시도하고 있습니다.

이 모든 노력 덕분에 저는 이 순천왕운중학교에 등교하는 발걸음이 즐겁고, 친구, 선생님들과 하는 인사가 반갑고, 학교에서 하는 활동들로부터 에너지를 얻어서 지속적으로 발전하는 학교, 존중과 나눔으로 더불어 성장하는 학교, 학생, 선생님 모두가 다니고 싶어 하는 학교가 될 수 있었다고 생각합니다.

혁신학교가 왜 좋은지 아세요?

학부모회장 김○○

내 아이가 다니는 순천왕운중학교는 혁신학교이다.

올해 초 교장 선생님과의 첫 대면에서 "순천왕운중학교가 혁신학교라는 걸 알고 있으세요?"라는 질문에 무척 당황해하던 나에게 혁신학교가 무엇인지 쉽고 명확하게 설명해주셨던 기억이 있다.

순천왕운중학교 교문을 들어서면 건물의 왼쪽 벽면에 '존중과 나눔으로 더불어 성장하는 행복한 학교'라는 문구가 있다. 그것도 엄청 큰 글씨로 쓰여 있음에도 단 한 번도 깊이 생각해보지 못했었다. 그날 이후 그 문구가 눈에 들어오기 시작했고 단어의 의미와 비전의 가치를 조금씩 알아가게 되었다.

존중과 협력을 바탕으로 학생의 행복한 삶과 배움을 추구하는 학교를 만들어간다는 혁신학교의 철학과 비전은 너무 좋고 이상적이지만 어떻게 구체화시키고 실현해갈지 의문스러웠고 특히 학생들에게 이 추상적인 단어와 비전을 어떻게 스며들게 할지가 큰 숙제라는 생각이 들었다.

그런데 '너희들을 존중한다.'는 아침 등교 인사로 학생들을 맞이하는 순천왕운중학교 교장선생님의 단순하고, 어쩌면 별것 아닌 그곳에 정답이 숨어 있었다. 쉬워 보이지만 쉽지 않은, 애정과 진심이 아니면 매일 꾸준히 할 수 없는……. 그 진정성을 아이들도 충분히 알아차릴 수 있었다. 아이들은 보고 배운다고 한다. 아이들은 어른들의 삶을 통해, 처음에는 행동을 흉내 내고 말투를 따라 하고, 종국에는 생각과 사고를 익히게 되는 것이다. 즉 가르치는 대로가 아닌 본 대로 배운다.

교장선생님과 선생님들의 헌신과 솔선수범은 아이들에게 자신들을 지도하고 가르치는 분들로부터 존중받고 있다는 각성을 하게 했고, 자존감과 자긍심을 가지게 했으며, 이것은 그대로 학생들 사이에서도 서로를 이해하고 존중하며 이러한 긍정적인 에너지를 나누어 가지게 되었다고 생각한다. 스스로 하고 싶게 만드는 동기부여를 통해서 학교생활의 만족도가 높아지고 이상적일 것만 같았던 행복한 학교가 만들어지기에 충분했던 것 같다.

전남혁신학교 프로그램이 함께한 순천왕운중학교의 교육과 학교생활은 다른 학교와 차별성이 있었고, 특히 스스로 문제를 해결하는 학생자치문화는 탁월했다. 학생과 학부모, 선생님과 학교가 결과가 아닌 과정을 함께하며 더불어 성장하고 있는 중이다.

자율성이 떨어진 채로 정해진 틀과 교과과정, 시험과 평가에 의한 성적 줄 세우기로 모든 것이 귀결되는 학교가 아닌 존중과 배려, 서로를 인정하고, 공부와 성적보다 더 우선하는 가치를 배우고, 나누는 행복한 학교를 순천왕운중학교가 이루어 가고 있다.

이와 같은 혁신학교의 좋은 선례가 함께 공유되고 널리 전파되어, 학생들과 선생님, 학부모가 모두 행복한 학교가 더 많이 늘어나기를 기대한다.

이런 학교, 실화입니다

주무관 위○○

매일 아침 등교 시간 교문에서 학생들과 교직원들을 맞이하는 학교!

가끔은 오케스트라 단원들의 연주로 학생들은 등교를, 교직원은 출근하면서 대접받는 느낌이 나도록 하는 학교!

학생회 주관의 다양한 활동, 교사와 같이하는 동아리 활동, 사제동행 활동 등으로 학생들과 교사들 간의 거리를 좁히고 교과수업뿐 아니라 교과 외 수업에서도 교우관계가 개선될 수 있도록 노력하는 학교!

자칫 소통에 문제가 있고 직장생활에 어려움을 느낄 때 능력 있는 상담선생님과 동료 교직원들과의 원활한 소통으로 문제해결을 위해 같이 교감하면서 피드백을 받을 수 있는 자율적이고 민주적인 학교!

교직원 개개인의 성향과 성격을 존중하면서 업무의 강도에 따라 문제가 없는지, 어려움은 없는지 살피고 직원을 믿고 업무를 맡기며 효율적인 업무를 할 수 있게 최대한의 지원을 아끼지 않는 교장, 교감, 행정실장 관리자가 있는 따뜻하고 수평적인 학교!

교직원들의 동아리 활동과 친목회로 업무에 지치지 않게 스트레스를 해소하고 동료 직원들 간의 친밀한 분위기를 조성해 긍정적인 마인드와 학교에 대한 자긍심을 갖게 하는 학교!

디지털 전환 시대에 맞게 무선인터넷, 개별 디바이스 등의 사용 경험으로 기기 사용의 어려움을 없애고 미래시대 적응을 위한 AI 시스템 구축으로 스마트한 학습환경 조성과 미래교실, 도서관, 각 층 홈베이스 등의 공간혁신을 통해 학생들이 서로 소통하고 교류하면서 학생들의 공동체 의식이 함께 성장할 수 있게 공간을 구축하는 등 교육환경개선을 위해 노력하는 학교!

혁신학교 교사는 행복할까?

교사 권○○

내가 생각하는 순천왕운중학교를 한마디로 정의하자면 '교사가 행복한 학교'
이다. 처음 발령받았을 때 그 학교의 교장선생님께서 하신 말씀이 아직도 잊히
지 않는다. 그때 교장선생님께서는 "학생이 행복하기 위해선 교사가 행복해야
합니다. 저는 교사가 행복한 학교를 만들 테니 선생님들께서는 학생이 행복한
학교를 만들어주세요. 저는 항상 선생님들이 하시는 일들을 전적으로 지원해
드리겠습니다."라고 말씀하셨다. 교직 생활을 하면서 난 그 말에 더욱 공감하
게 되었다. 정말로 교사가 불행하다면 그 교사는 일상에 지친 나머지 학생 개
개인의 목소리를 잘 들어주지 못하는 것 같다.

순천왕운중학교에 발령받아 근무하게 되면서 나는 우리 학교야말로 '교사가 행
복한 학교'라고 말할 수 있다고 생각한다. 순천왕운중학교에서의 모든 학사 운
영은 교장선생님, 교감선생님뿐만 아니라 모든 교직원들 간의 수평적인 대화와
협력을 통해 결정된다. 각 부서에는 리더십과 폭넓은 지식을 가진 부장 선생님
을 중심으로 학교의 일정이 늘 모든 선생님들께 공유되고, 교직원 회의를 통해
전반적인 학사 운영에 대한 피드백까지 이루어지고 있다. 중요한 것은 이러한
것들이 모든 선생님들의 자발적인 참여를 통해서 진행되고 있다는 것이다.

수업 공개 및 수업 나눔, 각종 행사와 사업 등 모든 것들은 선생님들의 자발적
인 참여를 통해 진행되고 교장선생님과 교감선생님께서는 항상 선생님들의 업
무를 최대한 응원해주시고 지원해주신다. 그래서 그런지 난 순천왕운중학교에
서의 교장선생님 및 교감선생님, 그리고 이외의 선생님과 행정실 교직원분들
간의 의사소통이 더욱 활발하게 이루어지고 있다고 생각한다. 학교의 이러한
개방적인 풍토가 선생님들끼리의 단합을 강화시켜주고 이것이 학생에 대한 사

랑이라는 결과로 도출되는 것 같다.

특히 업무 측면에서는 담임선생님들께서 다른 업무에 치이지 않고 오로지 학생에게 전념할 수 있도록 업무 분장이 이루어진 것에 대해서 매우 긍정적이라고 생각한다. 순천왕운중학교에서는 담임선생님들이 담임 업무 이외의 기타 업무를 맡지 않는다. 그래서 더욱 학생의 목소리를 잘 들을 수 있게 되고, 학생들과 더욱 많은 시간을 보낼 수 있게 되었다. 예전에 연수를 받을 때 교육장님이 이런 말씀을 하셨다. "학생이 있는 곳엔 항상 교사가 있어야 합니다." 교사가 업무에 치인다면 이 말은 잘 실천하기 어렵다. 하지만 순천왕운중학교에서는 이를 정말 잘 실천할 수 있다. 나는 이것이 우리 학교의 가장 큰 장점이 아닌가 생각한다.

오늘날 우리 사회는 교사들에게 정말 많은 짐을 지도록 하고 있다. 이 때문에 교사들은 단순 지식의 전달자를 넘어서서 학생들이 올바른 인성을 가진 인격체로 성장할 수 있도록 많은 부분에서 노력해야 한다. 교사가 학교에서 학생들을 위해 노력하고 있는 것들에는 명확히 눈에 보이는 것들도 있지만 사실 다른 사람들의 눈에 보이지 않는 비가시적인 것들이 많다. 그래서 아무리 노력해도 교육계 이외에 있는 사람들은 이를 잘 알아주지 못하고, 그렇기 때문에 교사들이 이런 교육 현장에서 더욱 지쳐가는 것 같다. 우리 사회에서 교사가 행복하기 위해선 국가적인 차원에서 교육에 대해 많은 관심을 가져주어야 하고, 교사가 현재 짊어지고 있는 많은 짐들을 덜어주어야 한다. 담임선생님이 학생에게 많은 시간을 할애할 수 있는 학교, 학사 운영에서 모든 교직원들 간의 수평적인 대화와 협력이 이루어지는 학교, 교장선생님과 교감선생님께서 교사의 업무를 최대한 지원해주는 학교인 순천왕운중학교는 많은 부분에서 교사를 이해해주고 응원해주는 학교라고 말하고 싶다. 순천왕운중학교는 '교사가 행복한 학교'이다.

성과와 과제, 그리고 전망

한편 다른 제삼자의 관점에서 보면 순천왕운중학교는 어떤 모습일까? 혁신학교 4년째를 맞은 올해 전라남도교육청에서 실시한 종합평가의 총평이다. 성과와 과제가 고스란히 드러나 있다.

- 교육공동체 구성원들인 학생, 교직원, 학부모 3주체가 학교 비전을 공유하고 서로 존중하고 협력하는 학교문화를 조성함.
- 역량중심 교육과정을 운영하여 학생이 배움의 주체가 되고 삶과 앎이 하나가 되는 교육 실현. 개인의 삶과 공동체의 삶 중심 교육과정을 운영하여 학생 스스로 자기 삶의 주체가 되고 함께하는 삶을 설계할 수 있도록 도움. 학교가 학생을 중심으로 서로 존중하고 나눔으로 더불어 성장하는 행복한 학교문화를 가꾸어가고 있음.
- 학교장의 탁월한 리더십, 교사들의 자발성과 동료성이 있으며, 학생, 교직원, 학부모 등 구성원의 학교혁신에 대한 의지가 높으며, 학생자치회가 매우 활성화되어 있음.
- 혁신울림학교로서 학교혁신의 지속성을 위해 수업에 대해 깊게 고민하고 실천하는 것이 요구됨. 교직원 간 연결과 연대를 바탕으로 학교혁신이 더 깊고 넓게 확장되어야 함.

앞으로 순천왕운중학교는 혁신학교로서 정체성을 지니고 지속가능할까? '혁신학교'의 역사와 현재, 그리고 미래에 대한 평가와 전망이 매우 다양하고 의견이 분분해서 학교 현장에서는 외부로부터 추동력을 기대할 수 없다. 결국은 구성원들의 주체적 의지가 핵심이다. 민주적인 리더십을 더욱 단단히 구축하고, 구성원들이 자발성과 동료성을 발휘하여 혁신학교를 추진하고자 하는 의지가 결집되면, 지속을 넘어 더욱 발전하고 그야말로 큰 '울림'이 되어 널리 널리 퍼져나가게 될 수 있으리라 기대한다.

2부

—

모두가
성장하는 학교

—

괭이밥 풀꽃
흔적을 찾다

• 박화실 •

땅의 무게를 이기고 나온 새싹, 작은 교육공동체

땅의 무게를 이기고 용을 쓰며 나오는 새싹 같았다. 새로움이 새록새록 움트는 학교. 아이들도 자라고 선생님도 성장하는 학교.

전라남도에서 가장 북쪽 끝자락에 있는 작은 학교 선생님들이 혁신학교를 만났다. 저마다 우리 교육의 큰 고민을 머리에 이고 새싹처럼 용을 쓰며 땅 위로 올라왔다. "혁신학교가 뭐야?" 그 당시 이름도 생소한 무지개 학교라 불리는 혁신학교 교육과정을 운영했다. 그 누구도 가보지 않은 길이었기에 똘똘 뭉쳐 함께할 수밖에 없었다.

함께라서 좋았다. 바쁘지만 즐거웠다. '아이들의 성장을 돕는다는 것이 이런 것이구나!' 하는 교사 생활의 참맛도 경험했다. 아이들에게 맞는 수업을 찾아가기 위해 선생님들이 함께 공부하며 부단히 노력했다. 학교 단위의 학습조직으로서 움직이는 교사 문화를 만들어 실천한다는 것이 학생들의 성장에 얼마나 큰 영향을 주는지를 알 수 있었다. 선생님들은 자신들이 만난 혁신학교가 참 많은 것을 변화시킬 수 있다는 것도 깨달았다.

처음 시작할 때 함께한 8명의 선생님. 초창기에 그 길고 긴 협의 시간이 기억에 남는다. 모이면 할 말이 참 많았다. 그도 그럴 것이 그동안 자신이 경험했던 학교문화와는 전혀 다른 햇경험을 하고 있었으니까. 모두 중년이 넘는 교직생활 동안 가졌던 교육에 대한 기존 관념이 너무 견고해 그것을 깨는 과정이 쉽지 않았다. 혁신학교 교육과정을 운영하자고 합의한 이상 선생님들은 부단히 노력했고 그들이 가지고 있었던 그간의 경력은 오히려 새로운 동력이 되었다.

전남 장성에 있는 작은 교육공동체, 장성북중학교[6] 이야기다. 벌써 10년이 훌쩍 지났다. 이 학교의 선생님들은 학생들 한 명, 한 명을 깊이 보면서 아이들의 세상을 이해하는 것에서부터 교육 문제를 해결하려고 했다. 학생의 특성과 학교가 처한 상황에 맞는 수업과 교육과정을 만들어가고 싶은 마음으로 함께 실천하는 과정에서 선생님들은 자신도 모르게 전문가로서 성장할 수 있었다. 장성북중학교가 가장 본질적인 것에 집중하면서 키워낸 학교문화는 초창기 전남 혁신학교가 추구하고자 했던 여러 길 중의 하나였음을 보여준다.

통자리중학교 사람들

통자리중학교는 교문에서 본 건물 현관까지 한참을 걸어야 한다. 교문에 들어서면 양쪽으로 쭉 늘어선 아름드리 은행나무가 반갑게 맞는다. 노란 카펫 같은 길이 길게 펼쳐진다. 그 길을 지나다 보면 원탁을 중심으로 둥그렇게 의자가 놓여 있어 그곳에 아이들이 둘러앉아 놀곤 했다. 교문에

---

6 장성북중학교는 2011년부터 전남 최초로 혁신학교를 운영하기 시작했다. 그러던 중 2015년 전남교육청의 농산어촌 교육력 증진을 위한 학생 수 적정화 정책에 의해 이웃 학교와 통합되어 새로운 학교로 재탄생했다. 혁신학교 운영은 2015년에 재지정되어 계속되었지만, 장성북중학교라는 명칭은 더 이상 쓰지 않게 되었다. 이런 이유에서 필자는 이후 글에서 장성북중학교라는 이름 대신에 '통자리중학교'라는 명칭을 쓴다. '통자리'라는 명칭은 장성북중학교 선생님들이 혁신학교를 운영할 당시 구성원을 하나로 묶어준 교직원협의회에 붙인 이름이다. '소통하는 공동체'라는 의미가 담겨 있다.

서 교실이 있는 곳까지 거리가 멀어서
참 좋았다. 거의 매일 지각하는 대식이
를 제외하고는 아이들도 100여 미터 정
도 되는 학교 안 그 길을 좋아했다. 2층
으로 된 본관 교사가 남쪽을 향해 서 있
다. 뒤뜰에는 아이들이 상추며 가지, 고
추, 미니토마토를 심어 수확했던 '마음
밭'도 있다.

교문 오른쪽으로는 담벼락 아래 벤치가 있고 그 벤치 뒤쪽으로도 은행
나무가 여러 그루 있다. 중학교 아이들 둘이서 팔을 벌려 손을 맞잡아야
안을 수 있을 정도의 허리와 쭉 뻗은 키가 이 학교의 나이를 가늠하게 해
준다. 가을이면 노란 은행잎비가 풍성하게 내리는 학교. 아이들과 교사들
이 함께 놀고 공부했던 그곳, 통자리중학교다. 전체 학생 수가 55명이고
교직원이 13명인 전남의 전형적인 작은 학교이다.

학교에 들어서면 이곳저곳 구경할 거리가 많았다. 오래되었지만 앉아서
이야기 나눌 의자며 나무들, 그리고 운동장 가장자리에 무성한 풀꽃들, 괭
이밥, 민들레, 시계꽃, 쇠비름…… 특히 괭이밥 풀이 많아 초여름에 꽃이
필 때면 운동장에 노란 머리띠를 두른 것 같았다. 줄기에 씨앗이 담긴 통
통한 작은 꼬투리를 따서 입에 넣으면 시큼한 맛에 어른들은 술꽃이라고
도 불렀단다. 아이들은 잘 익은 꼬투리를 친구들의 얼굴에 대고 터뜨리곤
했는데 검고 붉은 씨앗이 팝콘처럼 터져 나와 즐거워했다.

이곳 통자리중학교 선생님들은 아이들을 깊이 살피고 그들의 세계를 이
해함으로써 온전히 아이들의 마음에 스며들고자 했다. 선생님들은 교육이
있는 그대로의 아이들을 받아들임에서부터 시작되어야 한다고 믿고 있었
다. 아이들의 세상을 이해하는 것은 우리 사회의 교육 문제를 풀어내는 가
장 기본적인 실마리라고 생각했다. 13명 교직원의 혁신학교 만들기 도전

은 그렇게 시작되었다.

통자리중학교에서 근무하는 선생님들은 학생 중 상당수가 심리적, 환경적으로 어려운 상황에 있어 자연스럽게 많은 역할을 맡게 되었다. 때로는 아이들의 친구가 되었다가, 할머니께 꾸지람을 듣고 온 속상함을 털어놓을 수 있는 대상도 되었다. 아이들에게는 단순히 수업하는 사람만이 아닌 따뜻한 돌봄의 역할을 함께할 선생님이 필요했다. 전라남도교육청에서 처음으로 공모한 혁신학교에 통자리중학교 선생님들이 선뜻 응모한 가장 큰 이유이기도 했다.

필자는 이 학교에서 동료 선생님들과 5년 동안 혁신학교 교육과정에 함께했다. 그곳에서의 삶을 통해 너무나도 평범한 교사에서 아이들과 함께 호흡하는 교사로 거듭날 수 있었다. 함께했던 선생님들이 한마음이 되어 생활했기에 가능한 일이었다.

전라남도교육청에서는 2010년 말 무지개학교(전남혁신학교의 당시 명칭) 시범 운영학교를 모집했다. 통자리중학교 선생님들이 처음부터 학교의 문화를 혁신적으로 바꾸어 보겠다는 큰 그림을 가지고 있었던 것은 아니었다. 경기도를 중심으로 물오르기 시작했던 혁신학교에 대한 이야기를 들어보기는 했으나 혁신학교에 대해서 잘 몰랐다. 2010년 9월쯤 전남교육연수원에 계시다가 통자리중학교로 부임해 오신 교장선생님이 무지개학교 공모에 응해보면 좋겠다는 제안을 했다. 선생님들은 함께 모여 긴 시간 협의했다. 결국 선생님들은 아이들에게 좀 더 많은 교육적 혜택을 줄 수 있다는 기대감으로 혁신학교 공모에 동의했다. 교무부장을 맡았던 이 선생님은 미술 교과를 담당하면서 평소 다양한 경험을 통해 아이들의 예술적 감수성을 채워주고 싶은 마음이 컸다며 혁신 교육과정을 해 보고 싶은 강한 의지를 보였다. 국어과 신 선생님, 영어과 박 선생님 수학과 정 선생님, 사회과 신 선생님, 교장 선생님까지 모두 혁신학교 출발에 힘을 더했다.

장성은 광주 인근지역이라 고경력 교사들이 많았다. 새로운 인력이 필요했다. 관내에 근무하는 과학과 박 선생님에게 함께 혁신학교를 일구어 보자고 제안했다. 박 선생님은 출퇴근길 불편함을 기꺼이 감수하면서 통자리중학교로 합류했다. 박 선생님의 출퇴근길은 왕복 1시간 정도는 더 걸리게 됐다. 또 2012년에는 장흥에서 역사 선생님을 초빙했다. 당시 혁신학교를 운영하는 학교에서는 교사 1명을 초빙할 수 있었다. 40대에 막 들어서서 초빙되어 온 윤 선생님은 본인이 근무하게 될 학교가 그렇게 연령대가 높은 선생님의 집합소라고는 전혀 생각하지 못해 당황했다고 했다. 그 후부터 윤 선생님은 혁신학교를 운영하는 내내 막내 선생님이었다.

그렇게 혁신학교를 운영하기 위한 인력이 충원되었고 교사들은 한 몸이 되어 움직이기 시작했다. 무엇보다 혁신학교를 모르는 평범한 선생님들이었기에 더 열정적으로 움직일 수 있었다. 교사의 자발성이 얼마나 위대한 동력으로 이어지는지를 알게 되었다. 당시 통자리중학교 교원의 평균 나이는 52세였고 자녀들을 키워본 경험이 있는 선생님들이었기에 아이들을 위하는 교육이 진정 무엇인지를 그 누구보다 잘 알고 있었다. 그래서 혁신학교 교육과정을 찾아가는 데 더 진심이었다. 선생님들은 늘 말하곤 했다.

"전남교육의 허리는 50대지."
"우리가 아니면 누가 하겠어?"
"혁신학교가 뭔지 아직 몰라. 그래도 아이들에게 좋다면 열심히 해보자."

이렇게 혁신학교를 시작했고 2011년 첫해에는 많은 경험을 하면서 교사들의 안목을 키우는 데 집중했다. 혁신학교를 운영한다는 것이 어떤 것인지 구성원 모두에게는 생소한 일이었기 때문에 책을 읽어보기도 하고, 토론도 하고, 경기도 다른 학교의 교육과정을 살피는 학교 탐방을 했다.

소통하는 공동체, 통자리 협의 문화

통자리중학교의 작은 교무실에는 양쪽으로 교사들의 책상이 배치되어 있었고 가운데 통로로 활용되던 작은 공간이 있었다. 그 작은 통로에 어느 날 나무 탁자와 동그란 의자 몇 개가 놓였다. 방과후 교육활동 목공부 선생님과 아이들이 만들어 준 선물이었다. 선생님들의 협의실이 따로 없는 불편함을 알고 있었나 보다. 사실 어느 교무실에서나 볼 수 있듯이 가림막이 곳곳에 설치되어 있어 선생님들이 제 자리에 앉은 채 협의하는 것이 매우 불편했다. 언젠가부터 선생님들의 논의 시간이 많아지면서 편하게 모일 수 있는 공간이 필요했는데 아이들이 재능기부로 탁자를 만들어주었다.

그날 이후 통자리중학교의 학교 교육과정에 대한 협의와 결정은 이 작은 탁자에서 이루어졌다. 앉으면 아이들 이야기를 하고 그 이야기가 모여 대화가 되고, 협의가 되었다. 그리고 그 협의는 합의로 이어져서 함께 실천할 수 있는 동력이 되었다. 그렇게 해서 만들어진 시스템이 통자리중학교의 '통자리 협의 문화'이다. 소통하는 공동체라는 의미를 담아 이름을 지었는데 선생님들은 그 이름을 참 좋아했다.

선생님들이 처음부터 혁신학교 교육과정을 위한 특별한 시스템을 만들어 교육과정을 운영한 것은 아니었다. 1년 동안은 서로 배워가면서 만들어가기로 약속했다. 혁신학교 교육과정에 대해 전문적으로 아는 사람이 없었기 때문에 언제나 함께 모여 이야기하면서 문제를 해결하려고 노력했

다. 시간이 흐를수록 서로에게 의지하는 마음이 커지게 되고 신뢰하는 공동체가 되었다. 업무를 맡은 선생님이 통자리 탁자에 앉아 자신의 이야기를 꺼내놓고 동료 선생님들은 기분 좋게 그 고민을 푸는 데 함께

했다. 약속한 교육과정을 실천으로 옮길 때도 늘 함께했다. 이러한 과정이 더해질수록 교사들의 자발적인 참여문화가 자리 잡고 있음을 느낄 수 있었다.

통자리 탁자는 구성원들의 갈등을 해결하는 큰 역할을 했다. 좁은 공간이었지만 모두 통자리 탁자에 앉아 이야기하기를 좋아했고 자리가 넓지 않아 협의 안건에 좀 더 집중할 수 있었다. 처음에는 7개의 원형 의자에서 출발했는데 나중에는 점점 의자 수가 늘어갔다. 교장선생님도 행정실 선생님들도 그 탁자에서 논의하기를 좋아했다. 때로는 간식 탁자가 되었다. 통자리 나무 탁자는 학교 안에서의 갈등을 줄이고 배려와 존중의 마음이 커지는 중요한 매개체가 되었다. 요새 학교 공간혁신을 하면서 '공간이 문화를 바꾼다.'는 말을 자주 듣는다. 그때 목공부 아이들이 만들어준 작은 소나무 탁자의 위력은 대단했다. 선생님들의 교무실 협의 문화를 바꾸게 해준 고마운 선물이었다.

몸으로 체득하는 교육에 무게를 두고

2011년 처음 1년 동안 많은 교육활동을 기획하고 실천에 옮겼다. 첫 활동은 학생자치회를 활성화하기 위해서 한 달에 한 번씩 학생들이 요양원 봉사 가는 것에서부터 출발했다. 1년 동안 지속된 학생자치회의 요양원 봉사를 통해 학생들은 점차 능동적으로 변해가고 있었다. 그 예로 학생들은 먼저 자신들이 무엇을 해야 할지 논의하기 시작하였고 본인들의 논의 내용을 실천으로 옮기면서 자연스럽게 학생 자치활동이 활발해졌다. 3월이면 '평화로운 학교 만들기 프로젝트'를 하면서 학생들은 관계의 회복과 공동체 만들기에 집중했다. 통자리중학교 학생자치회가 그렇게 성장하는 과정에는 항상 아이들의 호기심과 자율성을 일깨워주는 박 선생님이 함께했다.

통자리중학교 선생님들은 몸으로 익히는 체험활동을 통해 아이들이 저마다 깨닫는 지점을 소중하게 생각하는 교육과정을 만들려고 노력했다. 아이들을 '할 수 있는 능동적 주체'로 인식하려고 했다. 선생님들의 이러한 생각은 체험활동에 대한 학생들의 태도도 달라지게 했다. 체험활동에 수동적으로 참여했던 학생들도 점차 주도적으로 참여하여 즐겼다. 체험학습뿐만 아니라 교과마다 아이들이 적극적으로 참여할 수밖에 없는 문제상황을 기획하여 수업안을 만드느라 선생님들은 늘 분주했다.

특히 아이들의 도전 활동으로 '나 이기기' 명산 등반 체험이 있었는데, 학생들의 체험 소감을 나누는 보고서 발표 내용에서 이 도전 활동이 아이들에게 큰 영향을 미쳤다는 것을 알 수 있었다. 첫 시작은 전교생이 지리산 둘레길을 걸으면서 시작했던 것이 나중에는 한라산, 백암산, 무등산 등반으로 이어졌고 학생들에게는 자신에 대한 도전 활동으로 발전되었다.

매년 진행된 작가와의 만남 시간도 빼놓을 수 없다. 지리산 청학동으로 김용택 선생님을 모시고 시작(詩作)을 배우는 과정도 내면의 감성을 깨우는 좋은 인문학 공부가 되었다. 장흥 바닷가의 '달 긷는 집'에서 한승원 선생님과 문학을 이야기할 때 아이들의 눈이 반짝이던 모습은 지금도 인상 깊게 남아 있다. 박성우 시인의 시집 「난 빨강」을 읽고 작가와의 인터뷰 연습이나 모방 시 쓰기를 하면서 작가와 만남을 준비하면서 학생들은 호기심이 가득했다. 우정, 반항심, 일탈해보고 싶은 충동 등 청소년 시기의 자신들의 문제가 표현된 시라서 공감이 되었나 보다. 학생들은 시인의 소탈함과 시 쓰기 강의, 사탕 선물에 매료되어 2시간 강의 내내 몰입했고 자신도 시인이 될 수 있을 것 같은 자신감에 부풀었다.

통자리중학교 본관 뒤에는 아이들이 가꾸는 생태 텃밭이 있었다. 우리는 그곳을 '마음밭'이라고 이름 짓고, 공부에 큰 관심이 없고 잡념이 많거나 수업 시간에 잠이 오는 학생들은 언제라도 마음밭에 가서 잠깐 쉬거나 물을 주고 오도록 했다. 학년별로 분양을 한 마음밭에서 감자를 심기도 하고 각종 쌈 채소도 심어서 전교생이 삼겹살 먹는 날을 만들어 즐겁게 지냈다.

하지만 통자리중학교 선생님들의 기획이 늘 성공적이진 않았다. 한번은 영광 생명평화마을의 황대권 선생님이 오셔서 마음밭을 보시더니 크게 혼을 냈다. 풀이 자라지 못하게 검은색 비닐로 흙을 덮은 것이 몹시 마음에 걸렸다고 했다. 채소와 풀이 자연스럽게 공존하면서 채소가 더욱 강한 뿌리를 내리게 된다는 자연농법을 주장한 분이었기에 그 광경은 놀랍고 당황스러운 것이었다. 우리 선생님들의 어설픈 교육이 부끄럽기도 했다. 선생님이 그날 강연을 통해 전해준 메시지는 우리 선생님에게도 큰 깨우침을 주었다. 이후 노력 봉사를 희망하는 학생들과 몇몇 교사들은 선생님이 살고 있던 생명평화마을에 가서 울력도 하고 생태 수업도 경험하게 되었다.

혁신학교 교육과정과 더불어 다양하게 진행된 체험활동, 진로 탐색 활동은 아이들의 마음을 따뜻하게 데워주었다. 또한 교사들의 수업에 대한 인식도 점차 변화했다. 그동안 행사처럼 진행된 모든 체험활동을 수업으로 발전시켜 갔다. 수업을 교실 안에서 교사가 주도해야 한다는 고정관념에서 벗어났다. 그로부터 통자리중학교에서 이루어지는 체험학습은 학생들이 장소를 옮겨서 이루어지는 수업으로 정의하고, 이를 위해서 사전답사를 단순히 학생 인솔 시 안전 확보 차원뿐만 아니라 수업 요소를 찾는 과정으로 활용했다. 주제 중심 교과통합 수업안을 만들어 '사전수업 – 현장수업 – 사후수업'으로 연결하면서 체험학습을 실질적인 수업의 효과를 거둘 수 있도록 운영했다.

통자리 협의회에서 선생님들은 아이들의 학습에 관한 이야기를 많이 했다. 교과 성적 향상에 힘쓰는 것도 중요하지만 선생님들은 우선 학생들을 깊이 이해하고 자존감을 세우는 일이 먼저라고 생각했다. 다소 시간이 걸리더라도 학생들의 주체적인 태도와 자존감이 커지고 스스로 공부를 할 수 있는 힘을 기를 수 있다면 교과에서 학업 역량을 향상하는 것도 자연스럽게 해결될 수 있으리라고 생각했다. 그래서 선생님들은 공부한다는 개

넘을 타인에게 배우는 것이라고만 생각하고 있는 학생들에게 아쉬움이 많았다. 배우는 차원을 넘어 스스로 익히는 것에 무게를 두고 싶었다. 몸으로 익히는 공부가 되었을 때 비로소 원리를 깨닫게 되고 삶의 교육으로 내면화될 것이기 때문이다.

아이들이 스스로 삶을 위한 공부를 할 수 있는 힘을 기를 수 있도록 교육과정을 만들려고 했다. 통자리중학교 선생님들은 이 힘을 '공부력'이라고 표현하기로 약속했다. 지금 생각하면 '공부력'은 '역량'을 의미한다고 할 수 있겠다. 그 당시 교육계에서는 역량이라는 단어를 사용하기 전이어서 선생님들이 여러 날을 함께 고민해서 만든 단어가 '공부력'이었다. 2013년부터 학교교육계획의 표지에 '삶과 교육이 일치하는 성장프로젝트'라는 문구를 사용하기도 했다. 삶이 곧 교육이 되는 교육과정을 설계하고 '아이들이 실천하면서 배우고, 그 배움이 곧 아이들의 삶'이 되기를 바라는 마음이었다.

선생님들의 이러한 바람은 아이들의 글 속에서 실제 성과로 확인되기도 했다. 몸으로 체득하는 도전 활동의 하나로 '나 이기기 명산 등반 체험활동'이 있었는데 처음에는 학생들이 별 관심 없이 학교의 행사 정도로 생각했다. 그러던 활동이 치열하게 자신을 이겨내는 과정으로 내면화되어가는 모습을 어느 학생의 글에서 찾아볼 수 있었다.

흰바위산 등반 초반은 정말 죽을 고비, 고비였다. 경사가 급하고 돌도 크고 널찍한 것들이 삐뚤빼뚤 박혀 한 걸음 한 걸음을 붙잡았다. '포기하지 말자.'고 다짐하고 온지라 누구에게도 투정 부리면 안 된다는 강박관념에 사로잡혀 있었다. 선생님들께라도 어리광 부리면서 이런 힘든 산 왜 오냐고 퉁퉁거리고 싶었던 맘이 없지 않았는데 다른 아이들이 불평하는 것을 보자 나도 힘들다고 툭 뱉고 싶은 맘이 목구멍 제일 위까지 차올라 있었다. 정말이지 '나 이기기'가 뭐라고 그리도 나를 안절부절못하게 하는지 어이없고 또 우스웠다.

(생략)

내가 누군진 모르지만 나는 내 한계에 도전했고 성실히 임했으며 그에 맞는 결과인 성공이 주어졌다. 그것으로 정상에서의 서운함을 메우기에 충분하였다. 한번 성공했으니 다음도 성공하리라 믿는다. 아주 뜻깊고 보람찼던 경험이었다. 힘든 일이기에 기억되는 것일 테지만 앞으로도 더 힘든 일에 성공할 일이 많기에 언젠간 잊을 것이다. 비슷한 경험이 있으면 그때를 떠올려 도전하고 성공하면 언젠가 잊을 것이니(그러니까 한마디로 앞으로도 이겨나갈 '나'가 많다는 말) 아주 좋았다.

– 흰바위산 등반을 마치고(2012. 2학년 빛나)

가장 단순하고 진실한 교육원리

2011년 12월 29일, 통자리중학교 선생님들은 1년 동안의 교육활동을 정리하는 자리에서 혁신학교 2년 차(2012학년도)에는 무엇을 해야 할 것인지에 대해 진지하게 토론했다. 처음 1년 동안 많은 활동들을 했다. 민주적 의사결정과 학생활동 중심의 교육과정 운영 등 한마음으로 열심히 달려왔다. 그러나 선생님들의 마음 한구석에는 뭔가 허전함이 있었다. 선생님들은 자신들이 수업 연구에 더 집중하지 못했던 것이 마음에 걸렸다. 그리고 지속가능한 혁신학교의 실천과 교육의 본질을 생각하는 근본적인 질문을 던지게 되었다. 통자리중학교 선생님들은 그 무엇보다 중요한 것은 '수업혁신'이라는 것을 깨달았다. 당시 EBS에서 방영된 '선생님이 달라졌어요', '수업이 바뀌면 학교가 바뀐다'는 말에 동의하며 2012년에는 수업 개선을 위해 연수에 집중했다. 특히 학생 개인의 상황과 특성에 맞는 수업을 실천하기 위해 수업에서 아이들의 학습 과정을 깊이 보고 무엇을 도울까를 생각하는 수업 협의를 이어갔다. 혁신학교 4년 운영을 종료하고 재지정 후에도 일상생활이나 수업에서 아이들을 이해하고 그 아이들에게 맞는 수업을 찾아가려는 교사들의 노력은 계속되었다.

통자리중학교 선생님들이 품었던 첫 의문, '혁신학교가 뭐지?'에 대한 가장 단순하고 진실한 대답을 '학생들의 수업'에서 찾으려고 했다. '아이들 한 명 한 명에게 맞는 수업'을 고안하고 실천함으로써 학생들의 안목을 키울 수 있다고 생각했다. 교사가 실천할 수 있는 가장 단순하고 진실한 교육원리는 학생의 개별적 성장과 다른 사람들과 함께 살아갈 공동체의 구성원으로서 성장하도록 '학생의 삶을 위한 수업'을 실행하는 것이라고 믿었다. 사실 교사라면 누구나 이 중요한 원리를 잘 알고 있다. 다만 교사가 개별 학생들에게 맞는 수업을 고안하여 실행하는 탐구 노력을 일상화하기에는 너무나 큰 노력이 요구되기에 실천하기가 어려웠다. 다행히 통자리중학교 선생님들에게는 교육인류학의 관점에서 수업을 질적으로 이해하고 실천하도록 지원해 준 대구 가톨릭대학교 서근원 교수님이 옆에 있었다. 선생님들이 수업에 대한 안목과 실천력을 키울 수 있었던 것은 매월 수업 공개와 수업 대화, 수업보고서를 쓰는 경험을 했기 때문이었다. 교수님은 선생님들의 큰 사전과도 같은 역할을 기쁘게 해 주었다.

이후 학생의 마음으로 수업을 보고 그에 알맞은 수업을 구안하여 실천하는 교사들의 수업 실천 탐구활동은 혁신학교를 운영하면서 가장 본질적인 교육을 하고자 했던 통자리중학교 선생님들에게 크나큰 동력이 되었다.

당시 초창기 혁신학교 선생님들이 느꼈던 고민과 어려움의 상당 부분은 민주적인 학교문화와 관련된 것이 많았다. 일부 선생님들은 학교문화가 변해야 수업이 바뀔 수 있다고도 생각했다. 그만큼 학교문화가 변화해야 한다는 현장 선생님들의 열망이 컸다고 할 수 있다. 그렇다면 학교문화가 변하면 수업 개선이 가능한 것일까? 어려운 문제이다. 수업을 변화시켜 간다는 것은 선생님 개인, 또는 교사공동체로서의 협업을 동반한 끝없는 노력과 의지가 필요하기 때문이다.

다행히 통자리중학교 선생님들이 생각했던 것을 실천으로 옮길 수 있는 학교 안 전문적학습공동체가 학교문화로 정착되어 갔다. 교사들의 학습공동체가 탄탄해진 이유는 선생님 중 그 누구도 전문가가 아니었기에 서로 물음을 던지고 토론하면서 공부할 수 있는 학교 안 학습공동체가 필요했기 때문이다. 매주 금요일 오후 학생들은 방과후 교육활동을 하고 선생님들은 학습공동체를 운영할 수 있도록 교육과정을 편성했다. 선생님들의 학습공동체 시간은 어떤 학교 행사나 업무에도 방해받지 않고 중요한 교육활동의 한 축으로 자리 잡았다. 선생님들이 아이들의 수업 연구에 진심이었기 때문에 교장선생님을 비롯한 행정직 선생님들도 든든한 지원군이 되었다.

통자리중학교 전문적학습공동체 활동은 선생님들이 자꾸만 기존의 관점으로 되돌아가려는 탄성으로부터 서로를 지탱해주는 버팀목 역할을 했다. 점차 학습조직으로 발전한 교사 문화는 학부모와 지역민의 신뢰를 쌓는 데 역할을 했다. 이러한 학교문화가 정착되자 금요일 오후 학습공동체 시간 외에도 선생님들은 늘 모여앉아 아이들 이야기나 수업 이야기를 했다. 선생님들이 소나무 탁자 앞에 앉아서 나누었던 이야기는 그대로 아이들을 위한 교육과정이 되고 있었다.

자람이, 장미, 여울이, 푸름이, 태양이

2012년부터 교장, 교감선생님 외 8개의 교과 선생님이 참여해 '아이 눈으로 수업 보기' 공부를 시작하고 나서부터 교사들의 눈 안에 아이들의 얼굴이 크게 들어와 앉기 시작했다. 매월 2회씩 수업을 공개하고 아이들의 수업으로 대화함으로써 비로소 아이들의 세계를 조금씩 이해할 수 있었다. 그렇게 재학 중인 거의 모든 학생의 수업을 돌아가면서 깊이 볼 수 있었다. 선생님들은 각자 자신의 교과에서 생기는 고민을 스스로 또는 동료와 해결해가는 과정을 글로 남기면서 성찰의 과정을 지속했다. 통자리중학교 선생님들이 1년 동안 공부하면서 느꼈던 고민과 어려움, 웃음을 기록으로 남겼다. 그리고 교장, 교감 선생님까지 전 교원이 함께하면서 확인했던 수업과 학교문화에 관한 새로운 희망을 이야기한 내용이 「나를 비운 그 자리에 아이들을」이라는 책에 담겨 출간되기도 했다.

해가 바뀌어 도움반 선생님과 영어과 선생님이 새로운 학교로 발령받아 떠났고 새로 오신 선생님들이 합류했다. 교사들이 바뀌었음에도 새로 오신 선생님들과 함께 수업 공개와 지속적인 수업 협의가 이루어졌다. 교사들은 부담스럽게 생각했던 처음과는 달리 함께해서 즐거운 교사 문화로 만들어갔다. 2014년에는 그동안 쭉 함께했던 교무부장이 떠나고 새로 임 선생님이 부임했는데 적응하기 힘든 상황인데도 불구하고 수업 연수에 합류해서 자리를 지켜 주었다.

자람이, 장미, 물결이, 여울이, 자연이, 푸름이, 태양이, 가람이, 하늘이, 나래, 연안이, 찬얼이, 바람이, 한결이, 새롬이, 힘찬이, 영롱이, 소라, 빛나, 미소까지 19명의 학생들은 2012년에 입학해서 3년에 걸쳐 교사들의 수업 연수에 함께 참여하면서 성장해 온 아이들이다. 통자리중학교 선생님들은 이 아이들에게 예쁜 자연을 닮은 이름을 지어 주었다. 아이들은 자신들을 이렇게 불러 주는 것을 매우 좋아했다. 아이들은 선생님들이 수업을 공개할 때마다 버리아이가 되는 것에 대해 처음에는 생소해했다. 자신의 수업을 봐주지 말았으면 좋겠다고 직접 말하는 친구가 한 명 있었던 기억이 난다. 이것도 학교의 문화가 되었는지 나중엔 대부분 학생이 매우 특별한 자부심을 느끼기도 하고 스스로 벼리아이[7]가 되기를 희망하는 학생도 있었다. 그때는 선생님과 학생들이 늘 글을 쓰고 나누는 활동을 했다. 다음 글은 학년말에 받아 본 한 학생의 소감이다.

나는 선생님들이 모두 나에게 관심을 가지고 지켜보시는 것을 느꼈다. 그것은 아마도 전학을 온 내가 다른 아이들과 잘 섞일 수 있는 아이일지 궁금해서 그랬을 것으로 생각했다. 아무럼 상관없었다. 나는 전학을 와서 그런 것이니 금방 지나갈 것이고 시간이 지나면 더 편해질 것으로 생각했다.

그 후 금방 관심이 없어질 것이라고 생각했던 것과는 달리 선생님들의 관심은 더욱 커졌다. 선생님들은 내게 더욱 잘해주셨고 나란 사람을 궁금해하셨다. 학생 수가 적다 보니 그런 것일까 생각했지만, 그것이 아니더라도 통자리중학교에 다니는 학생들은 모두 같은 현상을 겪을 것이라 나는 확신했다. 나의 성장을 응원해주고 나의 성장에 함께 아파해주는 그런 학교에 오게 되어서 나는 정말 다행이라고 생각한다. 아쉬운 점은 2학년까지는 수업에서 나를 관찰해 주었는데 3학년 때는 공개수업을 할 때마다 내가 벼리아이가 되지 않았다는 것이다. 그래서 나의 성장 변화를 끝까지 내가 보지 못한 것이 아쉽다. 하지만 스스로 깨닫고 다른 아이들의 변화를 봐 오면서 나도 함께 비슷하게 성장하지 않았을까.

선생님들은 그동안 자신들이 알고 있었던 '공부'와 '수업'의 관점을 바

---

7 벼리란 그물의 위쪽 코를 꿰어 놓은 줄을 뜻하며 어부가 그물을 끌어 올릴 때 매우 중요한 역할을 하는 매개체이다. '아이눈으로 수업 보기' 수업 연수에서 벼리아이는 집중관찰 학생을 의미한다. 벼리 아이라고 부르는 이유는 수업에서 그 아이만 보는 것이 아니라, 그 아이의 관점에서 교사와 다른 아이를 관련지어 조망하고 어떻게 상호작용하는지를 함께 파악하기 위해서이다. 교사는 벼리아이의 수업을 통해 그 아이의 눈에 비친 수업을 이해하고 아이들의 특성에 맞는 다음 수업을 구상하여 실천한다.

꾸고 자신의 수업을 변화시킴으로써 아이들이 다른 사람을 이해하며 살아가는 사람으로 자라게 하고 싶었다. 그러려면 선생님부터 자신의 수업에 대한 인식을 뒤집는 노력이 필요했다. 그래야만 아이들과 함께 호흡하는 그런 수업을 할 수 있었기 때문이다. 통자리중학교 선생님들은 아이들의 수업을 중심으로 대화하는 방법을 익혀 꾸준히 실천하였다. 매번 수업 연수가 진행될 때마다 선생님들은 생각의 변화 과정을 전체보고서며, 개인 보고서의 형태로 글을 써서 정리했다. 물론 처음에는 힘들어했으나 점차 익숙해져서 이것 또한 통자리중학교 교사들의 문화가 되었다.

2013년 전북연수원에서 열린 심포지엄에 통자리중학교 6명의 선생님이 참여했다. 각자 수업에서의 고민을 해결하고 아이들의 특성에 맞는 수업을 찾아가는 과정을 발표하면서 소개한 글 일부를 소개한다. 선생님들의 수업에 대한 치열한 고민이 보인다.

> 탐구활동과 실험활동을 하는 수업은 평소의 2배의 에너지가 소모되고 긴장된 시간의 연속입니다. 실험과정에 대한 교사의 친절한 설명은 잔소리로만 들리고 수업 목표와 무관하게 아이들은 재미있는 실험 놀이에 빠져들곤 합니다.
> 실험활동에는 적극적이지만 기초학력이 낮은 아이에게 실험 주제만 주어졌을 때, 아이가 실험활동을 어떻게 구성하는지 실험재료를 어떻게 활용하는지를 보았습니다. 당연히 많은 오류를 범했습니다. 다음 차시 수업은 아이가 오류를 딛고 다시 시도할 수 있도록 문제상황을 만들어서 수업해보았습니다. 아이의 경험은 제가 의도한 수업 목표와 어느 부분에서 일치할까요? 교과 진도와 아이의 성장, 그 간격 줄이기를 고민하면서 아이가 깨닫는 그 순간을 위해 후속 수업을 준비합니다.
> – 엉켜있는 실타래 풀기 (과학 선생님)

분명 시작에는 벼리아이가 있었습니다. 그런데 어느 순간 그 관찰 대상이 다른 아이로 변해 있었습니다. 하지만 처음의 벼리아이도 두 번째 벼리아이도 나름대로 의미가 있었습니다. 책을 많이 읽어 다른 학생들보다 상식이 풍부하다고 자부하는 아이, 그런데도 소설이 무엇인지 제대로 답하지 못하는 아이가 처음 깊이 들여다보고픈 아이였습니다. 대부분 학생이 이 아이와 같은 수준이어서 함께 수업 과정을 소화해 갔으나 한 학생이 시점의 변화에 따른 소설 각색하기에 탁월하여 다른 아이들과 진도를 함께할 수 없었습니다. 그러다 보니 수업에서 또 하나의 다른 과정이 필요하게 되어 이 아이가 두 번째 벼리아이가 된 것입니다.

시나리오의 소설 각색하기 그리고 소설 쓰기 수업인데 두 트랙으로 나가지 않으면 안 되는 상황이 되었습니다. 이처럼 끊임없는 변화를 시도해야 하는 수업 설계가 분주하고 힘들지만, 그 일을 통해 반짝이는 진주를 발견합니다.

– 진주를 발견하는 기쁨(국어 선생님)

다시 '학생을 중심에 두는 수업'으로

컨테이너박스 교실

컨테이너박스 학교에서도 학년은 바뀌었다. 2013년 11월부터 통자리중학교 식구들은 이웃 초등학교 운동장의 2층짜리 컨테이너박스 교실에서 생활하게 되었다. 통자리중학교 본 건물 자리에 전남 최초의 공립 기숙형 중학교를 신설하여 인근 3개교를 통폐합하게 되었기 때문이다. 많은 이들의 적극적인 반대에도 불구하고 농촌교육 경쟁력을 키운다는 목적으로 급작스럽게 진행되었다. 선생님들이 그동안 혁신학교 교육과정을 제대로 심어보기 위해 얼마나 노력해 왔는지 생각하면 너무 속상했다. '작은 학교 살리기'에 반대되는 정책이 펼쳐지는 교육 현실이 원망스러웠다.

그토록 아름다웠던 통자리중학교 생활을 차분히 정리하지도 못하고 폭풍을 피하는 것처럼 바쁘게 이사를 와야 했다. 지열난방 시스템 공사를 위해 운동장이 파혜쳐졌다. 그해 11월, 노란 꽃비를 뿌리던 은행나무가 사라지는 장면을 생각하면 가슴이 아린다. 지금은 뿔뿔이 흩어져 각자 다른 학교에서 근무하고 있지만 통자리중학교 사람들의 마음속엔 항상 그 학교가 있다.

운동장 가에는 유난히 민들레, 괭이밥 풀과 같은 풀꽃들이 많았다. 포크 레인이 숨 가쁘게 움직이는 운동장에서 통자리중학교 선생님들은 닥치는 대로 사진을 찍었다. 그때 찍어 간직한 풀꽃 사진들은 이후에 선생들이 성장하여 혁신학교 교육과정을 확산하는 강의를 하게 되었을 때, 자료의 배경 화면으로 사용되었다. 선생님들은 통자리중학교가 추구했던 혁신학교 교육과정을 여기저기 옮겨 심고 싶었다. 통자리중학교에서 동료들과 함께했던 교사로서의 삶을 잊고 싶지 않아 운동장 풀꽃 사진을 많이 아꼈다.

고민 하나! - 교육과정 : 왜 학생의 삶을 담아야 하는가?
고민 둘! - 수업 : 학생의 역량을 어떻게 키울 것인가?
고민 셋! - 평가 : 학생의 성장을 돕는 평가를 어떻게?

통자리중학교 선생님들의 고민

이렇게 1년 4개월의 컨테이너박스 학교생활은 시작되었다. 통자리중학교에는 언제나 선생님들의 방문이 잦았다. 혁신학교를 시작하고서 같은 생각으로 교육을 실천하려는 선생님들의 학교 방문이 계속되었다. 통자리중학교에 발령받아 함께 생활하게 된 행정실 이 주무관님이 이렇게 말했다. "여기는 다른 학교랑 별 차이도 없는데 왜 이렇게 손님이 많아?" 맞는 말이다. 혁신학교 교육과정은 겉으로 보기에는 특별한 것이 없다. 주변 선생님들로부터 다른 학교도 그 정도는 한다는 말을 많이 듣는다. 하지만 교직원들의 시선이 어디를 향하고 있는지, 무엇을 주제로 고민하는지를 자세히 살펴보면 그 차이를 알 수 있다.

가설 교실로 이사와 생활하고 있던 기간에도 전남을 넘어 타 시도에서 학교 방문을 희망하는 선생님들이 여전히 많았다. 과학실을 다목적 교실로 사용하면서 비좁은 공간이었음에도 방문자들은 의자를 겹쳐 앉으면서까지 각자 학교의 고민을 내놓았다. 아이들도 그런 환경을 불편해하지 않고 자연스럽게 받아들였다.

2014년은 봄부터 여름까지 아이들뿐만 아니라 교사들에게도 가장 힘든한 해였다. 그해 4월에 가슴 아픈 세월호 사건으로 인해 모두 우울한 봄을 보내고 있었다. 처음에는 가설 교실 생활이 신기하고 재미있다고 했던 아이들의 스트레스도 서서히 극에 달하고 있었다. "새 건물에서는 하루도 생활하지 못하고 고생만 하다가 컨테이너박스 학교에서 졸업하게 생겼네." 하며 입이 댓 발이나 나온 아이들을 달래며 생활해야 했다.

특히 그해 7월에 선생님들은 폭풍을 만난 것 같은 호된 경험을 하게 되었다. 유독 더웠던 여름 날씨로 컨테이너 교실은 매일 뜨겁게 달아올랐다. 달걀도 익을 것 같은 열기가 가설 교실 밖을 감쌌다. 그해 4월 잊지 못할 세월호의 아픔 이후에 체험학습도 통제된 채 비좁은 곳에서 몇 개월 동안 살고 있던 아이들이 폭발하기 시작한 것이다. 그동안 아이들의 일상과 수업을 그들의 관점에서 이해하면서 의미 있는 교육을 모색하고자 노력했던 것이 아이들에게 더 이상 통하지 않았다. 그리고 혁신학교 교육과정을 운영하면서 교사들과 너무 친해졌는지 아이들은 다소 무례한 행동을 자주 했다. 수업 시간에 엎드리는 것은 물론이며 어느 순간 학습에 대한 흥미가 없어져 수동적인 모습으로 변해 있는 아이들을 보며 교사들은 난감했고 무력감을 느꼈다. 3년 동안 그렇게 공을 들였던 것이 수포로 변하지 않을까 하는 불안감과 실망감으로 선생님들은 크게 상처를 받았다. 이런 아이들의 행동을 보며 훈육보다는 스스로 깨닫고 실천하는 교육을 강조했던 교사들의 생활교육관에 대해 평소 만족해하지 않았던 선생님의 강한 비판도 있었다. 혁신학교에서 아이들을 너무 오냐오냐해서 버릇이 없는 사람으로 자라기 쉬우니 엄격하게 생활교육을 해야 한다는 것이었다. 통자리 중학교 선생님들은 아이들의 생활교육 영역에서 존중한다는 차원을 넘어 시민으로서의 책임감을 가질 수 있도록 경계 세움이 분명하게 있어야 한다는 것에 동의하고 새로운 문제의식을 느꼈다. 그리고 이 부분을 어떻게 풀어가야 할지 고민하게 되었다.

2014년 여름방학이 며칠 남지 않은 어느 날, 3학년 담임선생님과 아이들이 대화의 시간을 가졌다. 학생들의 이야기를 먼저 듣기로 했다. 교실에서 자신의 가장 힘들고 고민되는 부분을 이야기한 후 전체 선생님과 2시간 정도 이야기하는 시간을 가졌다.

선생님들은 우리 맘도 모르고

바닥에서 삐걱거리는 소리가 났다. 컨테이너 박스 교실은 여름에는 무덥고 더 힘들었다. 태양 빛을 받아 더욱 달궈진 열이 그대로 전달되었다. 에어컨을 가동해도 소용없을 정도로 교실은 뜨거웠다. 교실에서 빙 둘러앉은 아이들은 본인들이 가장 힘들고 고민되는 부분을 스스럼없이 털어놓았다. 히죽히죽 웃기도 하고, 때로는 심각한 표정으로 제각각 자신의 어려움을 이야기한다.

"저는 꿈이 확실하지 않은 것 같아요."
"머리 모양이요."
"친구와 친하게 지내고 싶은데 어떻게 해야 할지 모르겠어요."
"공부해야 하는데 하기 싫어요."

"진로가 걱정이에요."

"저는 잠이 많아요."

웃음소리가 들린다.

아이들의 어려움을 정리해 보면 첫째는 컨테이너박스에 갇혀있는 답답한 학교생활이 싫고 두 번째는 자신들의 꿈과 관련하여 고등학교 입시와 명료하게 정리되지 않은 자신의 진로 문제였다. 셋째는 교과에서 모든 선생님이 학생 중심의 참여 수업을 실천하는 과정에서 아이들이 느끼게 되는 학습의 부담감이 큼을 호소했다. 그도 그럴 것이 그즈음 교사들은 수업 개선을 실천하고 싶은 욕구가 물올라 있는 상태였기 때문에 거의 모든 교과에서 아이들을 수업의 중심에 세우려고 했다. 그래서 프로젝트 수업의 비중이 커졌고 그 학습의 부담이 고스란히 아이들에게 간 것을 우리는 깨닫지 못했다.

"선생님들은 우릴 깊게 본다고 하면서 제대로 본 거야?"

"선생님들은 우리를 위해 열심히 한다는데. 그럼, 거기에 못 따라가는 우리만 나쁜 사람들이잖아?"

"짜증 나."

"수업에서 해야 할 일들이 너무 많아"

"다 귀찮다."

"선생님들은 우리 맘도 모르고."

아이들의 한마디 한마디가 하나도 틀리지 않았다. 정신이 번쩍 들었다. 아이들의 눈에 비친 학교, 선생님은 어떤 모습이었을까? 혹시 우리는 여전히 아이들을 수동적인 대상으로 보고 있지는 않았는가? '이럴 수가, 우리는 수년간 아이들의 수업을 이해한다면서 여전히 교사의 눈으로 아이들을 보았구나!' 늘 긍정적인 아이들이었으니까 가설 교실 등 학교 환경문제도 이해해주겠지 하면서 우리의 관점으로 해석해 버렸다. 통자리중학교 선생님들은 그제야 정신이 들었다. 교사들은 자신들의 의도대로 아이를 변하게 하려 했고 그 기대에 못 미치는 아이들에게 서운한 감정을 드러냈나 보다. 3년 동안 아이들을 위해 정성을 들였으니까 수업에서도 뭔가 돌아오는 결과가 있어야 한다는 교사들의 생각이 아이들에게는 무언의 강요가 되었을 법하다. 어른과는 다른 생각을 가지고 사는 아이들을 여전히 어른과 같은 세상에서 이해하고 해석했다. 그해 여름 통자리중학교 선생님들은 뜨겁게 올라오는 부끄러움 때문에 오랫동안 힘들었다.

다시 '학생을 중심에 두는 수업'으로

아이들로 인해 일어난 그해 여름의 폭풍은 뭔가 대단한 일들을 하는 것처럼 한껏 부풀어 있었던 교사들의 자만심을 깨끗하게 정리해버렸다. 교사들은 가장 낮은 자세로 학생을 중심에 두는 수업을 다시 생각하게 되었다. 이후 수업의 많은 부분을 아이들의 주도성을 키워내는 관점으로 변화하려고 했다. 아이들과 함께 수업을 만들어가면서 그들을 능동적인 주체로 다시 보기로 했다. 이러저러한 논의 속에서 아이들이 즐겁게 몰입할 수 있는 수업 방법을 찾으려 했다.

"얘들아! 숙제할 게 너무 많다고 했지?"
"그럼 수업 시간에 다 해결하면 숙제로 나갈 게 없겠네."
"그러려면 수업에 참여하는 태도가 달라져야 해."
"숙제가 없는 수업을 어떻게 하면 할 수 있는지 고민해 봐."
"단조롭지 않은 수업을 위해 우리는 어떻게 할 수 있을까?"
그렇게 새로운 시도는 시작되었다. 물론 중학교 3학년이니까 가능했을지 모른다. 학생들과 함께 수업안을 기획해보는 것을 여러 교과에서 시도

했다. 선생님들의 연수 때에는 집중하여 관찰하는 벼리아이도 아이들이 스스로 선정해 보게 하고 수업 방법에 대해 협의해 보게 했다. 선생님들의 수업 연수에서 시범수업으로 공개할 교과를 물었을 때 아이들은 역사 수업을 공개수업으로 하자고 했다. "역사 공부를 못해서 잘하고 싶어서"라고 이유를 말했는데 담임선생님이 아이들에게는 가장 편안하고 친근하게 느껴지는 것 같았다. 아이들은 선생님들이 수업에 들어와 물결이의 역사 수업을 관찰해 주길 바라며 "역사 수업에서 물결이가 어떻게 공부하는지 보고 싶었어요."라고 했다. 아이들은 공부에 관심이 전혀 없었던 물결이의 역사 성적이 점점 올라가고 있는 것이 궁금했던 모양이다.

아이들의 요구를 받아들여 실행한 역사 선생님의 수업이 지금도 기억에 남는다. 아이의 팔을 잡고 그 수준에 맞춰 걸음마를 하듯 그렇게 대화를 하면서 수업했다. 정답을 주지 않고 아이들과 수준을 맞춰가며 항상 대화하는 과정에서 학생도 선생님도 함께 깨닫게 되는 그런 수업이었다.

아이의 수업은 그대로 선생님들 각자의 거울이 되었다. 그동안 교과서의 내용을 아이들에게 넣어주는 수업을 해 왔다면 이제는 '아이들이 자기가 생각하고 경험한 것을 스스로 만들어가도록 하는 수업'을 자꾸 개발해야 한다는 것을 깨달았다. 컨테이너박스 교실에서의 아이들과 뜨거운 협상을 계기로 다시 학생을 진정으로 이해하고 중심에 두는 수업으로 돌아갈 수 있었다. 새롭게 한 발 더 내딛는 신신한 감동이 있었다.

아이들의 성장, 물결이의 자람기

물결이라는 아이! 참 자유로운 친구였다. 늘 흥겨움이 있었다. 언젠가 물결이는 사촌이자 가장 절친이기도 했던 자연이에게 자신의 고민을 털어놓았다. 자연이는 물결이의 고민을 듣고 어떻게든지 해결해 주고 싶은 마음이 들어 선생님들께 전했다. 통자리중학교 선생님들은 그때 물결이의 고민을 듣고 놀랍기도 했지만 웃음이 나왔다. 한 번도 그런 고민을 학생이

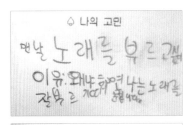

♤ 나의 고민

맨날 노래를 부르고 싶음
이유 : 왜냐하면 나는 노래를
잘부르고 싶기 때문이다.

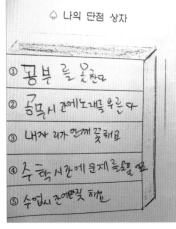

♤ 나의 단점 상자

① 공부를 못한다
② 공목시간에노래를 부른다
③ 내자리가 안깨끗해요
④ 수학시간에문제를많을때
⑤ 수업시간에딴짓 해요

가지고 있으리라고 상상해 보지 못했기 때문이다. 물결이는 자신의 고민이 맨날 노래를 부르고 싶은 것이라고 했다. 수업 시간에도 집중은 되지 않고 노래만 부르고 싶은게 고민이란다. 그래서 조그만 소리로 흥얼흥얼하기도 하는데 친구들이나 선생님의 눈치가 보인다고 했다.

물결이가 1학년에 입학하고 얼마 안 되어 4월쯤인가 영어 수업에서 본 모습이다.

"어? 윤 씨다. 윤 씨!"

물결이가 뒤를 돌아보며 아이들을 향해 말했다. 오늘 수업을 관찰하려고 교실에 들어오시는 역사 선생님을 보고 한 말이다. 자신의 책상 위에 놓인 작은 녹음기를 마이크처럼 들고 마치 중계하듯이. 물결이가 선생님을 그렇게 부르는 것이 듣기 거북했는지 앞에 앉은 자연이가 눈을 흘긴다. 물결이는 자신이 가장 가깝고 편하다고 느끼고 있는 역사 선생님을 보자 몹시 반가웠던 모양이다. 검게 탄 얼굴에 큰 눈, 밤색 테두리 안경을 쓰고 노란 긴팔 티셔츠를 입은 물결이는 중학교 신입생이지만 모습은 마치 초등학생 같았다. 노란 티셔츠 입은 앞가슴에 검정 글씨로 새겨진 아라비아 숫자 '3'이 유독 두드러져 보였다. 물결이는 오늘 영어 수업에서 깊이 보고 싶은 학생이다. 수업이 시작되기 바로 직전인데 수업을 준비하라는 영어 선생님의 말씀에는 관심도 두지 않은 채 어떤 선생님이 수업 참관하러 오는지만 관심이 있는 듯하다. 호기심 어린 얼굴로 고개를 갸우뚱거리며 연신 출입구를 쳐다본다. 기다렸다는 듯이 누군가가 들어오면 중계 놀이를 시작한다.

"어?"

"도움반 선생님 오셨다."

"어! 뛰고 있어."

수업에 방해되지 않게 몸을 숙이며 얼른 뒷자리로 향하는 도움반 선생님을 보며 말한다. 마이크를 책상에 내려놓고 팔짱을 끼며 고개를 숙여 킥킥 웃는다. 물결이의 표정이 너무 즐거워 보인다. 넓은 두 개의 앞니를 드러내며 웃는 모습은 보는 사람도 재미있게 한다.

"자, 여러분! 곧 수업을 시작해 볼까요?"

영어 선생님이 아이들을 향해 말했다.

"지난 3월부터 4월까지 여러분은 영어 수업에서 무엇을 공부하고 있어요?"

물결이는 앞에서 묻는 영어 선생님에게 단 한 번도 눈길을 주지 않는다. 아직도 계속 중계 놀이 중이다.

"교장선생님."

"수학 선생님."

"오! 국어, 도덕 선생님도."

"미술 선생님도 오셨네."

노트를 한 권씩 들고 오신 선생님들이 물결이 옆으로 다가섰다. 오늘 물결이의 영어 수업 과정을 깊이 보기 위해서이다. 물결이 앞에 있던 자연이가 물결이를 보고 안 되겠다는 듯이 말한다.

"물결아, 수업 시작했단 말이야. 뭐 해?"

언제나 누나처럼 물결이를 챙기는 자연이는 수업에 집중하지 않은 물결이 때문에 오늘도 애가 타는 모양이다. 이날, 수업 참관 교사들은 천방지축 물결이의 수업 행동을 보고 기록하느라 애쓰고 있었다. 찰랑대는 물결만큼이나 많은 움직임, 말소리, 표정 등. 교사들은 물결이의 수업 과정을 기록하느라 노트 한 권을 다 썼다고 했다. 그날 교사들은 물결이 덕분에 손이 다 아프다고 호소했다. 공개과정이 끝나고 이어지는 수업 대화 시간에는 물결이의 찰랑대는 행동만큼이나 풍성한 대화가 선생님들 사이에서 쏟아졌다. 그날 이후 물결이는 선생님들의 가슴에 깊숙이 자리하게 되었다.

— 2012. 4. 27. 물결이의 영어 수업 '수업 대화 보고서' 중에서

신입생이었던 물결이는 3학년이 되어서 몰라보게 자라있었다. 친구들은 한껏 성장한 물결이를 좋아했다. 그래서 자신들이 함께 기획한 역사 수업에서 물결이를 깊이 봐주기를 바랐다. 친구들의 추천으로 수업의 주인공이 된 물결이는 마치 든든한 소나무 같았다. 지금 생각하면 아이들의 학습자 주도성이 길러졌다고 해야 할까. 선생님과 아이들은 〈폴리스의 나라, 그리스〉라는 단원으로 공부 밑그림을 만들었다. 모르는 단어나 개념이 나오면 질문하고 대답하는 시간을 가지면서 세 모둠으로 나누어 어떻게 수업을 진행할 것인지에 대해 수업계획서를 만들고, 논의를 거쳐서 최종 수업안을 만들었다.

역사 선생님이 아이들과 함께 기획한 수업을 실행하고 나서 정리한 글에서 물결이와 대화한 내용을 보면 물결이의 기분이 느껴진다.

"오늘 아침에 학교 올 때 기분이 어땠어?"
"좋았어요."
"정말로?"
"네."
"만날 기분이 좋아?"
"네."

"매일 학교 올 때 기분이 좋아?"

"네."

"항상 학교에 오고 싶어?"

"네."

"어째서?"

"공부가 즐거워서요."

"정말로 공부가 즐거워?"

"네."

학교에 올 때마다 기분이 좋다고 말하는 아이. 학교에 항상 오고 싶다고 말하는 아이. '공부하는 것이 즐거워서요.'라고 이유를 말하는 아이. 역사 수업에서 학습하는 과정을 깊이 보고 싶은 학생 물결이입니다. 아이들은 물결이의 변화를 궁금해하며, 수업을 통해서 물결이의 모습을 보고 싶다고 했습니다.

수업이 끝난 후 참관하신 선생님들은 물결이의 수업에 대하여 '수

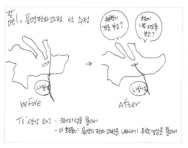

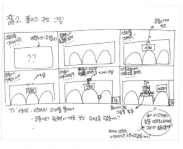

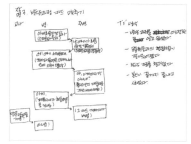

업 대화'를 나누었습니다. 물결이의 수업을 크게 네 개의 장면으로 나누어 보았습니다.

그리고 이 네 장면을 통해 '물결이는 이 수업을 통해 무엇을 경험했을까?' '물결이에게 궁금한 것들, 물결이를 위한 다음 수업은 어떻게 할까?'를 중심으로 이야기를 나누었습니다. 이때 동료 선생님들이 물결이의 마음이 되어 수업의 과정을 되돌아보고 잠정적으로 생각해 본 수업 대화 이야기를 제가 받아 안아 다음 수업을 고민합니다.

역사 수업을 마치고 아이들은 "다음부터 이렇게 했으면 좋겠다."라고 말합니다. "우리가 선생님이랑 함께 짜니까 우리가 싫어하는 수업방식이 없어져 재밌다." "공부가 더 잘 됐어."하고 말합니다. 지난 여름날, 3학년 아이들이 방향을 잃고 무기력함에 빠져 힘들어하는 모습을 보았습니다. 매우 난감했던 순간이었습니다. 아이들과 대화를 통해 스스로 돌아보면서 엮인 실타래를 차근차근 풀어나갔습니다. 그리고 아이들이 계획한 역사 수업을 함께했습니다. "우리가 진행했으면 더 재미있었을 텐데…"하는 아쉬움을 표현한 바람이의 말에서 아이들은 선생님이 기획한 수업을 받아들이기만 하는 수동적인 존재가 아니라 진짜 수업의 주인이 되고 싶어 한다는 것을 깨달았습니다. 이번에 함께 기획해서 시도해 본 수업은 아이들에게 자신들의 주도성을 살린 즐거운 경험이었습니다. 저에게도 교사로서 수업에 대한 안목을 새롭게 하는 매우 뜻깊은 수업이었습니다. 모든 수업을 아이들이 스스로 하기는 어렵습니다. 사실 그런 경험도 없었고요. 그러나 이런 경험을 통해 아이들은 성장하고, 학교가 오고 싶은 곳이 되기도 하는 것 같습니다. 선생님도 마찬가지 아닐까요?

1학년 때, 처음 만난 물결이는 친구들과 잘 어울리지 못하고 수업 시간에는 혼자 자기 생각에 빠져 있거나 노래를 불렀습니다. 지금의 물결이는 "너는 할 수 있어"라는 말에 자신감을 가지고 전교생 앞에서 발표도 잘하는 아이입니다. 수업 시간에도 자신 있게 대답하고 친구들은 그런 물결이를 인정합니다. 물결이의 변화에 대하여 아이들이 궁금해하는 것처럼 저도 무척이나 궁금합니다. 그리고 아이들 한 명 한 명이 궁금합니다.

오늘 물결이를 비롯해서 우리 아이들이 예쁩니다.

— 2014년 7월, 역사과 윤 선생님의 수업 에세이 중에서

지속가능한 혁신학교

1970년에 개교하여 45년 정도 유지되었던 통자리중학교는 2015년 3월 1일 자로 인근에 있는 중학교와 통폐합되어 장성백암중학교로 재탄생했다. 전라남도 최초의 기숙형 중학교가 되었다. 예전에 있었던 은행나무 길은 넓은 주차장과 우람한 체육관이 들어섰다. 괭이밥 풀이 무성했던 시골 운동장은 넓은 트랙까지 갖춘 인조 잔디 운동장으로 변했다. 웅장한 본관 건물이며 기숙사 등 최신 시설이 들어섬으로써 옛 통자리중학교의 모습은 찾아보기 힘들었다. 하지만 이 학교의 보이지 않는 교육과정의 바탕에는 통자리중학교 선생님들이 교육의 본질을 함께 고민하고 풀어가려고 노력했던 흔적이 고스란히 스며있다.

학교문화가 시스템으로 지속될 수 있기를

학교 안에서 함께 학교문화를 새롭게 만들었던 선생님들은 공립학교 특성상 서로 헤어져야 한다. 같은 교육관을 가지고 서로 의지하며 교육활동을 했던 선생님들의 전출은 학교문화나 학부모 지역사회의 학교에 대한 인식에까지 영향을 미친다. 그렇다면 새롭게 전입해 온 선생님들은 학교

의 정체성이 깃든 문화를 이어서 발전시키기 위해 어떻게 해야 할까?

2015년에 장성백암중학교로 개교하면서 많은 선생님이 이동하고 필자를 포함해서 3명의 선생님이 남았다. 주변에서는 통자리중학교의 학교문화나 추구하고자 했던 가치가 유지될 수 있을까 하는 걱정이 있었다. 혁신학교를 지속적 운영하는 데 큰 걸림돌 중 하나는 교사들의 인사이동으로 학교 구성원이 바뀌었을 때 학교문화가 지속될 수 있는가의 문제이다. 갑자기 교사 정원이 늘어나고 새로 전입해 온 교사들과 함께 학교 공동체 문화를 어떻게 구축해 가야 할 것인지를 고민하면서 장성백암중학교에서 첫 학기를 시작하게 되었다. 옛 통자리중학교의 학교문화를 그대로 이어갈 것인지, 새롭게 개교한 학교에 맞게 학교 가치를 세워가야 할 것인지에 대해 교사들의 의견이 엇갈리기도 했다. 그러나 혁신학교를 재지정받고 이어가는 상황에서 통자리중학교의 중요한 학교문화는 이어가기로 했다. 그나마 남은 3명의 선생님도 1년 후에는 흩어져야 했기 때문에 장성백암중학교에서의 1년 동안 학교문화 시스템을 심는 데 열중했다. 수업 개선 연수도 통자리중학교의 가장 큰 학교문화였기에 어려운 상황 속에서도 계속되었고 다행히 전입한 선생님들과 호흡을 같이 할 수 있어서 좋았다.

새롭게 전입해 온 선생님들은 다소 생소한 혁신학교 문화에 적응하기까지 상당한 시간이 걸렸다. "아무리 열심히 따라가려 해도 앞바퀴 교사들은 저 멀리 있는 것 같아 상실감을 많이 느낀다." "앞바퀴와 뒷바퀴의 조화가 필요하다." 등 어려움을 토로하는 선생님들이 있었다. 새로 오신 선생님들이 기존의 교사들과 온전히 학교문화의 결을 같이 하기 위해서는 학교 내 자체 연수를 준비해서 진행해야 하고, 서로가 온전히 스며들기 위해서는 적어도 2년 정도의 시간이 필요하다고 생각했다.

학교에서 시스템으로 심어진 학교의 문화나 교육과정을 새로 온 선생님들이 이어간다고 하더라도 깊이 있게 진행되기를 기대하긴 힘들다. 혁신학교에서 행해진 많은 교육활동이 그 당시의 선생님들에게는 의미 있었으나 새롭게 전입해 온 선생님에게는 큰 의미를 찾지 못한 경우가 있기 때문이다. 전통처럼 이어가는 프로젝트가 바로 그런 경우이다. 새로운 변화를 주는 것은 바람직하지만 애써 만들었던 학교문화가 사라지는 경우엔 많은 아쉬움이 있다. 그래서 그저 큰 고민 없이 전통처럼 이어가는 학교문화가 많다. 어떻게 하는 것이 새로 전입한 선생님들의 전문성도 살리면서 기존의 학교문화를 유지할 수 있는지에 대한 새로운 대안을 늘 고민할 필요가 있다.

학부모, 지역사회와 함께 이어가는 학교문화

통자리중학교에서 전남의 초창기 혁신학교 문화를 심는 데 함께했던 선생님들은 지금은 각자 다른 지역에서 민들레 홀씨가 되어 새로운 싹을 틔우고 있다. 필자도 통자리중학교를 떠나 새로운 혁신학교에서 4년째 근무하고 있다.

혁신학교 문화를 잇기 위해 처음에는 '사람'이 가장 중요하다고 생각했다. 학교를 움직일 수 있는 것은 교사 동력이고 교사들의 자발성 없이는 그 어느 것도 이룰 수 없기 때문이다. 필자는 공립학교 특성상 인사이동으로 인해 구성원들이 서로 흩어지는 어려움이 있다면 다음 방안으로 '학교문화 시스템'을 심는 것이 중요하다고 생각했다. 그러나 그것 또한 실천 과정이나 내용 면에서 깊이가 달라질 수 있어 완벽한 대안이 될 수는 없었다.

다음 대안으로 생각할 수 있는 것은 무엇일까? 눈에 보이지는 않지만 굳건하게 지지해주는 그 어떤 연대감이 필요하다고 생각한다. 학부모와 지역사회가 그 학교에 기대하는 가치나 지향점, 학교가 가고자 하는 교육의 방향에 함께 하는 것 등이 그 연대감이라 할 수 있을 것이다. 학부모, 지역사회 문화를 교육공동체 문화로 변화시켜 학교와 동행하는 것이 필요하다.

필자가 지금 근무하는 장성삼서중학교에서는 매월 삼서온마을학교 활동가와 이웃하고 있는 삼서초등학교, 장성삼서중학교 선생님들이 함께 모여 마을교육공동체 월례회의를 한다. 매월 둘째 주 월요일 오후, 장성삼서중학교 비채울림 3층 마을학교 협의실에서 아이들을 위한 교육과정을 함께 의논하고 있다. 학교교육의 방향을 지지해 줄 연대감을 심기 위해 학부모나 마을학교가 상시 활용할 수 있는 학교 공간을 마련했다. 2019년에 학교 단위 공간혁신사업으로 마을과 함께 사용하는 복합문화공간을 마련해 학교시설의 지역 복합화를 시도했다.

학생을 중심에 두고, 그들의 성장을 지원하는 교육공동체를 형성한다는 것은 무엇보다도 교사들의 열정이 중요하다. 더불어 학교와 학부모, 지역의 끝없는 소통과 협력도 필요하다. 필자는 이 같은 지역의 교육공동체 연대가 학교문화를 지속하는 또 하나의 밝은 대안이라는 생각을 해 본다.

지금도 옛 통자리중학교 운동장 가에 피던 노란 괭이밥 풀꽃을 마음속에 간직하며 10년 전 통자리중학교가 추구했던 가치를 담은 혁신학교 문화를 여기저기에서 펼치고 있는 그 선생님들이 있다.

비로소
교사가 되었습니다

· 홍천 ·

"선생님이 수업을 통해 충족하고 싶은 욕구는 무엇인가요?"

15명 남짓의 선생님들이 동그랗게 앉아 모두가 자신의 욕구를 하나씩 말하였다. 선생님들에게 3개의 스티커가 주어졌다. 자신이 충족하고 싶은 욕구와 통하는 것에 스티커를 붙이는 것이다. 그중 스티커가 제일 많이 붙은 것부터 순서대로 3개의 욕구가 정해졌다. 그것은 '몰입, 긍정적 즐거움, 관계 형성'이었다. 선생님들은 학생들이 수업 시간에 몰입해서 배우면서 그 속에서 배움의 즐거움을 알기를 바라고 학생들과 소통이 잘 되는 관계를 형성하길 바라는 것이다.

"그렇다면 이 욕구를 충족하기 위해서 선생님들이 해야 할 노력은 무엇일까요?"

욕구를 충족하기 위해 내가 노력해야 할 것 또는 공동체에 제안하고 싶은 다짐을 이야기하였다. 그 결과 중복된 내용을 제외하고 18가지의 다짐이 나왔으며 이 다짐을 종이에 인쇄하여 게시하고 선생님들께 3개의 스티커를 붙이도록 하였다.

"모든 학생이 몰입할 수 있는 주제 중심의 수업을 디자인하도록 노력해야겠어요."

"학생을 칭찬하고 격려하는 것이 중요하지요."

"학생을 있는 그대로 인정하고 학생과 래포를 형성하기 위한 노력이 필요합니다."

"교사의 말을 줄이고 학생의 말에 경청할 필요도 있어요."

"수업에 참여하지 못하거나 늦게 배우는 학생을 세심하게 살피고 지도하겠습니다."

수업에 임하는 교사의 다짐

수업을 통해 순천별량중 교사가 충족하고자 하는 욕구

몰입, 긍정적 즐거움, 관계형성(소통)

▶ 모든 학생이 몰입할 수 있는 주제 중심의 수업 디자인
▶ 학생을 칭찬, 격려, 인정하고 래포(rapport) 형성
▶ 교사의 말을 줄이고 학생의 말에 경청
▶ 수업에 참여하지 못하는 학생에 대한 세심한 케어

-순천별량중학교-

순천별량중(이후 별량중)은 매주 월요일 4시면 교원 회의를 하는데, 2015년 5월 28일 이날의 주제는 '수업에 임하는 교사의 다짐'이었다. 이전 협

의회 시간에 아이들이 모둠활동은 잘 되나 전체 공유에 경청을 잘 하지 않는 부분에 대해 해결 방안을 논의했었다. 선생님들은 학생들 스스로 배움에 임하는 자신의 다짐이 필요하다는 결론을 내리고 자율시간에 아이들 스스로 자신의 다짐을 정하기로 하였다. 이 과정에서 교사도 수업에 임하는 다짐이 필요하지 않겠냐는 의견이 나왔던 것이다. 어느 학교 교무실에서나 흔히 볼 수 있는 풍경은 아닐 것이다. 이 활동이 가능했던 이유는 학교의 문화가 수업을 함께 이야기할 수 있도록 조성되어 있는 덕분이었다. 학교 활동의 중심이 수업에 있으며 학생들을 성장하게 하는 것이 수업이어야 한다고, 이를 위해서 모든 교사가 함께 모여 학생의 역량을 키우는 수업을 연구해야 한다는 동의가 있었기 때문이다.

만남

돌이켜보면 대부분 교사는 16년간 자신이 받아온 학교 교육을 바탕으로 교직 생활을 시작하는 것 같다. 필자 또한 그러했다. 교사가 된 첫해. 선생님으로서 학생들과 만나 수업하는 장면만 여러 가지로 떠올렸을 뿐이지 교무실에서 교사들의 모습은 한 번도 상상하지 못했다는 것을 깨달았다. 교생실습을 거치고 사범대학을 졸업해도 고등학교까지 만났던 어떤 선생님에게 배웠던 방법과 같은 방법으로 '수업하기'를 시작하게 되고, 어떻게 하면 더 잘 가르칠 수 있을까 고민했다. 대학에서 학생들과의 관계는 어떻게 맺어야 하는지, 문제 행동을 일으키는 학생은 어떻게 대해야 하는지 제대로 배우지 못하기 때문에 학생들과의 관계에서 부딪치고 깨지며 힘들어했다. 주변의 선생님들과 개인적으로 학생 개개인에 대해 함께 고민하고 이야기했지만, 그것은 개인적인 푸념과 개인적인 실천에 머무는 경우가 많았다. 교무실은 교사들이 학생과 교육과정에 대해 머리를 맞대고 고민하는 장소가 아니었다.

얼마 지나지 않아 '학교가 이래도 되는가?'라는 질문을 하게 되었다. '우리 아이가 학교에 입학할 때쯤에는 변해 있을 거야.'라고 근거 없는 기대를 하였지만 어떻게 해야 학교가 변할 수 있고 어떤 모습으로 변해야 하는가에 대해서는 잘 알지 못했다. 부족함을 메우기 위해 교과모임과 연수를 찾아다니며 배우고 적용해 보지만 결국 또 새로운 연수를 찾아 헤맸다. 그럼에도 불구하고 뚜렷한 방향을 찾을 수 없었다. 혁신학교 운동을 만나기 전까지는 말이다.

경기도 남한산초등학교가 폐교 위기의 학교를 살리는 변화 이래 전국적으로 새로운 학교 운동이 일어나면서 순천지역에서도 새로운 학교에 대한 열망이 높은 순천 · 광양 지역 중등 선생님들이 모여 '작은학교를 꿈꾸는 사람들(이후 작은학교)'라는 모임을 만들게 되었다. 선생님들은 새로운 학교의 꿈을 펼칠 학교를 고민하게 되었고, 마침 작은학교 살리기 운동을 시작한 송산초의 아이들이 졸업하면 진학하게 될 별량중을 거점학교로 생각하게 되었다. 작은학교 모임 선생님들은 순천 · 광양 지역의 선생님들과 학부모를 대상으로 '공청회'를 열었고 새로운 학교에 대한 비전을 공유하였다. 2009년 3명의 선생님이 별량중에 부임하여 당시 별량중 교장 선생님을 비롯한 선생님들과 함께 학교의 변화를 위한 첫발을 내딛게 되었다. 2010년 무지개학교 시범학교를 운영한 별량중은 2011년 무지개학교를 시작하게 되었다. 필자는 별량중으로 부임하면서 작은학교 모임에 합류했다. 작은학교 모임은 무지개학교 연구 동아리로서 회원이 소속된 별량중과 광양여중의 사례를 중심으로 매월 학교문화와 교육과정의 혁신 방향에 대해 연구하였고 순천지역에서 '학교는 나에게 무엇인가', '학생이라는 딜레마'를 주제로 혁신학교 포럼을 2회 개최하기도 하였다. 지금은 발전적인 방향으로 모임을 중단하였지만, 회원들은 어느 학교에 있든 학교와 교사의 역할에 대해 고민하고 배운 것을 실천하고 있다.

내가 꿈꾸는 학교

"선생님들이 꿈꾸는 학교는 어떤 학교인가요? 여기에 있는 키워드 중에서 골라보시겠어요?"

별량중 선생님들은 제시된 키워드 중에서 다양한 것을 골랐다. 선생님들은 의견을 충분히 나눈 후 '배움, 사랑, 꿈, 행복'으로 모을 수 있었다. '도전'이라는 키워드를 취할 것인가, 버릴 것인가를 두고 토의가 이어졌지만 '꿈'이라는 단어의 의미에 '도전'을 포함할 수 있겠다는 결론을 내렸다. 이 4개의 키워드를 종합하여 별량중학교는 '배움과 사랑으로 꿈을 키우는 행복한 학교'라는 학교의 모습을 정하고 이를 위해서 '민주적인 참여, 학생 중심의 교육, 존중·배려·협력의 문화'를 핵심 가치로 두었다. 어떤 선생님은 교사가 자발적으로 협력하는 학교를, 어떤 선생님은 진정한 배움이 실현되는 학교를, 어떤 선생님은 아이들이 행복한 학교를, 어떤 선생님은 배움이 즐거운 학교를 꿈꾼다. 이런 다양한 생각을 인정하면서 이를 담을 수 있는 학교의 모습을 학교공동체가 함께 정하는 것은 학교혁신의 시작이었다. 이후 별량중은 학교 상과 핵심 가치를 중심으로 교육과정을 운영하였다.

수업 연구를 학교 운영의 중심으로

학교혁신의 방향은 학교의 공공성을 확보하는 것이었다. 학생의 성장을 책임지는 공적 공간인 학교는 '한 아이도 소외됨 없이 배울 권리'를 보장해야 한다. 별량중은 2010년 배움의공동체를 만났다. 배움의공동체로서의 학교 운영 철학인 공공성, 민주주의, 탁월성의 철학은 별량중이 추구하는 새로운 학교의 방향과도 맞아떨어졌다. 2011년 2월, 새 학기를 준비하러 등교한 선생님들은 모든 교실의 책상을 ㄷ자형으로 배치하였다. 학생들이 일제히 선생님을 바라보고 선생님이 일방적으로 지식을 전달하던 수업에서 벗어나겠다는 의지의 표현이었다. 이제 교실에서는 학생들이 배움의 주인이 되고 선생님은 아이들이 서로 협동해서 배우고 자신의 생각을 표현할 수 있도록 활동적이고 협동적이고 표현적인 배움을 조직하면 되는 것이다. 쉬운 일이 아니었다. 아이들이 어떻게 배우는지 아이들의 배움을 잘 관찰해야 했다. 그러기 위해서는 수업 공개와 협의회를 통한 수업 연구가 필요했다. 매주 수요일 정규 수업을 5교시로 마치고 그 이후의 시간은 교사 연수 시간으로 삼았다. 매 학기 시작할 때마다 학생과 학부모를 대상으로 우리가 하고자 하는 수업에 대한 교육을 실시하였고 학급에는 수업에서 지켜야 할 약속을 게시하였다. 선생님들은 매년 3회(학부모 대상 수업 공개 포함) 이상 수업을 공개하였고 별량중 선생님들의 수업 영상은 전남 동부권 배움의공동체 연구회를 비롯한 여러 지역의 선생님들과 수업을 연구하는 교재로 사용되곤 하였다. 다음은 필자가 작은학교 모임의 카페에 올린 글이다.

2013년 6월 27일 별량중 이러쿵저러쿵[8]
이번 주 수요일로 1학기 수업 공개가 끝났다. 학부모 수업 공개를 제외하고 체육, 과학, 진로를 제외한 모든 선생님이 1회 수업 공개를 하셨다. 작년에 이어 컨설팅하기 위해 먼 곳에서 선생님들이 방문해 주셨고 함께 수업 공개하고 연구회 활동하는 모습, 특히 수업 후 관찰한 모둠의 학생들과 수업에 대해 이야기하고 이를 연구회에 반영하는 것에 대해 많이 놀라고 감동을 받았다고 했다. 무지개학교 4년 동안의 가장 큰 성과로 '한 명의 학생도 소외됨이 없는 수업'으로 두고 있기에 수업을 공개하고 함께 연구하는 것은 앞으로도 계속된다. 많이 고민하면서…

---

8 '별량중 이러쿵 저러쿵'은 다음 카페 '작은 학교를 꿈꾸는 사람들'의 한 코너로 작은 학교 모임 회원들과 순천별량중의 소식을 공유하고자 필자가 기록하였다.

2015년 12월 16일 별량중 이러쿵저러쿵

2015. 학부모 대상 교육과정평가회

교육과정 보고는 영상으로 대신하고 학년별로 모둠을 만들어 모둠 토의를 하였다. 2학기 교육과정 설명회에서 보니 학부모님도 참 말씀하시고 싶으신 게 많으시다는 것을 느꼈기 때문이다. 아이 이야기, 수업 이야기, 교육과정 이야기…

같은 또래의 아이를 가지신 학부모님의 고민 지점도 항상 맞닿아 있다는 것을 느낀다. 우리 선생님들이 하는 고민이 다 통하듯이. 40분간 모둠 토의를 하고 모둠별로 발표하고 질의응답 시간. 진지한 이야기가 오고 갔다. 학부모님들은 우리 학교의 수업방식인 배움의 공동체 수업이 학력 면에서는 증명되지 않았을지 몰라도 아이들의 관계 맺기 면에서는 성장을 가져오고 존중과 협력, 배려를 배우기 때문에 만족하신다고 말씀하신다. 학력은 성적이 아니라 참학력-체력, 지력, 인성 등등-을 인정하고 키워줘야 한다고 말씀하신다.

배움의공동체에 대한 아이들의 평가 또한 아주 긍정적이다. 우리 학교 교육활동 중 자신을 성장하게 한 활동이 무엇이냐는 질문에 수업이라고 쓴 학생이 많다. 배움의공동체라고 쓴 학생도 있고. 자신감을 얻었다고 해야 할까! 배움의 즐거움을 아이들이 알 수 있도록 더 노력해야겠다는 생각이 든다. 나 혼자만의 생각은 아닌 듯하다. 18~19일 1박 2일의 교육과정 평가회에서 놀다 오려고 했더니 이야기를 해야 한단다. 어김없이 토론이 이어질 것 같다. 2016년에는 더 업그레이드된 별량중을 만날 수 있으리라. 충만함이 느껴진다.

- 다음 카페 '작은학교를 꿈꾸는 사람들' 중

2015. 4. 15. 과학과 수업공개   2014. 4. 23. 과학과 수업협의회 및 컨설팅

늘 배우는 선생님이 되겠습니다

수업 공개 중 한번은 수업 시간에 공개하여 수업이 없는 선생님만 참관하고 교장실에서 수업 협의회를 하였다. 또 한 번은 수요일 6교시에 전 교원을 대상으로 공개하였고 도서관에 모든 교원이 모여 협의회를 진행하였다. 수업 공개와 수업 협의회는 수업 연구의 한 과정이다.

수업 협의회에서는 먼저 사회자가 수업자를 소개하고 기꺼이 수업을 공개해준 것에 대해 감사 인사를 한다. 누군가 그랬다. 수업을 공개하는 것은 장기를 기증하는 것과 같다고. 수업자는 수업에서 중요하게 생각하는 것과 어떤 의도로 수업을 했는지 이야기한다.

수업자 수업 의도: 의사소통의 중요성 때문에 실생활에 활용되는 내용을 교재로 수업디자인을 하려고 애를 썼는데 결과적으로 주제에 어렵게 접근한 것이 아닌가 생각됩니다. 활동1에서 제가 설명하기보다는 질문으로 배움이 일어나기를 원했지만 제가 의도한 대로 여유 있는 수업 진행이 되지 않아 안타까운 마음이 들었습니다. 수업을 마치고 나서 동네 축구선수가 국가대표 경기에 가서 뛰고 온 느낌으로 이 자리에 앉아 있습니다. 여러 선생님들의 말씀을 듣고

계속해서 수업에 대해서 많은 고민을 통해서 한 아이도 소외되지 않는 수업을 진행하도록 하겠습니다.

사회자: 수업협의회에 대해 우리 구성원이 합의한 것이 있습니다. 나의 배움이 중요합니다. 수업에서의 문제, 장애 요소가 있을 때 함께 문제 해결에 기여할 수 있고 어떤 한 사람이라도 뒤처지는 교사가 있을 때 같이 도움을 주고 해결하는 데 기여하는 역할을 협의회에서 해야 한다고 생각합니다. 1모둠을 관찰한 선생님부터 말씀해 주시겠습니다.

선생님들은 정해진 모둠에서 아이들이 어떤 대화를 하면서 어떻게 배우는지 관찰한 근거를 바탕으로 아이들의 배움과 자신이 배운 점에 대해 이야기를 한다. 수업에 대해 비난하거나 평가하지 않으며 수업자에 대한 근거 없는 칭찬은 하지 않기로 약속했다. 협의회에서는 모든 선생님이 발언한다. 교장, 교감선생님도 함께 참여하여 자신이 관찰한 모둠의 순서가 되면 한 명의 교사로서 자신이 보고 느낀 바를 말한다.

교장: 단원 자체가 어렵습니다. 수업 공개하기에는 딱딱한 단원이라 공개를 잘 하지 않는데 우리 학교에서는 진도대로 일상의 수업을 공개하다 보니까 이 단원을 하게 되신 것 같습니다. 어려운 주제를 모둠활동과 좋은 수업디자인으로 진행하였기 때문에 그나마 아이들이 잘 참여하지 않았나 싶습니다. 어려운 개념을 학생들이 깊게 고민하게 하고 선생님이 참을성 있게 기다려 준 모습이 참 인상 깊었습니다. 우리 학교 아이들이 이제 모둠활동에 익숙해지지 않았나 생각했습니다. 자신의 의견을 스스럼없이 활발하게 말하는데 있어서 망설이는 시간이 적고 자유스럽게 말할 수 있는 수업의

문화가 안착되었다고 느꼈습니다. 이렇게 오기까지 한두 사람의 공이 아닌 전체 선생님들이 엄청나게 공을 들인 결과가 아닌가 생각이 들고 이런 습관들이 사회에 나가서도 그대로 발현이 될 것으로 생각합니다. 예전처럼 선생님이 일방적으로 자기가 알고 있는 것을 많이 전달하려고 하는 주입식, 암기식 교육이 여전히 존재하고 있음에도 불구하고 우리 학교에서는 아이들이 친구들과 협력하기도 하고 소통하기도 하고 활발하게 표현활동을 할 수 있도록 계속 이끄시는 것이 단기적으로는 답답하고 느릴 수는 있으나 장기적으로 계속 이 방향으로 가야 한다는 생각들을 함께했으면 좋겠습니다. 이런 수업의 문화를 만들어가는 많은 선생님들의 노고에 감사를 드립니다.

참관자가 모두 이야기하고 나면 수업자는 질문에 대해 대답하고 수업 공개와 협의회를 통해 성찰한 점에 대해 말한다.

수업자 성찰: 저는 항상 '수업 공개를 안 했으면 좋겠다는 생각을 한다.'고 했지만 수업 공개를 긍정적으로 평가하는 이유는 이 과정에서 많은 것에서 도움을 얻는다고 생각하기 때문입니다. 수업 한 시간 동안 보여준 것은 별로 없지만 보이지 않는 곳에서 수업을 어떻게 해야겠다는 연습을 많이 해서 수업에 임하는 마음이 편안해지는 느낌을 갖게 됩니다. 이번 수업을 준비하면서 수업은 기술이 아니고 한순간에 보이는 모습이 아닌, 항상 아이들에게 배움이 일어나게 하는 것이라는 걸 깨달았습니다. 별량중에 와서 3년째 수업 공개를 하는데 처음보다 마음은 훨씬 더 가볍고 끝나고 나면 수업에 이렇게까지 신경을 썼을까 나 자신에 대해 뿌듯함을 느낍니다. 또 한편으로는 '뭔가 더 많이 채워야 하고 끊임없이 배워가는 모습

그 자체가 아이들에게는 살아있는 교과서가 아닐까'라는 생각을 합니다. 앞으로도 수업에서 아이들에게 좋은 영향을 줄 수 있는 선생님으로 거듭나기 위해 많이 배우는 선생님이 되겠습니다. 수업 공개를 준비할 때 도와주신 수업 동아리 선생님들께 감사합니다.
– 2016. 4. 국어과 수업 공개 협의회 영상 중[9]

이날 수업을 공개한 선생님은 교직 경력 30년이 넘는 베테랑 교사였다. 그럼에도 많이 배우는 선생님이 되겠다고 말했다. 이분은 혁신학교 포럼을 준비하는 인터뷰에서 '혁신학교에서 교사가 행복한 이유는 동료와 함께 협력하며 성장하기 때문'이라고 말하였다. 학교는 아이들이 배우는 곳이기도 하지만 교사가 전문가로서 성장할 수 있는 연수의 장소인 것이다.

수업협의회가 공개 수업을 참관한 후의 학습공동체라면 사전 학습공동체인 수업 동아리가 있었다. 공개 수업을 할 수업자의 요청이 있으면 수업 동아리가 모였다. 수업 동아리는 회원이 따로 정해지지 않았고, 화요일 퇴근 시간 후에 자신의 의사에 따라 참여했기 때문에 3명이 모이기도 하고 많게는 7명이 모이기도 하였다. 이 동아리에서는 수업 공개에 앞서 수업 디자인을 함께 살펴보는 것이 주된 활동이었다. 수업 주제와 수업자 의도를 확인한 후 과연 학생들이 주제에 맞는 활동을 할 수 있게 수업디자인이 되었는지 학생의 입장에서 살펴보고 논의하였다. 수업자와 동 교과가 아닌 선생님들은 학생의 입장이 되어 질문이 난해한지, 활동을 통해 주제에 접근한 배움이 일어나는지를 더 잘 파악할 수 있었다. 이 수업디자인 동아리는 수업 공개를 앞둔 선생님뿐 아니라 참관하게 될 교사에게도 많은 도움을 주었다. 수업의 흐름을 알고 수업을 참관하기 때문에 아이들의 배움에 더 집중하여 관찰함으로써 수업 사례 연구를 깊이 할 수 있게 되었다. 타 교과의 교육과정을 살펴보는 계기가 되어 타 교과의 이해가 넓어지고,

---

9 순천별량중은 모든 수업공개와 협의회를 영상으로 저장하였다.

자신의 교과 계획을 짜는 데 있어서도 교과의 본질에 입각하여 학생들의 입장에서 수업을 디자인하는 노력을 더 기울이게 되었다.

수업협의회에서 우리는 한 가지 정답만을 찾으려 하지 않았다. 다양한 생각을 서로 공유하며 그것을 통해서 내 수업의 방향성을 다시 한번 확인하면서 스스로 답을 찾아가고자 하였다.

참관 교사 1: 올해 처음으로 배움의공동체 수업을 접하면서 항상 고민하는 게 아이들의 배움이 어떻게 일어나게 할까였습니다. 오늘 수업을 보면서 아이들이 서로 질문하고 답하고 또 질문하고 답하고… 이 과정에서 배움이 일어난다는 것을 알게 되었습니다. 질문하기를 통해 자신이 모르는 것을 확실히 배워가는 것이 참 좋았습니다. 두 번째 고민은 아이들이 끝까지 몰입할 수 있는 수업디자인을 어떻게 하는가였는데, 오늘 수업에서 해답을 찾은 것 같습니다.
— 2014. 4. 23. 과학과 수업 공개 협의회 영상

참관 교사 2: 분명 이 모둠에서도 "너는 어떻게 생각해?", "이것은 어떤 것 같아?", "우리 같이 이렇게 해보자."라는 말을 서로 잘하고 있었습니다. 그런데 다른 모둠들에 비해 대화가 빨리 단절되고 다 했다고 마무리했어요. 이것을 보면서 아이들이 더 풍부한 대화를 통해 배우게 하려면 교사는 어떻게 해야 할까를 고민하게 되었습니다. 나는 학생들이 텍스트를 읽으며 많이 상상하고 생각하며 그것과 연관 지어 확장되었으면 좋겠는데, 학생들은 "이게 정답이에요?"라면서 머물러 버리는 것이 항상 안타까웠습니다. 그런데 오늘 수업에서 아이들은 상상할 수 있는 힘이 있다는 것을 알게 되어 '아이들을 좀 더 믿어야겠구나.'라고 다짐하게 되었습니다.
— 2017. 10. 11. 과학과 수업 공개 협의회 영상

수업을 공개했을 때 가장 많이 배우는 사람은 수업자임에 틀림없다. 누가 잘했다고 칭찬하지 않아도, 어떻게 하라고 조언하지 않아도 수업자 스스로 자신의 수업에 대해 더 잘 들여다보게 된다. 수업 공개 후 이루어지는 수업협의회에서는 모든 선생님들이 배운다. 이렇게 전 교원 수업 연구는 매번 저녁 시간까지 이어졌다. 함께 저녁을 먹고 차를 마시는 늦은 시간까지 고민을 함께 나누었다. 수업을 왜 하는지에 대한 근본적인 질문에서부터 학생 활동 중심 수업에 대한 과목별 접근 방식의 차이, 모둠활동이 잘 이루어지게 하는 교사의 역할, 학력을 어떻게 정의할 것인가 등등. 고민을 나누는 데서 멈추지 않고 함께 실천할 수 있는 방안을 찾고 실행하려고 노력했다는 것이 별량중의 강점이었다고 생각한다.

덕분이었습니다

학부모 대상 수업 공개를 제외하고 1년에 20편 내외의 공개 수업 중 4~6편은 한국배움의공동체연구회 손우정 대표를 외부 컨설턴트로 모시고 진행하였다. 객관적인 입장에서 의견을 들어봄으로써 우리의 주관에 매몰되지 않고 더 깊이 있게 배우기 위해서였다. 손우정 대표는 6교시에 수업 공개가 있음에도 오전에 학교에 와서 3~5교시 수업을 둘러보면서 인상적인 장면을 카메라에 남겼다. 그리고 수업이 공개되는 6교시에는 늦어도 수업 시작 5분 전에 교실로 들어갔다. 교실의 분위기와 아이들 간의 관계를 살펴보기 위함이었다. 수업이 시작되면 수업을 캠코더로 녹화하면서 사진을 찍었다. 수업 협의회에서는 오전에 찍었던 사진을 바탕으로 전체 교실에서 이루어지는 수업의 광경에 대해 느낀 점을 말하였고 공개 수업에 대해 컨설팅하였다. 공개된 수업을 매개로 하여 학교에서 함께 실천할 과제를 부여하기도 하였다.

손우정: 오늘 교실을 돌면서 3학년 수업에서 울컥할 정도로 감동

을 받았거든요. 올해 저는 컨설팅하면서 수업에 가져갈 과제 중에 하나로 아이들이 자기 목소리로 자기 언어로 표현하기 다시 말하면 내 생각을 내 목소리로 표현함으로써 타자와 공유하는 것으로 설정하였습니다. 많은 아이들이 자기 생각의 발표를 책을 읽듯이 하고 있지 않습니까? 그런데 오늘 3학년 교실에서 아이들이 정답만 이야기하는 것이 아니라 자기 생각의 근거를 자기 말로 표현하고 있는 모습을 보고 정말 놀랐습니다. 그리고 오늘은 공개 수업을 보면서 특히 선생님의 성장에 감동을 받았습니다. 그렇다면 교사의 성장을 지원하는 원동력은 대체 무엇일까요? 학교 문화가 아닌가 하는 생각을 해봅니다. 동료와 함께, 함께 수업을 고민하고 만들어 가면서 전문가로서 서로 성장하는 것, 무엇보다 수업에 대한 고민을 나눌 수 있다는 것이 전문가로서 얼마나 든든한가를 다시 한 번 생각하게 됩니다. 한 과목에 국한하지 않고 이런 문제가 있다라는 고민이 선생님들의 성찰로 이어지고 하나의 과제가 되고 있다는 느낌이 듭니다. 함께 배우는 전문가 학습공동체, 교사의 성장 동력, 이 관계가 수업을 만들고 학교를 만들어가고 있지 않은가 싶습니다. 단순히 누가 어쩌더라가 아닌 수준 높은 협의회, 그게 여기에서 배우는 관계가 아닌가 생각이 듭니다.

– 2015. 6. 3. 영어과 수업 컨설팅 영상

손우정 대표가 컨설팅하는 수업은 다른 학교의 선생님들도 참관할 수 있었다. 단, 수업협의회와 컨설팅까지 함께한다는 규칙이 있었다. 그럼에도 전남 선생님들은 물론 경기도에서 제주도까지 많은 선생님들이 함께 배우고자 방문하였다. 별량중을 찾아온 그 선생님들의 열정은 별량중 선생님들에게 자극제였다. 전국의 많은 학교에서 수업 혁신을 위해 노력하고 있고 그 선생님들에게 별량중이 배움의 장소가 되고 있다는 것은 자부심과 책임감을 갖게 하였다.

별량중 선생님들도 2011년 서울과 경기 지역에서 먼저 배움의공동체를 실천하고 있었던 선진학교를 방문한 적이 있었다. 그 학교에서는 전국에서 모여든 100여 명의 교사가 참관할 수 있도록 강당에서 수업을 공개하였다. 이어진 수업협의회에서 선생님들이 아이들의 관계와 어떻게 배우는지에 대해 세세하게 이야기하며 함께 배웠다. 이런 장면을 본다는 것은 별량중 교사들에게는 놀라운 경험이었다. 우리도 그렇게 해보고 싶었다. 배움의공동체 원격연수를 함께 들으며 서툴지만 수업 공개와 협의회를 지속해 나갔다. 교사들이 서로 배우는 것이 중요했다.

2012년. 전입교사를 포함하여 전 교사가 배움의공동체로의 수업 혁신에 합의하고 매주 수요일을 '수업 연수의 날'로 정하였다. 정규수업을 5교시에 마치고 연수 시간을 확보하였다. 한 달에 한 번 한 학급만 남아 수업을 공개하고 전 교원이 참관하였다. 교과별로 전국에서 실천하고 있는 선생님들을 외부컨설턴트로 초청하였다. 그 분들은 명성과 경력을 내세우는 선생님들이 아니었다. 전국 곳곳의 어려운 환경의 학교에서 아이들의 미래를 고민하고 꿈과 사랑을 강조하는 소박한 분들이었다. 아이들을 믿고 교사를 신뢰하면서 학교를 교사들이 함께 배우고 성장하는 장소로 바꿔가고 있는 분들이었다. 요청할 때마다 경남에서, 경기도에서, 광주에서, 해남에서 먼 길을 마다하지 않고 흔쾌히 달려와 주었다. 손우정대표와 외부컨설턴트의 가르침 덕분에 차츰 별량중 몇몇 선생님들도 다른 학교에 컨설턴트로 요청받게 되었고 흔쾌히 달려가 함께 배웠다.

별량중의 수업혁신에 대한 의지는 학교 내에서만 머물지 않았다. 배움의공동체에 관심 있는 순천·광양·여수의 선생님들을 모아 전남 동부권 배움의공동체연구회를 만들었다. 한 달에 한 번 저녁 시간이 되면 별량중에 모여 앞서 실천하고 계시는 선생님들의 수업 영상을 보고 연구하였다. 주말 또는 방학에는 순천교육지원청의 지원을 받아 배움의공동체 연수를 진행해 나갔다. 별량중은 별량중 선생님뿐 아니라 전남 동부권 선생님들이 함께 배우는 곳이었다.

연구회와 연수는 지금도 지속되고 있으며 배움의공동체를 실천하는 학교에 근무하지 않더라도 수업 철학을 세우고 배움의공동체 수업을 계속할 수 있는 힘이 되어주고 있다.

어쩌면 아이들 관계가 이렇게 좋을까요?

별량중 수업 공개에 오신 외부 선생님들이 가장 놀라워하는 것은 아이들끼리 잘 배운다는 것이다. 아이들이 스스럼없이 자연스럽게 묻는 장면, 질문한 친구에게 일방적으로 정답을 말해주기보다는 친구가 어려워하는 부분이 무엇인지 확인해가며 그 친구에게 필요한 부분을 잘 알려주는 장면, 자신의 생각을 이야기하는 친구에게 고개를 끄덕이며 잘 경청하는 장면, 표현하는 중에 잠시 머뭇거리는 친구를 조용히 기다려주는 장면. 배움이 느린 친구가 알았다고 기뻐할 때 모둠 친구들이 기꺼이 같이 기뻐해 주는 장면. 별량중의 수업 속에서 일상적으로 볼 수 있는 장면에 참관 선생님들은 감동하고 신기해한다. 별량중 아이들이 처음부터 특별해서 가능한 것이었을까? 그건 아니라고 생각한다. 서로 존중하고 배려하며 함께 배우는 교실, 일상적인 수업 속에서 아이들이 민주주의를 경험하길 바라는 학교가 별량중 아이들을 특별하게 만들어가고 있었다.

> 외부 참관 교사: 수업이 진행되는 내내 학생들이 서로 귀찮아하지 않고 스스럼없이 묻고 가르쳐주면서 문제를 해결해 나가는 모둠활동이 굉장히 인상적이었다. 그 점이 굉장히 신기해서 수업이 끝난 후 두 부류의 학생들에게 질문을 했다. 도움을 받는 아이에게는 실제로 도움이 되느냐고 물었더니 질문을 했을 때 바로 옆에서 답을 얻고 가르쳐주니까 도움이 된다고 대답했다. 가르쳐주는 학생에게

는 귀찮지 않으냐는 질문에 답답한 것은 있지만 정답게 주고받는 가르침이 좋고 과목에 따라 가르쳐주고 가르침을 받는 역할이 달라진다고 했다.

외부 컨설턴트: 선생님의 수업을 매번 보면 특별한 수업 자료도 없고 동기유발도 없는데 어떻게 수업이 잘 되겠냐는 의문을 갖게 된다. 선생님은 수업 몰입에 대한 고민도 없다. 심지어 1시간 수업 중 교사의 설명은 6분밖에 안 된다. 그런데 왜 수업이 잘 되고 집중을 잘할까? 답은 학생들에 대한 교사의 따뜻한 태도와 학교 시스템 자체에 있다고 본다. '수업이 바뀌면 학교가 바뀐다'고 했다. 수업 내에서 교사와 학생, 학생과 학생 간에 서로 존중하고 함부로 대하지 않는 민주적인 관계가 잘 형성되어 있고 교사와 교사 간에도 이런 관계가 잘 형성되어 있다 보니 이것이 학교를 바꾸는 힘이 된 그것으로 생각한다.

– 2014. 5. 14. 수학과 수업연수협의록[10]

모든 반에서 중요한 가치를 함께 실현할 수 있었던 것은 '공동 학급운영'이라는 중요한 시스템 덕분이었다. 공동 학급 운영이란 '내 반은 내 반, 네 반도 내 반'이라는 것. 6학급 6명의 담임 선생님들이 학급 운영을 협력해서 한다는 것이다. 별량중은 담임의 업무를 최소화하고 업무 분장에 '공동학급운영팀장'을 두었다. 매

담임협의회

---

10 순천별량중은 선생님 중 한 명이 수업협의회 내용을 기록해서 공유하였다. 공개 수업의 수업 디자인 과 수업연수 협의록을 모아 2016년, 2017년 '수업혁신실천자료 배움의공동체'를 만들기도 하였다.

주 목요일이면 담임들은 협의회를 하였고 이 협의회 결과는 월요일 교원 회의에서 공유되었다.

담임들은 학생들의 수업과 생활에 대한 이야기, 자신의 고민을 함께 나누었다. 개선이 필요한 부분에 대해서는 의견을 모아 모든 반에서 함께 실천했다. 무엇보다도 중요한 것은 한 명의 교사도 소외되게 두지 않는 것이다.

모든 학급이 1년에 4번 정도, 비슷한 시기에 제비뽑기로 모둠을 구성하였다. 그 모둠은 모든 과목 수업 시간에 함께 배우는 모둠이었고 학교생활 모둠이었으며 모둠일기를 쓰면서 생각을 나누는 모둠이었다. 아이들이 서로 가르치고 배우는 관계가 자연스럽고 호혜적일 수 있는 이유이다.

아이들에게 경청하고 협력하라고 말하려면 교사가 먼저 학생의 말을 경청하고 동료와 협력하는 모습을 보여야 한다. 교사가 권력을 가지고 일방적으로 가르치던 수업에서 벗어나서 학생이 주체가 되어 배우는 수업을 하기 위해서는 지금껏 당연하다고 생각하는 것에 대해 의문을 가지고 바꾸려는 노력이 있어야 했다. 교사 자신에게 혁신이 필요했다.

수요일 교사 연수의 날에 전문가를 모셔다 비폭력 대화를 공부하고 비폭력 대화 학습 모임을 만들었다. 선생님들은 회복적생활교육에 관한 원격 연수를 듣고 함께 책을 읽으며 공부했다. 선생님들은 부족함을 느끼며 더 깊게 알고 싶어했다. 책의 저자를 직접 모셔다 연수를 들으면 좋겠다는 바람이 있었지만 과연 와 주실까 싶어 망설이고 있었다. 그런데 우연히 교감 선생님이 참여한 연수에 책의 저자가 와서 강의를 하는 것이 아닌가. 교감 선생님은 간절한 마음으로 "우리 학교 선생님들이 선생님 책으로 회복적생활교육을 공부하고 있습니다. 한 번 오셔서 더 가르쳐 주시면 고맙겠습니다.'라고 부탁하게 되었다. 저자는 서울에서 별량까지 먼 길을 달려와 주었고 이를 시작으로 별량중 교내 연수뿐 아니라 방학이나 주말을 이용하여 순천지역 선생님들에게 수차례 회복적생활교육 연수를

교직원의 〈공동체를 위한 우리들의 약속〉　　　학생자치회 자치서클 연수

진행하였다.

　선생님들 연수가 진행될 때 학생자치회 임원들을 대상으로도 '자치서클' 연수를 진행하였다. 자치서클은 회의할 때 서클의 형태로 앉아 모두의 의견을 듣고 결정하는 방식이다. 이렇게 별량중은 선생님과 학생이 한 사람 한 사람의 말을 경청하고 소수의 의견도 소중하게 여기는 문화를 만들어가기 위해 함께 노력하였다.

　2013년 12월 '전남 무지개학교 학부모 네트워크' 창립식에서 각 구성원 대표들이 참여하는 토론회에 별량중의 한 학생이 학생대표 패널로 참여한 적이 있다. 사회자가 "일반학교와 무지개학교의 가장 큰 차이점은 무엇이냐?"라는 질문에 학생은 "가장 큰 차이점은 수업이다. 우리 학교에서는 배움의공동체 수업을 하기 때문에 모든 아이들이 수업에 참여하고 수업에서 잠자는 친구가 없다."라고 대답하였다고 한다. 그리고 또한 사회자가 "왕따나 폭력 등의 문제는 없느냐?"라는 질문에도 "배움의공동체 수업을 통하여 아이들끼리 관계가 더욱 좋아졌고 학생들이 민주적으로 참여하는 학교 문화 속에서 왕따나 폭력은 거의 없다."라는 대답했다고 한다.

　별량중은 배움의공동체 수업과 회복적 생활교육을 통해 함께 살아가는 사회에서 경청과 존중이 중요하다는 것을 아이들이 자연스럽게 체득하도록 하였다. 이것을 아이들이 알아주는 것만으로도 선생님들에게 큰 힘이 되었다.

아이들은 뭐든지 할 수 있다. 아이들이 무엇을 어떻게 하느냐는 어른들이 만들어주는 문화에 달려있다.

의리

배움의공동체 수업의 지속적인 실천은 학부모의 인식도 변하게 하였다. 처음 학부모들은 진도 나갈 일을 걱정하고 다른 학교에 비해 성적이 잘 나오지 않으면 어떡하나 걱정했다. 하지만 수업 속에서 교사가 학생 한명 한명을 평등하게 대하고 학생의 배움을 보장하는 것을 꾸준히 실천하고 적극적으로 학부모와 소통하니 학생에게 진정으로 필요한 학교 교육이 무엇인지에 대해 이해하게 되면서 교사들을 지지하고 학교를 신뢰하게 되었다.

회복적생활교육은 학부모를 만나는 방식도 바꾸게 하였다. 2015년 4월 20일 3학년 학부모 만남의 날을 들여다본다.

담임은 학급 교실의 책상을 뒤로 밀고 의자를 동그랗게 놓아 서클을 만들고 서클의 중앙에는 꽃이 핀 작은 화분이나 꽃바구니를 놓고 학부모를 맞이한다. 학부모들은 담임이 던지는 질문에 한 명씩 돌아가면서 이야기한다. 이때 토킹피스를 가진 사람만 이야기하고 나머지는 경청한다. 아직 말할 준비가 되지 않았을 때는 패스했다가 모두의 말이 끝난 후에 이야기한다. 서클에서는 솔직하게 말하고 서클에서 나온 이야기는 서클에서만 머물고 비밀을 유지하기로 약속한다.

학부모 서클

〈담임교사의 질문〉

- 오늘 학교에 오시면서 가장 신경 쓰인 부분은 무엇인가요?
- 우리 아이의 장점은 무엇인가요?
- 잠깐 아이 험담을 해볼까요?
- 우리 아이의 존재 자체가 고맙고 감사했던 기억과 그 이유는?
- 올해 우리 아이에게 가장 주고 싶은 선물은?(아이의 성장을 위해 내
  가 도와줄 수 있는 것으로, 예를 들면 잔소리 조금 덜하고 지켜봐 주기)
- 오늘 서클을 하고 나서 어떠신지 소감을 말씀해주십시오.

　학부모들은 처음엔 어색해하지만 아이들의 이야기를 풀어내고 다른 학
부모의 이야기를 들으면서 같은 고민을 하는 것에 공감했다. 아이의 험담
이라고 했지만 다른 학부모의 이야기를 듣고 내 아이뿐 아니라 그 나이 또
래의 아이들의 공통적인 특성임을 알고 아이들을 더 이해하게 되었다고
한다. 이런 활동은 학부모들의 사이가 돈독해지고 학부모의 학교에 대한
신뢰가 더 커지게 되었다.

　별량중에서 학부모는 교육과정 운영의 파트너였다. 매년 1월과 7월, 방
학 중에 '교육과정소위원회'와 '교육 3주체 회의'가 있었다. 교육과정소위
원회는 학교 근무 연차별 선생님으로 구성하되 원하는 선생님은 누구나
참여하여 교육과정을 평가하고 계획하는 회의였다. 교육 3주체 회의는 학
생, 학부모, 교사 대표 3명씩, 교감 이렇
게 10명이 모여 교육과정 평가회와 교육
과정소위원회에서 나온 이야기를 바탕
으로 교육과정에 대해 논의하였다. 어리
다고만 생각했던 학생은 자신의 생각을
당당하게 말하였고 학부모와 교사는 학
생을 더 이해하고 학생 중심의 교육과정

교육과정소위원회에 참여하는 학부모

파파스 중창단

을 계획하고 운영하는 데 힘을 모을 수 있었다. 학부모는 학교의 교육에 대해 잘 이해하고 지지해줄 수 있었고 자신의 아이만이 아닌 별량중 모든 아이들을 생각하게 되었다. 나아가서는 교육에 대해 고민하고 사회적 참여까지 이르게 되었다.

2022년. 5년 만에 파파스 공연을 보게 되었다. '파파스중창단'[11]은 별량중 학부모로 구성된 남성중창단이다. 학교 축제에 찬조출연하기 위해 모인 아마추어 아빠들이 의기투합하여 정기적으로 연습하면서 실력 있는 중창단이 되었고, 학부모 교육과정 설명회와 평가회가 있을 때면 언제나 멋진 공연으로 자리를 빛내 주었다. 또 아빠들이 학교에 참여하는 데 중추적 역할을 해주었다. 마지막 노래는 학교 축제 공연에서 여선생님들이 함께 무대에 올라 코러스와 안무를 했던 노래였다. 그때처럼 신나게 춤추며 노래를 불렀다. 달라진 것은 무대와 객석으로 나누어져 있었다는 것. 공연이 끝나고 공연장을 나오면서 무대에 남아 있던 지휘자와 인사했다. 같이 근무했던 동료 교사를 오랜만에 만난 것처럼 반가웠다. 지휘자가 "의리!"라며 주먹을 불끈 쥐어 보였다. 필자도 "의리!"라며 주먹을 불끈 쥐었다. '학생과 교사는 사제지간, 학부모와 교사는 의리' 파파스가 공연할 때마다 내걸었던 현수막에 적힌 말이다. 우리의 '의리'는 아직도 유효했다. 인사를 나누지 못했던 파파스 단원으로부터 전화를 받았다. 여전히 건재함에 서로 감사의 인사를 했다. '의리'로 뭉친

---

11 '파파스 중창단'은 따뜻한 아빠로서 시작된 음악모임이었는데 벌써 10년째다. 매주 목요일 모여 연습중이며 세월호 참사 사건을 계기로 적극적으로 사회적 참여를 하게 되었다. 2016년 '우리가 꿈꾸는 세상'이라는 창작곡으로 전국오월창작가요제에서 은상을 수상하였고 2019년 여순항쟁창작가요제에서 입상하였다. 아이들은 성장하여 이미 성인이 되었지만 파파스는 중년 이후의 삶속에서 계속 가정과 사회와 소통하면서 건강한 노래를 부르고자 한다.

교사와 학부모, 별량중에서 비로소 알게 된 소중한 관계였다.

그건 우리 학교와 맞지 않아

2012. 5. 22. 별량중 이러쿵저러쿵
전교생이 야영 수련 활동을 다녀왔어요. 줄 서기, 큰 소리로 대답하기, 조용히 하기… 아이들에게는 많이 힘든 활동들이었나 봅니다. "초등학생들도 하는 것을…"이란 말을 수없이 들었지요. PT 체조(마지막 구호는 없습니다.) 할 때는 2개 이상을 해내지 못했어요. '수련 활동이 꼭 필요할까?'라는 의문을 던진 수련회였고요. 보다 더 나은 체험 활동을 기획하자는 것으로 의견을 모았어요.
                                  – 다음 카페 '작은학교를 꿈꾸는 사람들' 중

지금은 수련 활동이 많이 다양해졌지만, 그 당시에는 일명 군기를 잡는 활동이 많았다. 단체 생활의 규율을 세우고 안전을 위한 교육이라는 것은 충분히 이해하지만 존중, 배려, 민주적인 문화를 바탕으로 학생들의 자발적인 참여에 의한 학생 중심 교육을 중요하게 생각하는 별량중의 문화에 익숙한 아이들이 견디기에는 힘든 시간이었다. 선생님들이 지켜보기에도 마음이 편하지 않았다. 예전 같으면 수련원 교관의 지시에 착착 따라주지 못하는 아이들을 탓하였겠지만 민주시민을 키우는 학교로의 변화를 꿈꾸는 선생님들은 이미 다른 생각을 하고 있었다. 아이들의 민주시민 역량을 키울 수 있는 체험활동에 대해 논의하고 '테마체험'이라는 프로그램을 계획하고 있었던 것이다.
선생님들은 '테마체험'활동을 공들여 준비했다. 체험활동을 다녀온 후 아이들은 부쩍 커 보였다. '테마체험'활동은 별량중의 자랑이 되었다.

2014. 9. 23. 별량중 이러쿵저러쿵

무지개학교 별량중에서 수업 개선을 필두로 야심차게 준비하는 사업이 몇 가지 있다. 쑥떡봉사활동과 요양원 봉사활동 그리고 테마체험. 이번에 새로 부임하신 교감선생님께서 어떻게 이런 테마체험을 기획했는지 놀랍다고 하신다.

1학년은 차분하게 자신을 돌아볼 수 있는 정적인 명상 체험, 2학년은 스스로 삶을 개척해나가는 동적인 자기주도적 체험, 3학년은 자신의 한계를 이겨나가는 지리산 종주 체험. 학년별로 딱 맞아떨어지는 테마체험이라는… 그 테마체험을 기획하는 데 나도 한 몫 했다는 점이 뿌듯하다.

1학년 명상 체험은 3년째 산사에서 이루어졌다. 사찰이다 보니 종교적인 이유로 꺼리는 학생들이 있어 천은사 측과 긴밀한 협의를 통해 종교적인 색채를 최소화하려 노력을 많이 하였다. 매일 아침 올리던 108배 대신 친구의 이름과 선생님의 이름을 불러주면 그 끝에 '사랑합니다, 감사합니다'를 함께 말하는 57배(학생 수와 교사 수를 합친 값), 차 명상, 숲길 명상(친구와 함께한 친구는 눈을 가리고 다른 친구는 그 친구를 인도함. 맨발로 숲길 걷기), 자신의 몸을 느끼는 춤 명상, 단주 만들기, 예술가가 되어 주변의 풍경을 스케치하는 시간 등. 함께한 선생님들은 힐링이 되는 참 좋은 체험 활동이었다고 하신다. 아이들도 90%는 대만족이란다. 그러나 절만 아니면 정말 더 좋았겠다는 아이도 있었다. 계속 사찰을 이용할 것인지, 그 예산으로 다른 장소가 가능한 것인지 여전히 풀어야 할 과제이다.

2학년은 4개의 모둠으로 나누어 체험학습을 기획하였다. 1반의 2개 모둠은 모두 부산으로, 2반의 한 모둠은 서울의 대중문화를 체험하기 위한 팀과 나라 사랑을 기르기 위한 천안·대전 탐방 이렇게 2팀으로 나누었다. 자기주도기획 체험은 11명 정도가 한 모둠이 되어 체험 주제와 장소를 정해 2박 3일 동안 대중교통을 이용하여 탐방하고 싶은 장소를 찾아가서 느끼고 배우는 것이다. 올해 기획 체험 후 사전교육의 중요성을 절감했다. 아이들이 스스로 기획하여 떠나는 체험 활동이라 교사의 개입을 최소화해야 한다. 하지만 기획체험을 하는 목적과 이를 달성하기 위해 어떤 노력을 해야 하는지를 학생들에게 자주 이야기함으로써 기획체험의 의도를 최대한 살릴 수 있도록 도와주는 것이 교사의 몫일 것이다. 그러기 위해서는 기획체험을 통해 학생들이 무엇을 얻기를 바라는지, 왜 필요한지 모든 선생님들이 깊은 논의를 통해 충분히 이해하고 뜻을 같이해야 한다는 것이다. '지금까지 해왔으니까 올해도 한다'가 아니라. 학생들도 마찬가지다. '학교의 프로그램이니까 어쩔 수 없이 한다'가 아니라 학교에서 기획체험이라는 기회를 통해 학생이 얻기를 원하는 것이 무엇인지를 충분히 인지하고 이에 동의하며 학교에서 만들어 준 기회를 통해 자신은 무엇을 얻을 수 있는가를 생각해야 한다. 교감 선생님께서 테마체험 발표회 때 말씀하신 것을 학생들이 잘 새겨들었으면 하는 바람이다. 이 활동을 통해서 무엇을 느끼고 배웠는가, 앞으로 어떻게 살아갈 것인가에 대한 가치관 확립이 중요하다. 배우고 느낀 점을 생각해보고 정리하고 소중하게 간직하고 평생 보탬이 될 수 있었으면 좋겠다.

부산 1모둠은 선생님과 함께한 2박 3일이 마냥 즐거웠으며 2모둠은 바다에서 즐거움을 만끽하였고 서울 모둠은 서울 광장에서는 이 시대의 풀리지 않는 아픔을 만나 함께 나누었으며 거리에서는 젊음의 문화를 만끽하고 서울의 좋지 않은 점도 보았단다. 천안대전 팀은 독립기념관, 유관순 열사 기념관, 현충원 등을 돌며 아픈 우리 역사와 함께 현재 우리가 어떻게 살아야 할 것인가를 생각하게 되었다고 한다. 하루 종일 걸어 다니고 버스나 지하철을 이용하면서 스스로 길을 찾아다니면서 많이 지치고 힘들었지만, 친구들과 함께 협력하여 문제를 해결해서 힘이 되고 즐거웠단다.

3학년은 지리산 종주 체험을 하였다. 작년 아이들처럼 모둠끼리 항상 함께하지 못해서 아쉬웠다는 친구도 있었지만 힘들어하는 친구의 손을 잡아주고 가방을 들어주며 어려운 길을 함께 잘 다녀왔단다. 자연의 소중함을 알고 씻고, 맛있는 밥을 먹고, 싸고, 따뜻한 잠을 자던 일상이 얼마나 소중한가를 깨달았으며 중간에 그만두고 쉬고 싶은 유혹도 뿌리치고 친구와 함께 험한 산을 오른 자신에 대한 뿌듯함, 천왕봉의 아름다움과 처음 맛보는 일출의 장관, 오가는 사람들과 나누는 정겨운 인사……

아이들은 어려운 일을 잘도 해내었다. 친구와 선생님이 함께했기 때문이다. 그것 때문이라는 것을 아이들도 잘 알고 있다. 지금 당장은 자신에게 어떤 배움이 있었는지, 어떤 것을 얻었는지를 모를지도 모른다. 그러나 그들의 세포 어딘가엔 2박 3일에 대한 기억이 오롯이 남아 앞으로의 삶에 힘이 될 것이라 믿는다.

그럼에도 불구하고 "이렇게 힘들고 귀찮은 것을 왜 해요?"라는 질문을 받았을 때 우리는 뭐라고 대답해야 할까? 이에 대한 대답을 찾아야 할 때다.

– 다음 카페 '작은학교를 꿈꾸는 사람들' 중

별량중은 '민주적인 참여, 학생 중심 교육, 존중 · 배려 · 협력의 문화'라는 핵심 가치를 실천하는 학교로서 학생자치가 매우 중요하다. 학생들이 참여하는 협의회를 통해 교육과정을 학생들과 함께 논의하였고 학생들은 학생자치회를 통해 스스로 학교문화를 만들어 나갔다. 매주 학급 자치 시간에는 학급회의, 학급 서클 등이 이루어졌다. 학생회에서는 전교생이 모이는 다모임을 개최하였고 학생들은 스스로 논의가 필요한 주제를 제시하고 해결방안을 의결하여 이를 실천에 옮겼다.

2014년 10월 15일 별량중 이러쿵저러쿵

요즘 별량중학교에서는 점심시간이 되면 진풍경이 벌어진다.

급식실 앞에 피켓을 든 아이들이 있다.

'수업에 집중하자', '고맙습니다', '오늘은 잔반 없는 날'…

오랜만에 다모임이 있었다. 이번 주제는 '배움을 방해하는 학생을 어떻게 할까?'였다.

학생들은 배움을 방해하는 행위로 잡담하기(수업과 관계없는 이야기, 게임 이야기, 욕 등), 모자 쓰기, 잠자기, 군것질하기, 끼어들기, 드립 등을 꼽았다.

이런 행위를 하는 학생들은 담당 교사가 체크하고 이를 학생회에서 종합하여 그다음 날 점심시간에 피켓을 들어 캠페인을 하고 점심을 가장 늦게 먹는 벌칙을 수행한다. 벌칙을 수행하고도 개선되지 않으면 담임교사와 상담하고 부모님을 학교로 오시게 한다. 또 봉사활동을 한다는 것이 다모임에서 의결된 사항이다.

아이들은 다모임의 의결사항을 잘 따른다. 선생님이 배움을 방해한 학생에 대해 지적하고 체크리스트에 표시해도 순순히 인정하고 받아들인다. 학생회장을 비롯한 학생회 임원들은 자신들이 가장 마지막에 점심을 먹는 불편을 감수하면서도 벌칙을 수행해야 하는 학생들을 관리한다. 급식실 이모님들은 "너는 어쩌다 걸렸냐?"라고 물어보며 밥을 조금 더 퍼주신다.

오늘은 꼭 친구들과 밥을 같이 먹어야겠다, 절대로 나중에 먹지 않겠다고 다짐하는 학생(원래 늦게 먹는 애가 계속 늦게 먹거든요. 수업 태도를 바꾼다는 것이 쉬운 일은 아닌가 봐요. 그래도 수업 시작할 때 그런 다짐이라도 하다니 효과가 있죠?) "00야, 너 그러다 오늘도 점심 늦게 먹겠다."고 말하며 아이들이 배움에서 빠져나가지 않도록 잡으려고 노력하는 교사, 늦게 먹는 아이들을 놀리면서도 따뜻한 웃음으로 맞아주시며 한 숟가락이라도 더 얹어 주시는 급식실 이모님들. 그래도 좀 더 수업 분위기가 좋아지는 것 같아 흡족해하며 학생 배움의 문화를 만드는 데 기여했다는 뿌듯함을 느끼는 학생회 임원들······. 그렇게 살고 있다. 별량중은.

– 다음 카페 '작은학교를 꿈꾸는 사람들' 중

학생이 주인이 되는 학교를 만들기 위해 무엇보다 필요한 것은 학생을 믿는 것이다. 어른들의 눈에는 비록 부족해 보일지라도 아이들이 스스로 결정하고 행동할 수 있도록 믿고 지원해주는 것이 교사의 역할이다. 선생님들은 다모임에서 의결된 사항이 별량중 학생생활교육의 철학과 달랐지만 존중하기로 하고 학생회에 협조하였다. 결국 아이들도 알게 되었다. 벌을 받지 않기 위해 어떤 행동을 하지 않는 것으로는 근본적인 행동의 변화를 가져오기 힘들다는 것을 말이다. 학생회는 이 활동을 평가하고 벌칙을 지속할 것인가를 논의한 결과 그만두기로 하였다. 그 대안으로 '배움에 잘 참여하는 우리들의 약속' 정하기를 제안하여 학급별로 약속을 정하고 학급의 상황에 맞게 평가하기로 했다. 이렇게 시행착오를 거치면서 아이들은 더 성장한다. 교사가 즉시 바로잡아주고 해답을 손에 쥐여주지 않더라도 아이들 스스로 깨우치고 끝내 길을 찾아가게 된다는 것을 믿고 기다려주면 되는 것이다. 존중·배려·협력의 문화 속에서 학생이 민주적으로 참여하여 학교 문화를 만드는 모습. 이것이야말로 별량중에 어울리는 모습이다.

별량스럽다?

2014년 별량중은 인근 무지개학교에서 교감으로 근무하여 무지개학교에 대한 이해가 깊은 공모교장이 부임하게 되었고 4년간의 종합평가 결과 우수학교로 평가되어 2015년 연수 거점학교로 지정되었다. 교사 인사이동이 있었으나 동료성을 바탕으로 함께 하는 학교문화는 새로 오신 선생님들도 학교 철학을 이해하고 함께하는 노력을 가능하게 하였다.

> 2015년 4월 12일 별량중 이러쿵 저러쿵
>
> 어제 수업공개가 끝나고 수업연찬회가 있었다. 저녁먹고 차 마시는 시간까지 많은 이야기를 했다. 아이들 이야기, 수업이야기, 그리고 우리들 이야기. 이런 자리가 있어 동료성 구축이 더 잘 된것 같다. 어제는 그런 느낌을 팍 받아버렸다.
>
> '교감도 교사이며 직책이 교감일뿐이다. 교사와 학생을 무대 위에서 빛나게 하기 위해 교감은 그 뒤에서 열심히 노력할 뿐이다'라고 말씀하시는 교감 선생님. 별량중과 같은 학교를 이루고 싶어서 교감이 되고자 결심했다고 하신다.
>
> 교사에게 최소한의 공문을 주시기 위해 노력하시는 교감선생님. 선생님들도 공문이 줄어든 것에 대해 느끼신다고 말씀하셨다. 나도 마찬가지다.
>
> 교감은 교무부장을 잘 모셔야한다며 당신의 누룽지를 나에게 덜어주셨다. ㅎㅎ
>
> 그래서 별량중은 행복하다.

동료성은 교사들의 노력으로만 만들어지는 것은 아니다. 교장의 교사에 대한 신뢰와 교감의 적극적인 지원이 교사의 자존감을 키워 아이들의 미래를 꿈꾸게 한다.

2015년 12월 8일 별량중 이러쿵 저러쿵

무지개학교 네트워크 평가회에서 학교 소개를 재미있게 해보자고 의견이 모아져 개그콘서트 진지록을 패러디해서 학교를 소개하는 콩트를 만들었습니다.

조선왕조실록에 따르면 보통왕 시절 '별량스러운' 것이 나라의 기강을 흩트린다고 하여 '별량스러움'금지령을 내렸다고 하는데…….

(임금, 장군, 내관이 함께 나와 있다.)

임금: 이 나라에 별량스러움 금지령을 내렸는데도 불구하고 감히 별량스러운 행동을 하는 부류가 있다고 하던데, 사실이오?

장군: 송구하옵니다만 전하, 사실이옵니다.

임금: 이런~ 분명히 주동자가 있을 것인데 누구란 말이오?

장군: 전하, 그놈들은 아침에 교문 앞에서 매일 인사말을 바꾸어가며 학생을 맞이했다고 하옵니다.

임금: 학생을 맞이한다. 이런 별량스러운 것을 봤나?

장군: 전하, 그놈들은 매주 일정한 시간에 모여 협의회를 한다고 하옵니다. 장, 감까지 한통속이라 하옵니다.

임금: 뭐라~ 협의회를 한다고? 장, 감까지 함께한다는 말이 사실이냐?

장군: 그러하옵니다, 전하. 특별한 주동자가 없는 것이 분명하옵니다.

임금: 이런, 괘씸한. 이렇게 별량스러운 것을 봤나?

장군: 그뿐이 아니옵니다. 전하. 그놈들은 서로의 수업을 공개하고 연구회를 진행하여 교사가 함께 배우는 학습공동체를 조직하였다고 하옵니다.

임금: 뭣이 어째? 공동체를 조직했다고? 사조직을 만들었다는 말이냐?

장군: 그러하옵니다, 전하. 또 얼마 전에는 그놈들의 학생들이 단일후보로 나온 학생회장단을 반대하여 투표가 무산되었다고 하옵니다.

임금: 뭐라고? 그놈들이 학생들마저 별량스럽게 만든 것 아니냐. 내 그놈들을 용서할 수가 없다. 당장 그놈들을 잡아들이도록 하여라.

장군: 네, 전하.(퇴장 후 모든 교직원과 함께 무대로 올라온다.)

내관: 전하, 그런데 별량스러운 것이 무엇입니까? 왜 못하시게 하시는 것입니까?

임금: 별량스러운 것이란 학생들의 개성을 인정하고 존중과 협력을 가르치며 자신의 생각을 키우고 표현하는 교육으로 민주시민을 길러내는 것인데 내 어찌 두렵지 않겠느냐. 죄인들을 어서 끌고 오너라.

(전 교직원 등장)

임금: 너희들은 누구냐?

교직원: (글자를 한 자씩 들고 있다. '즐거운 배움 행복한 성장 별량중' 카드를 들어 보이며 한 자씩 읽고 인사한다.)

교장선생님: 순천별량중학교 전 교직원은 학생들을 존중하는 마음으로 생활교육을 하고 학생 한명 한명의 배움을 소중히 여기며 교사들의 학습공동체를 통한 동료성이 구축되어 배움과 사랑으로 꿈을 키우는 학교를 만들고자 노력하고 있습니다.

(전체 인사하고 퇴장)

나침반을 꼭 쥐고

별량중이 별량중을 거쳐 간 선생님들에게 남긴 것은 무엇일까? 작은학교 모임 선생님들에게 물어보았다. 선생님들은 '성장'이라는 단어로 답했다. 교사, 학생, 학부모가 한마음으로 학교의 변화를 일구어 모두가 행복한 '이런 학교'가 가능하다는 것을 경험하였다는 것이 교직 생활의 큰 재산이 되었다는 것이다.

혁신학교를 만나기 전 우리는 아이들을 가르쳐야 할 대상으로 여기고 자신이 가지고 있는 교과 지식을 '어떻게 하면 효율적으로 잘 가르칠 것인가' 고민하고 다양한 방법을 시도했다. 3월 첫 주에 아이들을 길들여야 1년 동안 선생님의 지시와 통제 아래 서로 협력하고 사이가 좋은 학급을 만들 수 있다고 생각했다. 그래서 담임이 원하는 반을 아이들에게 제시하고 이에 맞게 교사가 학급 규칙을 정하고 그에 따라 아이들에게 반성하게 하였다. 교사로서 열심히 배우고 실천한다고 했지만, 여전히 아이들을 교사의 지시에 따라야 할 수동적인 존재로 여겼다.

옆 반은 경쟁 상대였다. 동료 교사보다 학급 운영을 더 잘한다는 평가를 받기를 원했고, 옆 반보다 시험 성적이 더 잘 나왔을 때 스스로 능력 있는 교사라 여겼다. 학부모는 민원이 발생하지 않도록, 학교 일을 안내하고 친절하게 상담해야 할 대상이었고 별일 없이 학년을 마치게 되면 그것으로 만족스러워했다.

학생이 공부를 잘해서 '좋다고 평가'되는 상급 학교에 진학하는 모습에 보람을 느꼈다. 성공하기 위해서는 참고 열심히 공부해야 한다고 강조했고, 잘 따라오지 못하는 학생들을 방과 후에 남겨 어둑해지도록 반복 학습을 시키기도 하였다. 더 높은 성적을 얻기 위해 공부하도록 시켰다. 여러 가지 장치를 써 가며 친구와 옆 반과 경쟁하도록 했다. 사실, '꼭 이래야 하나, 이것이 맞나?' 질문하면서도 우리 사회에서 아이들을 위해서는 어쩔 수 없는 것이라고 생각하며 누구보다 열심히 살았던 선생님들이었다.

별량중에서 학교 혁신을 꿈꾸던 동안, 우리는 나침반을 갖게 되었다. 교사로서 '어떻게' 열심히 살아야 할지를 체득했다. 아이들을 존중하고 믿으며 아이들의 이야기를 잘 들어주려고 한다. 아이들 한명 한명의 배움을 존엄하게 여기고 아이들이 배움의 주체로서 협동하며 함께 배우는 교실을 만들어 가려고 한다. 아이들의 상처를 이해하고 어루만지면서 배움을 향해 잘 나아가도록 도와주는 존재가 되고자 한다. 성적을 높이기 위해 가르치는 것이 아니라 배움의 즐거움을 가르치고자 한다.

'공부를 열심히 해야 경쟁에서 이기고 성공할 수 있다.'라고 하지 않고 '함께 잘 사는 세상을 만들자.'고 한다. 무엇보다 '수업에서 질 높은 배움과 평등을 추구'하며 교사로서 전문성을 키우기 위해 노력한다. 주변과 아이들을 탓하기 전에 자신을 성찰하며 과거에 머물지 않고 앞으로 할 수 있는 일을 찾는다. 자신의 학급만 생각하며 혼자 앞서 나가기보다 동료교사와 손잡고 함께 나아간다. 학부모와 신뢰 관계를 형성하고 함께 교육과정과 교육을 이야기한다. 비로소 교사로 살아간다. 어디에 있든, 어떤 학생, 어떤 학부모, 어떤 동료와 함께하든, 방향을 잃지 않을 나침반을 꼭 쥐고서.

학교는
어떻게 학교가 될까?

• 허성균 •

교장으로 살아가기

2011년에 포두중학교[12] 공모교장으로 부임했다. 교사로 사는 동안 알게 된 것이 있다. 교사가 유아교육, 아동교육, 청소년교육 전문가로 성장하는 일을 개인의 노력과 책임 문제로만 해석할 때 학교가 교육공동체로 성숙되어야 할 필요가 없어진다는 것이다. 교사가 교육전문가로 성장하기에 좋은 여건을 갖춘 학교에서 교직원, 학생, 학부모까지 성장하게 된다는 것이다.

단위학교에서 바람직한 변화를 만들고자 할 때 이에 필요한 전략적 선택을 할 수 있는 사람은 학교장이다. 그래서 학교장에게 권력이 필요하고

---

12 2010년 고흥연합무지개학교연구회(교육혁신을 추구하며 혁신학교 운동을 실천하는 초등·중등 교사모임)가 발족되었다. 고흥에서의 혁신학교 운동은 교사 개인이나 단위 학교가 중심에 서서 학교혁신을 시도하고 확산시키는 것을 넘어 고흥 지역의 교육 환경과 인적 자원을 고려하여 체계적으로 혁신학교 를 지정하고 확산시켜 나가고자 하는 연구회의 전략을 기반으로 진행된 것이다. 포두중학교에서도 연구회에 참여하고 연구회와 연대하면서 포두중학교 혁신 과정을 함께 검토하고 고민했다. 포두중학교 의 변화에 큰 힘을 제공한 주체 가운데 하나가 연구회였음을 밝혀둔다. 포두중학교는 2012년에 혁신 학교로 지정되어 현재까지 운영되고 있다.

그 권력이 학교의 교육목표를 구현하기 위해 사용될 때 교장의 권위가 생긴다. 포두중학교에서 선택한 첫 번째 전략적 결정은 교무회의를 의사결정권을 가진 회의 기구로 회복시키는 것이었다. 교장이나 교감이 늘 좋은 결정을 할 가능성보다는 협력적 지성이 발현되는 교무회의에서 더 좋은 결정을 더 자주 할 가능성이 높을 것이라고 보았다. 게다가 의사결정 과정이 공개되어 누구나 발언하고 모두 경청하고 다른 의견은 기꺼이 조정할 수 있다. 이렇게 보면 교장을 모든 일에 결정 권한을 가진 사람으로 보기보다는 모든 일에서 더 좋은 결정을 지속적으로 해낼 수 있는 학교 체제-학교공동체를 만드는 전문가로 보아야 한다. 교장은 학교공동체의 전체 맥락을 읽어내야 할 교사이며 동시에 더 많은 책임을 져야 할 학교공동체의 대표로 보아야 한다.[13]

포두중학교에 부임하고 나서 교무회의를 업무 전달하는 시간이 아니라 교육과정을 논의하는 시간으로 전환하는 데에, 교육과정을 편성하고 운영하는 일에 관련된 의사결정 과정을 교무회의에 위임하는 데에 우선 집중했다. 교무실에서 회의문화가 성숙되어야 교사의 자존감과 전문성이 회복되며 교사가 회복되어야만 학생의 자존감과 교육과정의 질이 확보될 수 있다고 믿었다.

포두중 교사 개개인이 겪는 교육활동 경험을 교무실에서 공유하며 해결책을 모색할 때 비로소 '포두중 교육'을 함께 사색하고 성찰하고 논의하는 문화가 형성되며, 그리하여 그때에야 우리는 포두청소년들의 성장을 촉진하는 청소년교육전문가로 거듭날 수 있고, 바야흐로 '포두중 교육학'을 써 갈 수 있게 될 것이라고 믿었다. 한 아이도 빠짐없이 성장해야 한다는 관점으로 보면, 포두중 학생은 유능한 교사에게서만 배우는 것이 아니라 모든 교직원이 모든 아이에게 '선생님'이 되는 학교 환경에서 선생님을 만나

---

13 1990년대 중후반 무렵에 학교 변화에 성공했다는 평가를 받는 학교들을 방문하면서 배운 것들이다. 특히 경남의 거창고등학교, 충남의 논산대건고등학교에서 배웠다.

고, 자신을 대하는 태도를 경험하고, 본받으면서 배우고 성장한다.

교무실에는 변화를 적극적으로 찬성하는 교사만 있는 건 아니다. 오히려 변화에 적극적인 교사는 소수이다. 어떤 교사는 변화가 필요하다고 말하는 교장에게 '그러면 작년까지 이 학교에서 교육한 우리는 잘못된 교육을 했다고 보느냐'고 따지기도 했다. 당위성이 있다고 해서 설득이 되는 것은 아니었다. 교장이 제시하는 혁신의 당위성이나 시대적 요구라는 것마저도 새로 온 사람이 기존의 질서를 흔드는 일쯤으로 치부되기도 했다. 우호적인 관계를 만들어야 설득이 가능할 성싶었다. 우정 없이 동지가 되는 일이 있겠는가. 의사결정 권한을 교무실에 위임하는 일은 절박한 학교현실을 타개하기 위한 첫걸음이었다. 그리고 새로운 시도를 제안하기보다기존에 하던 교육과정 활동 중에서 강화하면 좋을 것들을 찾아 강화하자고 제안했다. 매일 스스로 질문했다.

'나는 교직원의 성장을 촉진하는 교장인가, 아니면 끊임없이 교직원을 아프게 하여 자존감이 낮아지게 하는 심판자인가?'

자존감이 낮은 교직원은 아이가 스스로 일어서도록 기다려주지 못하고 아이를 비난하거나 아이에게 죄책감을 느끼게 한다. 그리하여 아이 스스로 자신을 폄하하게 한다. 이 순간에 아이는 성장을 멈춘다. 나이 먹으며 육신은 자라지만 정신은 성장이 정지된 상태에서 더 나아가지 못한다. 소위 말하는 '어른 아이'가 되는 것이다.

학교장은 포두중학교가 포두지역에서 어떤 학교로 거듭나게 해야 할까. 매일 학교에 가야만 하는 아이에게 학교는 어떤 곳이어야 할까. 아이를 날마다 학교에 보내는 학부모에게 학교는 어떤 곳이어야 할까. 동료, 학생, 관리자들과 함께 살면서 인생 대부분의 시간을 학교에서 지내야 하는 교직원에게 학교는 어떤 곳이어야 할까.

점수 올리기보다 자존감 올리기가 더 중요한 일로 인정받는 곳, 사람은 누구나 제 빛깔을 지니고 태어나 자신의 삶을 살아가게 마련이므로 학생이나 교직원이나 제 빛깔을 찾아 제대로 구현해내는 일이 가치 있다고 인정받으며 지지받는 곳, 존중하고 배려하며 협력하여 의미 있는 지식을 생성하고 문제를 해결하며 공동체를 유지·발전시키는 경험을 축적해가는 곳, 생각이 다르고 생김새가 다르고 습관이 다르므로 토론과 소통의 가치가 존중되는 곳, 토론이 활발하게 이루어지므로 세계관과 일하는 방식이 다를지라도 안전하게 소통할 수 있는 곳, 어른들이 살아온 세상의 경험으로 축적된 지혜와 아이들이 살아갈 세상에서 요구될 거라고 예측되는 역량의 가치가 균형 있게 공존하는 곳, 그래서 아이들은 어른들이 살아가는 모습 속에서 본을 받으며 학습·협력·소통·자율·공동체구축 역량을 기르게 되는 곳, 일상생활 속에서 관심 받고 존중받고 협력하고 소통함으로써 내면의 힘을 기르게 되는 곳, 교실뿐만 아니라 학교버스 안에서, 교문에서, 운동장에서, 복도에서, 행정실에서, 교무실에서, 학교식당에서도.

교직원들이, 아이들이 아침에 눈을 뜨면서 학교 갈 생각에 설레는 학교까지는 아니더라도 가기 싫은 학교는 아니어야 하지 않을까. 오늘도 교무실과 행정실에 소속된 모든 선생님들의 자발적이고 협력적인 활동에 기대어 학교 교육목표를 구현하는 하루를 만들어 갈 수 있을까. 오늘 하루가 올 한 해 교육과정 운영에서 참 귀중한 시간이었다고 돌이켜 볼 수 있게 될까. 어떤 내용을, 어떻게 운영하느냐가 교육과정 운영이라면 무엇을 하느냐보다 누가, 누구랑 어떻게 운영하느냐가 중요할 것이다. 사람이 교육과정이다. 교과수업, 창의적체험활동, 방과후활동 등을 통해서 전교생이 존중받는 느낌으로 충만한 하루가 운영되길 간절히 기대한다. 이 기대를, 이 기도를 이루기 위해 교장이 할 일은 모든 선생님들이 존중받는 느낌으로 충만한 하루를 만들어 드리는 것일 터이다.

학교에서 아이의 가정환경을 바꾸어 주기는 어렵다. 그러나 어려서부터 아이가 선택의 여지 없이 받아들여야만 했던 그 환경 안에서 무수히 상처받은 경험 때문에 낮아진 자존감을 다시 회복시켜 줄 수는 있다. 그리하여 아이가 상처에 눌리지 않고 상처를 이기고 일어서게 할 수 있다. 지속적으로 관심을 기울이고 존중하는 태도야말로 아이의 상처를 해소하면서 자존감을 회복시켜 진로 의식과 학습 욕구를 길러줄 수 있다. 교직원들을 존중하는 일을 통해 아이들을 성장시키는, 우리 학교 교육목표를 구현해가는 교장이 되고 싶은 것이다. 교장답게 살아낼 수 있기를 날마다 기도했다.

'오늘 학교장의 만남, 학교장의 복무는 교직원들에게 어떤 의지를, 욕망을 생겨나게 했는가? 오늘 우리 학교의 수업은 학생이 어떤 시도를 하게 했는가? 오늘 우리 학교의 교육과정은 아이들마다 어떤 각성을 경험하게 했을까? 피동적이고 관행적이고 의타적인 교육공무원으로서의 교장을 넘어, 학교공동체를 구축하고 유지하는 전문가이자 성장 코치로서의 교장 정체성을 확보하기 위해서, 이런 교장의 삶을 실현하기 위해서 교장은 어떤 사유와 시도와 실험과 욕망과 상상의 시간을 가져야 할까?'[14]

학교교육 회복하기

1951년 고흥 포두면 사람들은 당시 한국 사회가 처해 있던 궁핍하고 혼란스러운 세상을 헤쳐 나갈 방안 가운데 하나로 중등교육기관을 설립한다. 포두고등공민학교를 세워 더 많은 지역 청소년들이 중등교육을 받을 수 있는 기회의 문을 포두지역에 연 것이다. 이때 학교를 세운 사람들은 무슨 생각을 했던 것일까. 눈 뜨고 일어나면 힘겨운 노동을 감내하고도 하루 세끼 밥 먹는 일마저 힘겨웠던 그때, 포두 사람들은 무슨 생각으로 기금을 모으고 학교를 만들어 가르치고 배우려 했을까.

이런 선택과 실천을 했던 포두지역 주민들의 그 마음을 만분지 일이라도 알아차린다면, 학생 수는 줄어들고 학력 또한 낮아지고 있는 2011년

---

14 고병권, 「밤에 열린 어느 장애인 학교」, 『오늘의 교육』 제16호. 교사든 교장이든 행정직원이든 학생 이든 학교에서 '자신의 삶을 살아내려는 이에게 필요한 것은 욕망과 실험과 시도와 각성과 배움'이라 는 사실에 주목하게 한 글이다.

포두중학교에서는 어떤 일을 해야 할까. 무엇을 멈추고 무엇을 지키고 무엇을 새로 시도해야 할까. 포두중학교가 이름 그대로 포두 청소년들의 성장 기반이 되어주려면, 이 시대에 필요한 포두 지역사회의 학교로 거듭나려면 무엇을 어떻게 회복해야 할까.

학교에 부임했을 때 가장 먼저 눈에 띈 건 학생들의 언어가 무척 거칠다는 것이었다. 욕설이 심했고 비판하고 깎아내리는 말이 일상에서 흘러넘쳤다. 운동장에서 체육 수업이 있는 날이면 한 시간 내내 아이들이 내뱉는 욕설이 운동장을 채우고 교장실 창문을 넘어 들어왔다. 바람이 불면 불어서, 그치면 그쳐서, 비가 오면 비가 오니까, 그치면 그치니까, 햇살이 퍼지면 퍼져서, 구름이 끼면 또 그래서 욕을 했다. 언어순화 교육으로 해결될 일이 아닐 듯했다. 그들 안에 화가 가득 차 있어서 조그만 자극에도 분노가 폭발하는 듯했다. 욕으로 말을 꺼내고 말 중간에 욕을 섞고 마치는 말자리에 욕을 갖다 붙였다. 욕을 심하게 하는 다수 아이들의 상황도 문제지만 적은 수일지라도 욕을 하지 않고 생활하는 아이들의 성장에도 이 상황은 심각한 장애일 터였다.

이 아이들에게 무엇을 더해주는 일보다 이 아이들에게서 무엇을 빼줘야 할지가 더 시급한 문제로 보였다. 생각한 끝에 교무회의에서 이 문제를 안건으로 다뤄주기를 요청했다. 교육과정을 편성하고 운영하는 과제에 관한 한 교무회의에서 논의되고 결정된 대로 실행하기로 의사결정 권한을 위임했지만, 교무실에서는 교장실의 진정성을 끊임없이 의심하고 있었다. 게다가 교사들은 동료들과 협의하며 의견을 내고 다른 의견은 조정하며 결정된 내용을 함께 실천해본 경험이 일천했다. 그래서 아직은 교무실 회의 문화가 덜 성숙되었다고 판단되어 염려되는 점은 있었으나 어차피 이 문제는 교무실에서 공유하고 논의하여 풀어야 할 문제였다. 아이들의 가정환경과 지역사회 환경, 인성교육 등이 문제의 원인으로 언급되었다. 그러나 문제의 원인이 어디에 있든지 학교에서 실천할 수 있는 대처 방안이 교육과정으로 제시될 수 있어야 학교 아니겠는가. 교무회의에서 실질적인 방안을 찾을 때까지 논의를 계속하기로 했다.

오랜 시간 여러 가지 환경 속에서 아이들의 자존감이 낮아진 결과 말과 행동이 거칠어졌을 것이므로 자존감 회복이 가장 시급한 과제라는 의견이 도출되었다. 학교교육과정에 적용할 방안은 추가 논의를 거쳐 내년도 교육계획에 반영하기로 하고 담임교사들과 교과교사들이 각자 실천할 수 있는 방안들은 교실에서 우선 실천하기로 했다. 다음 해에 비폭력대화 연수를 전 교직원이 함께 진행한 것도 그 연장선이었다. 교과수업도, 학급운영도, 체험학습도, 방과후학교도 아이들의 상처와 분노를 해소하며 자존감을 높이는 생활교육의 방편이 될 수 있다는 사실에 공감하는 교사들부터 실천하기 시작했다. 학교 밖에서 들어오는 방과후학교 강사들과도 공감대를 형성해야 했다. 학교는 교과교사의 수업활동과 담임교사의 학급활동으로만 교육이 이루어지는 체제가 아니라 교실과 교무실과 행정실과 식당과 운동장과 시설환경까지 유기적으로 교섭하면서 '교육'이 가능해지는 체제임을 간과해서는 안 되었다.

아이들이 아침에 학교에 들어서면서부터 방과 후에 교문을 나설 때까지 존중받는 경험을 할 수 있는 학교생활 환경이 필요했다. 그러려고 보니 학교에 근무하는 교직원들부터 존중받는 학교생활이 선행되어야 했다. 교장과 교감과 행정실장으로부터 교직원들이 존중받는다는 느낌을 매일 받을 수 있는 문화가 필요했다. 아울러 동료들 사이에서 서로 존중하고 배려하고 이해하고 공감하는 문화를 만들어야 했다. 그래서 교육과정 관련 의사결정 권한을 교무회의에 위임했지만, 이렇게 존중하며 협력하는 관계 속에서 스스로 성장하는 것을 교직원들이 알아차릴 시간이 또한 필요했다. 바닥 돌을 잘 놓아야 다음 돌을 튼튼하게 쌓아 올릴 수 있는 법이기는 하지만 아이들이 변화를 경험하지 못하고 우리 학교를 졸업하게 될까 봐 마음은 조급해지기 일쑤였다. 교무실에 제안하고 동의를 얻어 무지개학교

(당시 전남교육청이 시행하던 혁신학교) 공모에 응했다. 혁신학교를 운영하면 교직원들이 합심하여 학교가 긍정적인 변화를 지속해 갈 수 있는 힘을 얻을 수 있지 않을까 해서였다. 이때 들은 조언 가운데 변화의 속도에 대해 다시 생각하게 되고 이후로도 마음에 담아둔 말이 있다.

"학교가 변화하기 시작하면 변화에도 가속도가 붙더군요. 처음부터 가시적 변화에 매달리기보다는 기본적인 것들을 회복하고 전환하는 데에 충실하면 지속적으로 변화할 수 있어요. 사람이 존중되어야 학교지요."

교무실과 협의하여 진행한 일 가운데 학교상담이 정례적으로 이루어지도록 한 일이 있다. 교육청의 지원을 받아 상담실을 꾸렸는데, 더 어려운 문제는 우리 아이들을 상담해줄 만한 전문성과 청소년 상담 경험을 가진 상담사를 구하는 일이었다. 학교 일정에 맞추어 상담할 수 있는 사람은 청소년 상담 경험이 적어서 망설여지고, 학교에서 원하는 상담사는 자신의 일정이 바빠서 학교 요구에 맞출 수 없었다. 인근 도시에 있는 청소년상담센터에 상담사 지원을 요청했으나 도시에서 시골까지 이동하는 시간이 상담 시간보다 더 많이 소요되는 문제가 있었다. 게다가 학교 예산으로 지급할 수 있는 상담 비용도 한계가 있어서 학교에서 필요로 하는 상담사를 구하는 데 한 학기가 지나갔다.

읍에 있는 가족상담센터를 찾아갔다. 전화로 도움을 구했을 때 일정을 맞출 수 없다고 정중하게 거절한 적이 있었던 상담센터였다. 하지만 어찌할 도리가 없으니 만나서 우리 학교 아이들의 상황을 설명하고 도움을 구했다. 학교상담이 필요하다는 학교의 판단에 동의하고 그 판단을 지지하지만, 학교에 나가서 주기적으로 상담을 진행할 만한 시간이 나지 않는다고 되레 미안하다고 했다. 오늘 가부를 결정하지 말고 시간을 두고 생각한 다음에 다시 이야기해보자고, 일주일에 한나절만이라도 시간을 내주면 포 두 아이들의 회복에 결정적인 힘이 될 거라고 말하고 나왔다. 그러나 물러설 자리가 없었다. 여기에서 답을 구하지 못하면 아이들에게 적절한 상담

기회를 만들어주기 어렵다고 생각했다.

우여곡절 끝에 읍에 있는 가족상담센터 소장이 다른 일정을 조정하고 우리 학교에서 상담을 시작했다. 담임교사들의 요청을 받거나 학생들의 신청을 받아 상담실을 운영했다. 상담내용을 공유할 순 없지만, 상담사와 교사의 대화 시간을 통해 아이들을 보는 시각을 공유했다. '삶의 고민을 나누는 이'에게 보이는 학생과 '가르치는 이'에게 보이는 학생은 달랐다. 상담사에게 드러내는 '자신'과 교사에게 드러내는 '자신'이 달랐다. 쉽사리 변화하지 않는 아이를 보면서 교사가 초조해하고 안타까워할 때, 상담사는 "쉽게 변화하지 않는 아이는 그만큼 상처가 깊기 때문"이라며 함께 안타까워했다. 학교에서 가정의 물리적 조건을 바꾸어 줄 수 없을지라도 심리적 정서적 조건을 충족시켜 줄 수 있는 학교환경(교사환경, 또래환경)을 만들어줌으로써 아이의 성장을 통해 아이가 물리적 환경을 넘어서게 할 수 있지 않겠느냐고 제안했다. 시골 아이들이어서 순박하고 착하다고 보는 시각이 시골 학교 교사가 가져도 될 청소년관 이겠느냐고도 했다. 이런 속에서도 교사가 아닌 사람이 학생을 만나는 일에 대해 탐탁지 않아 하는 교사는 여전히 있었다. 아이의 회복과 성장을 중심에 두고 보면 교사와 상담사는 협력해야 할 관계였지만 학교 현실은 쉽사리 그렇게 되지 않았다. 시간이 더 필요했다.

아이들은 축구를 참 좋아했다. 아침에도, 점심시간에도 아이들은 축구를 했다. 아이들이 축구 경기를 하는 걸 보고 있자면 축구를 좋아해서 참 다행이라는 생각이 들었다. 어쨌든 축구는 단체 경기이고 신체활동이 많은 경기라서 그런지 교과수업 시간에 보이는 것과는 달리 적극적이고 능동적인 모습을 보이는 아이들을 발견할 수 있었다. 그때마다 회복의 징후와 가능성을 발견한 듯해서 가슴이 뛰었다. 아이가 또래들과 놀지도 않는다면 학교에서 시도할 수 있는 일이 있겠는가.

포두중학교가 산 중턱을 깎아 세웠던 포두고등공민학교 자리에 공립중학교로 개교하다 보니 교실을 증축하고 운동장을 넓혔다고는 하나 운동장 상태가 좋은 편이 아니었다. 운동장 모양은 사다리꼴이었으며 아이들이 축구 경기를 하다가 넘어지기라도 하면 매우 위험해 보이는 곳들이 있었다. 운동장 곳곳에 솟아난 돌들이 있어 캐내려고 보니 그냥 돌이 아니라 암반 지대의 일부분이어서 캐낼 수가 없었다. 체육 교사의 의견을 듣고 행정실장과 이 문제를 협의했는데, 모래를 깔아 덮어놓아도 장마철이 되면 모두 산 아래로 쓸려 가버려 뾰족뾰족한 바위 끝이 그대로 노출되는 일이 반복되어 왔다고 했다. 다행스럽게도 아이들이 크게 다친 일이 없었다고는 하지만 운동장을 제대로 손보지 않으면 위험한 상황을 방치하는 꼴이 될 터였다.

교무회의에서는 운동장 보수에 찬성했고, 행정실에서는 원론적으로는 찬성하나 행정실 자체의 힘만으로 보수하는 선에서는 운동장을 회복하기 어려울 거라는 의견을 냈다. 교육청의 예산 지원이 있어야 해결될 문제였다. 그런데 교육청에서는 학생 수가 100명이 채 안 되는 면 단위 학교에 수억 원을 들여야 할 운동장 공사 진행하기를 난감해했다. 학생 수가 적은 학교에 많은 예산이 소요되는 시설 투자를 망설이는 교육청 실무부서의 입장은 이해할 만하나, 작은 학교를 살리겠다는 정책은 학생 수에 대비하여 예산을 투입하겠다는 예산 지침에 어긋나지 않는 선에서만 가능한 정책인가, 만일 그렇다면 작은 학교를 살릴 수 있겠는가, 면 단위 농어촌교육 환경을 적극적으로 돌보지 않으면서 전남교육의 균형 발전을 꿈꿀 수 있는 것인가 등의 문제를 제기했다. 하지만 상담실 관련 예산을 어렵게 배정해줬는데 운동장 보수 예산까지 요구하는 건 무리한 일이라는 것이었다. 학교 상담실을 만들고 상담사 운용 예산을 추가로 받을 때처럼 벽 앞에 선 느낌이었다. 하지만 염치없고 맥락 없이 막무가내로 교육청에 예산을 요구하고 있나 하는 생각이 들다가도 아이들이 위험한 운동장에서 달리는 모습을 보면 어떻게든 해결해야 할 문제라는 생각이 들었다.

학교운영위원장과 상의하여 학교운영위 임시회의를 소집했다. 운영위원들이 운동장 실태를 확인하고, 가능한 방법을 찾아 해결해야 할 문제라는 데에 공감했다. 위원장의 제안에 따라 교육청을 설득할 방법으로 지자체의 대응 투자 협력을 받아 보기로 했다. 위원장과 학교장이 함께 군수 면담을 했다.

"관내 학교 가운데 이렇게 위험한 운동장을 가진 학교는 없다. 어려운 시절에 포두고등공민학교를 세워 교육 기반을 마련했던 지역사회 선배들의 뜻을 되새겨 잘 이어받을 수 있게 도와 달라. 관내 읍·면이 균형 있게 발전해야 군 전체가 발전할 수 있을 것이다. 운동장이 처음부터 사다리꼴이었다. 이번 기회에 직사각형 운동장을 만들어야 한다. 다행히 예전에 농업실습장으로 쓰던 논이 운동장 옆에 있으니 부지 매입비는 안 들여도 된다. 지자체에서 대응 투자를 해주면 교육청에서도 예산 지원을 할 것이다."

고맙게도 지자체에서 대응 투자 결정 공문을 보내주었고, 교육청에서는 예산 배정을 해주었다. 전문가 자문을 받고 여러 차례 내부 협의를 거쳐 직사각형 천연 잔디 운동장을 만들었다. 이 사이에 학교숲 공모사업에 응모하여 학교 외부 환경도 개선했다. 아이들과 학부모, 지역 주민들까지 좋아했다. 운동장을 함께 바라보다가 학교운영위원장이 한 말이 가슴에 와 닿았다.

"저는 동문이며 지역 주민인데, 우리가 이미 했어야 할 일을 이제야 하게 돼서 미안하고 부끄럽네요."

공치사는커녕 도리어 부끄럽다는 말에, 포두지역의 저력은 이렇게 사람에게 있는 것인가 보다 하는 생각이 들었다.

포두중학교에 부임해서 한 학기가 지나고 두 학기째로 접어들었을 때 어느 날 문득 깨닫게 된 사실이 있었다. 운동장에서 아이들의 욕설 소리가 줄어든 것이다. 오늘만 그런가 하는 생각에 행정실장에게 물어보았다. 확실히 욕설이 줄었다는 것이다. 담임교사들에게도 물어보았다. 교실에서도 욕설과 비난하는 말이 줄어들고 있다는 것이다. 뭘까? 욕 대장으로 소문난 아이에게도 물어보았다.

"요즘에 너희들 욕설이 많이 줄었는데, 너는 어떻게 생각해?
(웃으면서 나를 빤히 쳐다보더니) 교장선생님, 어른들 앞에서 욕하면 되
겠어요? 저희끼리만 있을 땐 아직 욕도 하고 그래요."

무엇이 우리 아이들의 입에서 거친 말을 줄여주고 있었던 걸까. 그동안 교직원들과 함께 아이들이 자존감을 회복할 수 있도록 돕기 위해 여러 가지로 노력해오긴 했지만, 무엇이 결정적으로 일 년이 채 안 되어 이런 변화를 일으킨 것일까.

학교 버스도 교실이니 통학 시간에는 운전직원이 선생님이 되어야 하고, 학교 식당도 교실이니 영양사와 조리 종사자도 아이들에게 선생님이 되어야 하고, 운동장도 교실이니 시설관리직원도 운동장에서 선생님이 되어야 한다고 서로 공감하며 협력해왔다. 교직원들 사이의 호칭마저 모두가 서로 '선생님'으로 통일했다. '선생님'이 되어주는 길은 어떤 경우에도 아이들이 존중받는 느낌이 들도록 해주는 것이었다. 부족한 것을 지적하기보다는 지지하고 격려하고 응원하는 것이었다. 현재의 아이들 상황으로 보아서는 이것이 최선이라고 선택한 길이었다.

결정적으로 아이들 회복에 힘을 보탠 것은 교무회의였다. 교장은 아직도 교무회의가 덜 성숙되었다고 느꼈지만 교사들은 처음 시도하다시피 하

는 민주적 의사결정 과정을 통해 변화하고 있었던 것이다. 변화된 교사가 교실에 들어갔을 때, 모든 교직원이 '선생님'이 되려고 애쓸 때 아이들은 회복하기 시작했던 것이다. '교장은 가장 책임이 무거운 교사'여야 한다는 말이 실감 나게 울렸다. 어른들의 변화가 아이들의 변화를 가능하게 한 것이다. 어른들도 서로 존중하고 존중받는 환경에서 살아야 할 필요가 있었던 것이다. 그래야 자기 성장을 도모할 수 있게 되고 아이들에게 '선생님'으로 존재할 수 있는 것이었다.

교장이 되어서, 아니 교장이 되었으므로 이렇게 동료들에게서 '학교는 어떻게 학교가 되는지' 배울 수 있었다. '나'의 전환이 동료와 학교의 변화에 얼마나 절실하게 작용하게 되는지 배울 수 있었다. 꿈을 잃은 것처럼 보이던 교사들도 사실은 교사가 되어 살겠다고 꿈꾸던 청년 시절의 교사상을 버린 적은 없다는 것, 개인이 어쩌지 못하는 상황에 오래 노출되다 보니 존경받는 교사로 살고 싶었던 꿈이 수면 아래로 내려가 있었던 것뿐이라는 사실도 새로 배우게 되었다. 학교공동체 안에서 가장 많이 성장하는 사람은 가장 많이 고민하고 애쓰는 사람이라는 사실도 알게 되었다.

학교는 어른이나 아이나 성장할 수 있는 생태계(교육과정, 인간관계, 학교문화, 학습체제, 시설환경 등이 유기적으로 결합하며 성장을 일으키게 되는 체제)가 만들어져 있을 때 학교로 작동된다. 그래야 지역사회가 마주한 현실의 상황에 교육으로 대응할 수 있는 학교공동체로 성장한다. 1950년대의 상황에 대응하기 위해 지역사회에서 학교를 세웠듯이 21세기 초의 포두지역 상황에 대응하기 위해 학교 구성원들이 지역사회와 함께 협력하며 노력해야 할 일은 지금 여기에 있는 포두 아이들을 잘 기르는 것이다. 학교를 회복하는 것이다. 포두에서 지낸 청소년기를 평생에 걸쳐 영향을 끼치는, 두고두고 잊을 수 없는 배움과 성장의 시기로 반추할 수 있도록 기르는 것이다. 고흥 포두에 학교가 있다.

〈인터뷰〉

포두중학교에서 근무했던 교사와 근무 중인 교장에게 물었다. 포두중학교에서
어떤 경험을 했으며, 그 경험의 의미는 무엇인가?(포두중학교 근무 연도 순으
로 정리함.)

함께 사는 학교 이야기 - 박래훈[15]

일반적으로 학교문화는 매우 개인적이다. 함께하기보다는 혼자 하는 것
이 훨씬 편하다. 중등은 더욱 그렇다. 교과로 구분되어 있다 보니 수업마
저도 개인의 영역으로 다루어지고, 다른 사람의 수업에 개입하지 않으려
한다. 세 학교를 거치며 교직 경력이 두 자릿수가 되어갈 때까지 그랬다.
잘하고 싶고, 열심히 하려고 했지만, 누군가와 함께 잘해볼 생각을 해본
적이 없고, 학교에서 그런 경험을 해본 적도 없었다. 굳이 교사가 협력해
야 한다면 학교 밖에서 같은 교과 교사들이 모여 공부하는 것 외엔 없다고
생각했다.

하지만 포두중학교를 만나고 교사로서 나의 삶은 크게 달라졌다. 나만
열심히 하고, 나만 잘하면 된다고 생각했던 것에서, 함께 열심히 하고, 함
께 잘하는 것이 교사로서의 삶의 목표가 되었다.

학교 비전을 함께 만들다. 포두중학교에 전입 발령을 받고 새 학기 준비
를 위해 개학 전부터 교사들이 모였다. 보통의 학교는 이때 새 학기 업무
를 나누게 된다. 힘들거나 곤란한 업무를 맡지 않기 위해 서로 눈치를 보
게 되는 가장 힘들고 어려운 순간이다. 그런데 포두중학교는 달랐다. 새

---

15 박래훈: 2012년부터 2015년까지 포두중에 근무하면서 '함께의 힘'을 경험했다. 내 교실을 넘어 학교 교육
을 고민하기 시작했으며, 교사도 학교에서 배우며 성장해야 한다는 것을 알게 되었다.

학기 준비를 위해 가장 먼저 한 일은 학교의 비전을 세우는 것이었다.

학생으로, 교사로 학교생활을 해왔지만, 학교 비전을 기억하고 있는 것이 하나도 없었다. '성실', '근면' 등이 교훈으로 칠판 위 액자에 걸려있었지만, 그것이 왜 있어야 하고, 도대체 학교교육과 무슨 관련이 있는지 전혀 몰랐다. 당연히 학교교육 목표는 나와 상관없는 것이었다.

그런데 포두중학교에 전입하자마자 학교 비전에 대해 함께 고민해보자고 하는 것이었다. 내 교실, 내 수업에서 어떤 목표를 가지고 활동할 것인가에 대해서는 간혹 생각해 보았지만, 학교의 교육목표가 무엇이어야 하는가에 대해서는 한 번도 생각해 본 적이 없었다. 그렇다 보니 학교 비전을 세우기는 쉽지 않았다. 도대체 무슨 이야기를 해야 하나 막막했다. 하지만 비전을 세우기 위해 이야기를 나누면서 처음으로 동료 교사가 교육에 대해, 그리고 아이들에 대해 어떻게 생각하는지 듣게 되었다. 평소에 전혀 이해할 수 없었던 동료의 행동이 조금씩 이해가 되기 시작했다. 멋있는 비전을 만들지는 못했지만, 비전을 고민하는 과정에서 포두교육에 대해 함께 고민하기 시작했다. 내 교실, 내 수업에만 머무르던 나의 고민이 학교라는 공간으로 확장되었다. 이전에는 학교와 내가 따로 분리되어 있었다. 교사로서 학교는 근무하고 떠나는 순간 끝이라고 생각했다. 하지만 함께 비전을 고민하면서 처음으로 '우리' 학교라는 생각이 들었다. 그리고 나는 학교교육을 위해 무엇을 해야 할 것인가를 생각하게 되었다.

함께 이야기 나누다. 포두중에서는 매주 월요일 오후, 전 교직원이 모여 회의를 했다. 그동안 경험했던 회의는 부장 교사가 부서별 업무를 보고하고, 교장 선생님이 당부 사항을 전달하는 것으로 마무리되었다. 이름만 회의일 뿐 일방적인 전달이었다. 당연히 포두중의 회의도 그러리라 생각했다. 하지만 포두중의 회의는 매우 달랐다. 누구나 회의에서 하고 싶은 이야기를 제안할 수 있고, 자기 생각을 자유롭게 이야기할 수 있었다. 회의에서 무언가를 결정할 때도 모두가 동등하게 참여했다.

그런데 막상 권한이 주어졌지만 사안을 논의하고 결정하기는 쉽지 않았다. 교사들이 자유롭게 말할 수 있는 분위기를 만들려고 일부러 교장, 교감 선생님이 발언하지 않았지만, 마지막에는 다시 교장 선생님의 의견을 묻는 일도 있었다. 함께 의견을 나누고 결정해 본 경험이 없는 교사들에게 포두중의 회의는 무척 낯설었다.

그러나 회의 문화가 바뀌는 데는 오래 걸리지 않았다. 학교에서 하는 모든 일은 월요일 회의 시간을 통해 결정되었다. 교사들이 권한을 갖는 순간 그 책임도 커졌다. 학교 교육과정에 수동적으로 참여하던 교사들이 학교 경영의 주체로 자리 잡았다. 그리고 회의를 통해 결정된 일은 개인의 일이 아닌 포두중 구성원 모두의 일이 되었다.

학교를 넘어 함께하다. 교사들이 학교 교육의 주체로 자리 잡기 시작하면서 학교도 변하기 시작했다. 학교의 변화는 아이들을 통해 나타났다. 너무나 어둡고 무기력하던 아이들이 점차 자존감을 회복하며 밝아지기 시작했다. 그러나 여전히 얼굴 한구석에 어두움이 남아 있었다. 다양한 교육과정과 수업의 변화 등을 시도하였지만 조금은 부족했다. 그때 학교 밖에서 우리와 비슷한 고민을 하는 사람들을 만나게 되었다. 소외된 지역에 사는 아이들의 자존감을 회복하기 위해 다양한 교육 지원 활동을 하는 '아름다운 배움'이라는 교육 단체였다.

하지만 함께하기는 쉽지 않았다. 특히 교사들의 반발이 심했다. 학교 밖의 사람들과 협력해 본 경험이 없는 교사들에게 그들은 외부인이었다. 그런 외부인들이 과연 우리 아이들을 위해 의미 있는 교육활동을 할 수 있을지 의문이었다. 몇 번의 만남을 통해 서로가 서 있는 위치가 다를 뿐 우리 아이들의 자존감 회복이라는 같은 목표를 가지고 있음을 확인하였다. 그리고 무려 9박 10일간의 교육 프로그램을 함께하기로 하였다.

'아름다운 배움'을 통해 전국에서 모집한 대학생 자원봉사자 20명이 학교로 왔다. 그들과의 사전워크숍에서 학교는 우리 아이들의 특성을 공유하고, 학교가 바라는 점을 이야기했다. 그리고 이를 바탕으로 교육 프로그램을 구성했다. 새로운 것을 배우고 경험하기보다는, 대학생 멘토와 아이들 한 명 한 명이 관계를 맺어 나갔다. 10일 동안 아이들은 멘토들과 함께 온전히 나에 대해 생각해 보는 시간을 가졌다. 내가 좋아하는 것은 무엇이며, 잘 할 수 있는 것은 무엇인지 나를 찾는 시간을 가졌다. 특별한 활동이 없었지만, 아이들은 자신들의 얘기에 귀 기울여 주는 멘토들과 깊은 관계를 맺기 시작했다. 길 것 같았던 9박 10일의 시간이 마무리되는 날, 멘토와 아이들은 서로를 부둥켜안고 펑펑 울었다. 나의 이야기에 귀 기울여 주며 나를 온전히 아껴주는 사람들과 지낸 시간은 아이들의 자존감을 회복하기에 충분했다. 그리고 이렇게 시작한 꿈사다리학교 프로그램은 매 학기 진행되고 있다.

교육에 대해 고민하는 학교 밖 사람들은 학교 울타리를 넘기가 쉽지 않다고 말한다. 포두중에서도 처음에는 쉽지 않았다. 하지만 학교 울타리가 조금씩 낮아지고 그들과 함께하기 시작하면서, 우리 아이들을 위해 고민하는 사람들은 많아졌고 포두교육은 깊어지고 넓어졌다. 이러한 변화의 혜택은 오롯이 우리 아이들을 비롯한 학교 구성원들에게 돌아갔다.

혁신학교에서 수업하기 - 박진환[16]

교사라면 누구나 좋은 수업을 하고 싶은 마음이 있다. 나도 그런 열망이 강했고, 포두중학교에 오기 전에는 지역에서 배움의공동체 공부모임에 참여하고 있었다. 그러다 포두중학교에 오게 되었고, '아이 눈으로 수업 보

기' 방식을 접하게 되었다. 교사는 객관적으로 학생의 행동을 바라보고, 그 행동의 의미를 파악할 수 있어야 한다. 학생에게 무엇이 필요한 것인지, 학생들은 수업 중 어떤 어려움을 겪을 수 있는지, 그러한 어려움을 해결하기 위해 어떤 도움을 주는 것이 가능한지를 고민해야 한다.

그러나 전문연구자의 지속적인 코칭 없이 교사들끼리 이 방법을 통해 수업협의회를 지속하는 것은 어려움이 있었다. 새로운 방법에 대해 알아보았고, 수업협의회를 교사가 성찰할 수 있는 과정으로 만들어주는 수업 나눔을 적용하게 되었다. 모든 과정이 그러했지만 이 역시 쉽지 않았다. 교사가 자신의 수업을 제대로 성찰하기 위해서는 수업의 장면을 직면할 필요가 있다. 그러한 직면을 수업 친구가 도와주어야 한다. 그런데 수업 나눔에 참여한 교사들이 직면할 수업 장면을 선정할 때 개인의 판단이 자연스럽게 섞이게 된다. 자신이 생각하는 좋은 수업에 어긋나는 장면들이 직면 대상의 수업 장면으로 선정되고, 이는 수업을 공개해준 선생님에게 고스란히 전달된다. 그래서 수업한 교사는 여전히 공격받는 느낌이 들고, 이는 수업 나눔을 불편하게 만든다. 그러다 보면 다시 예전처럼 칭찬 일색의 형식적 협의회로 회귀할 위험이 있다. 물론 연습을 통해 판단 없이 직면을 도울 수 있다. 하지만 수업 나눔에 참여하는 모든 교사에게 이런 수준의 대화 역량을 요구하는 것은 현실적으로 불가능해 보였다.

배움의공동체, 아이 눈으로 수업 보기, 수업 나눔의 방법들을 학습하고 실천해보면서 교사로서 의미 있게 성장하였고 수업의 질을 높이는 계기가 되었지만, 동료 교사들과 함께 지속적으로 수행할 수 있는 방법을 찾기에는 한계가 있었다. 그래서 근본적인 질문을 스스로에게 하게 되었다.

좋은 수업이란 무엇일까?

누구나 좋은 수업에 대한 자기 생각을 가지고 있고, 이는 자신의 수업에 대한 길잡이가 되어준다. 하지만 수업을 공개하고 나누는 과정에서는 각 개인의 좋은 수업에 대한 생각의 차이가 수업협의회를 불편하게 만들고 있었다. 참관자가 생각하는 좋은 수업과 다르게 흘러가는 장면들이 눈에 거슬리게 된다. 심지어 수업한 교사가 의도한 것이고 스스로는 잘 진행되었다고 생각한 장면일지라도 어느 누군가의 눈에는 잘못된 수업 장면으로 보일 수 있다. 따라서 수업을 나누는 과정에서는 '좋은 수업'을 다시 정의하는 것부터 시작해야 한다. 수업을 공개하고 나누는 본질적인 목표를 교사의 성장과 수업 질의 향상이라고 본다면, 수업을 나누는 과정을 통해 이두 가지를 모두 성취할 수 있어야 한다.

이를 위해 다음과 같은 조건들을 가지고 있다면, 좋은 수업이라고 합의하는 것에서 출발하여 수업을 나누어야 한다고 생각하게 되었다.

- 교사는 수업에 대한 고민을 가지고 있다.
- 그 고민을 해결하기 위해 노력을 진행하고 있다.
- 노력의 결과를 수업에서 실행한다.
- 수업 후 전 과정을 성찰하고 새로운 과제를 도출한다.

이러한 관점에서 수업을 나누게 된다면 수업협의회를 진행하는 시기도 다양할 수 있다. 먼저, 수업에 대한 고민을 나누는 수업 나눔을 진행해 볼 수 있다. 평소 수업에 대한 생각들을 동료들과 공유할 수 있고, 수업을 구체적으로 구상하기 전에 아이디어들을 공유하며 수업을 새로운 시각에서 구성해 볼 기회를 얻을 수도 있다. 수업을 실행하기 전에 나누는 대화이기 때문에 참여하는 교사에게 부담이 적고, 편안하게 참여할 수 있다.

포두중학교에서는 모든 교사가 한 번씩 의무적으로 이 과정을 경험했다. 고민지를 미리 작성하여 수업과 학생들의 이야기를 나누고 수업에 대한 다양한 아이디어를 공유했다. 그리고 희망하는 교사의 수업을 함께 참관하고, 수업 나눔을 진행했다. 이때 중요한 것은 수업한 교사가 노력한 부분에 집중하는 것이다. 개인이 생각하는 이상적인 좋은 수업에 비추어 수업을 보는 것이 아니라 수업자의 고민과 그 노력의 결과로 수업을 바라보고 대화를 나눈다. 수업한 교사의 시선에서 수업을 공유하고, 수업자 스스로 수업을 성찰하고 이야기할 수 있는 기회를 주어야 한다. 이 과정에서 교사는 새로운 과제를 도출하고 이를 해결하기 위해 한 걸음 더 성장하는 교사가 된다.

교사는 완벽할 수 없다. 대신 교사는 지속적으로 성장할 수 있다. 마찬가지로 혁신은 결과물이 아니다. 지속적인 고민과 성찰 속에서 성장하는 과정이 혁신일 것이고, 이는 학교 교육과정 전체에 걸쳐 적용되어야 할 일이며, 이러한 과정을 경험할 수 있게 하는 것이 혁신학교로서 포두중학교가 가진 힘이라고 생각한다.

학교혁신, 끝이 보이지 않는 길 함께 가기 - 김철환[17]

2016년 포두중학교에 전입했을 때, 일부 교사들은 기존의 교육활동 방식에 익숙해져 있었고, 철학을 공유하고 의미를 되묻는 작업에 불편함을 표현했다. 그럼에도 불구하고 유일하게 공감하는 지점은 혁신학교 4년간 아이들이 긍정적으로 변화했다는 점이다. 그걸 인정하면서도 익숙한 방식을 바꾸고 싶지는 않았던 것이다. 소수의 헌신으로 학교가 변화하는 구조를 바꾸는 데 교사의 자발성이 가장 중요하다고 생각했다.

수업은 정말 재미있었다. 학생들은 서슴없이 질문하고, 사회현상에 관심이 많았다. 능동적이고 적극적인 학생들 덕분에 새로운 활동을 고안하는 게 매일 매일의 숙제였다. 모둠활동을 할 때는 친구들에게 도움을 청하는 모습이 매우 자연스러웠다. 고흥 지역 수업 연수에서 포두중의 몇몇 선생님과 함께했기에, 포두중의 수업혁신을 위한 노력이 꾸준했음을 알고 있었다.

---

17 김철환: 2007년 주말 부부의 굴레를 벗어나고자 광주에서 전남으로 전입하여 16년째 고흥에서 근무 하고 있다. 2016년부터 2019년까지 포두중에 근무했다.

학생자치활동도 마찬가지였다. 학생들에게 맡겨주고 어려움을 극복하는 방법을 함께 찾는 과정에서 진정한 자치활동으로 나아가고 있었다. 다음은 동아리 활동과 관련한 일화이다.

> A교사: 올해 자율동아리가 제대로 이루어지지 않아서 안타까웠습니다. 동아리 활동이 자리 잡을 때까지는 교사가 임장지도를 해야 할지 고민입니다.
> B교사: 그것은 자율동아리의 취지에 맞지 않는 것 같습니다. 활동이 잘 이루어지지 않을 때 가장 힘든 사람은 그 동아리의 구성원들일 거라 생각해요. 그것을 바라보는 우리보다 몇 배는 더 힘들겠지요.
> C교사: 그렇다면 월 1회 동아리 부장들과 담당 교사가 협의회를 가지면 어떨까요?

B교사는 혁신학교 운영에 동의하지 않는 분이었다. 자율성을 보장받는 학생이 자신의 활동에 더 많은 책임감을 느낄 것이라는 주장은 활동 과정에서 성장하는 학생들을 목격했기에 가능했으리라 생각한다.

새학년집중준비기간 첫날, 두 시간에 걸쳐서 기존의 비전을 돌아보고 새로운 비전 세우기를 진행했다. 그런데 5가지의 합의된 가치가 하나의 문장으로 이어지지 않는 것이다. 결국 기존의 비전에 해설을 만들어서 공유하자고 합의했다. 학교의 비전을 돌아보고 서로의 교육철학을 공유하는 것, 학년 초에 해야 하는 가장 중요한 일이라고 생각한다.

교사는 교육과정 전문가이자 살아있는 교과서이다. 학생들은 자신을 존중하는 교사를 통해 존중을 배우고, 자존감 높은 교사들로부터 자존감을 배운다. 관리자는 학생들에게 제공하길 바라는 활동을 교사들이 경험하도록 해주어야 한다.

포두중학교는 이와 같은 역할에 대한 서로의 이해가 높았다. '교육과정협의회'라는 이름으로 매주 월요일에 교원들의 협의회를 가졌다. 생활교육, 수업 나눔, 상담, 학부모-지역사회와의 소통 등에 이르는 협의 시간을 통해 포두중학교는 전문적학습공동체로 거듭나고 있었다.

2019년 업무분장을 할 때 새로운 방법을 도입했다. 이틀에 걸쳐 학교의 비전과 자신의 교육철학, 포두중학교의 1년 교육과정을 되돌아본 다음, 전입교사까지 한 자리에 모여 자신이 하고 싶은 업무를 선택하도록 한 것이다. 우리는 이것을 업무 쇼핑이라고 불렀다. 결국 가장 부담스러운 업무들이 남게 되었고, 이것을 가져가는 교사들은 모두의 격려와 감사의 인사, 그리고 지원하겠다는 약속을 받으며 1년을 다짐했다. 이 과정에서 교육활동과 관련 없는 업무들이 걸러졌고, 개인의 이상과 학교의 비전 사이의 간극을 좁힐 수 있는 계기도 마련할 수 있었다고 생각한다.

이 해에는 혁신학교 7년간 두 명의 교무행정사가 역할을 분담해오다가 한 명으로 줄었다. 새학년 준비기간에 이 문제를 논의했다. 당장 몇몇 교사들이 단순 기안은 본인이 하겠다고 나섰고, 행정실에서도 기간제 교원 계약 등의 업무를 가져갔다. 혼자 남게 되었던 교무행정사는 자신의 전문성을 인정해주고 동료로서 돕고 있는 교직원에게 공감과 격려의 느낌을 받았다고 말했다.

학교혁신은 순차적으로 진행되어야 한다. 여러 영역을 병렬로 나열하면 누군가에게 손쉬운 것, 관리자에게 부담이 덜 가는 것에 눈길이 가게 마련이다. 학교혁신의 우선순위를 가리고, 학교와 우리 아이들을 위해 해결해야 할 과제에 집중하는 노력이 필요하다. 그런 의미에서 포두중학교의 교사 문화와 학생문화의 변화상은 시사하는 바가 크다. 교사와 학생의 자발성이 발현되는 환경을 구축하는 데 힘을 쏟았기 때문에 가능한 성장이었다.

학교혁신과 교장으로 살기 - 정운영[18]

학교혁신은 아이들의 성장과 발달을 위해, 학교공동체가 교육의 본질에 대해 고민하며 학교문화와 시스템을 함께 바꿔나가는 것이라고 이해한다. 포두중학교는 전남혁신학교 10년을 넘기며 학교공동체가 함께 노력하여 꽤 의미 있는 변화를 이루어오고 있다. 특히 학교 변화의 엔진이라 할 수 있는 교직원 협의 문화가 잘 정착되어 있다. 매주 월요일 7~8교시에 아이들은 외부 강사와 방과후활동을 하고, 교사들은 교육과정협의회를 진행하는데, 덕분에 유의미한 교육활동과 학생자치가 활발하다.

그럼에도 불구하고 포두중학교는 더 깊고 더 넓은 변화로 한 걸음 더 나아가야 하는 과제를 안고 있다. 그 핵심은 학교교육과정이라고 생각한다. 학교 교육의 중심이 교육과정이고, 교육과정으로 학교 교육을 실현하기 때문이다. 학교교육과정은 학교공동체의 철학과 비전을 담은 교육목표, 교육내용, 교육방법, 평가 등을 만드는 실천 계획이자 공적인 약속이기에 교육과정을 함께 만들어가는 데서 학교 자치는 시작된다고 믿는다. 새학년집중준비기간에 새로 전입할 교사들도 초대해서 함께 2022년 교육과정을 만들었다.

- 우리 아이들이 어떻게 성장하길 바라는가?
- 우리 아이들이 어떤 세상에서 살아가길 바라는가?
- 우리 아이들에게 꼭 필요한 역량은 무엇인가?
- 그것을 위해 수업, 생활교육, 학습을 돕는 평가를 어떻게 할 것인가?

---

18 정운영: 2020년 9월 1일부터 4년간 공모교장으로 포두중학교에 근무 중이다. 학교혁신은 학교 구성 원들과 함께 질문하고 실천하며, '아이들의 성장과 발달'이라는 교육의 본질을 찾아가는 것이라고 생각한다. 아이들이 '더 나은 자신과 세상을 함께 만들어 가는 민주시민'으로 자랄 수 있도록 20여 년 째 동료들과 더불어 학교 변화를 위해 노력하고 있다.

학생 대상 교육과정 설명회는 '청소년기의 뇌, 미래교육 방향, 학생 행위 주체성, 교육과정'까지 연결하는 수업방식으로 진행했다. 다음 날에는 '우리가 바라는 세상, 나는 어떤 사람으로 살 것인가, 내가 기르고 싶은 역량, 우리에게 필요한 역량, 그것을 기르기 위한 비전 세우기와 필요한 교육활동(수업, 프로젝트, 생활교육, 동아리 등)'에 대해 토의하는 시간을 가졌다. 아이들은 자신이 하고 싶은 교육과정을 설계하고 나누는 경험을 통해 스스로 학습하고 실천하는 주체적인 사람으로 거듭 성장하리라 믿는다. 교육과정 만들기가 끝나고 활동 결과물을 바라보던 한 아이가 이런 말을 했다.

"오늘 깨달은 게 많아요. 전두엽이 중요하다는 것을 알았어요. 역량이 중요하다는 것도요. 그걸 키우려면 앞으로 열심히 공부해야 할 것 같아요."

평소에 말수가 적은 친구인데 술술 말하는 게 좀 신기하기도 했다. 우리는 어떤 교육을 할 것인가, 우리는 어디로 가야 하는가, 함께 고민하고 실천하는 것이 얼마나 아름다운 일인지, 그런 질문에 설레는 시간이었다.

교사들도 방향에서 내용까지 같이 결정하고 같이 책임지니 만족했다. 협의만 함께 하는 것이 아니라 교장도 역할을 나누어 책임지니 교사들도 안도하는 것 같았다. 사실 교사들은 열정적인 교장이 오면 갑자기 일이 늘어날까 봐 걱정했다고 한다. 교장의 역할은 반 발자국 앞서서 갈 길을 제안하고, '해야 하니까 하라'가 아닌 '하고 싶은 일을 할 수 있도록 돕는' 것이라고 생각한다.

학교자치는 교육과정을 함께 만들어가는 것에서 시작된다. 교육과정에 학교교육의 철학과 비전을 담기 때문이다. 그래서 내용도 중요하지만 교육과정을 만들어가는 절차와 과정이 중요하다. 만들어가는 과정에서 주체가 생겨나고, 토의하고 합의하는 과정에서 모두가 우리 학교 교육의 주인공이 되기 때문이다. 교육과정을 함께 만들어야 아이들의 실태와 성장 상황에 따라 지속적으로 수시 수정·보완하는 교육과정 운영 체제를 갖출 수 있다. 개별 교사의 능력에 따라 교육과정이 편성되고 운영되는 학교를 넘어 동료 교사, 우리 아이들, 학부모를 포함한 지역사회까지 함께 '포두중' 교육을 책임지는 학교가 된다. 혼자서 끙끙대던 수업, 생활교육 등이 협의와 협력과 연대를 통해 집단지성이 살아 있는 학교가 된다. 이것이 학교혁신이라고 생각한다.

이제는 민주적인 협의 문화를 넘어 수업이나 교육과정 고민을 조금 더 깊이 있게 해야 한다고 교사들이 느끼고 있다. 학교 비전을 세우고, 그것을 수업과 연계하여 교육과정을 수립하는 것이 중요하다는 사실도. 학교 비전을 말하면서 우리 아이들이 어떤 역량을 키우도록 할 것인가에 대해 열정적으로 토의를 했다. 교육과정을 평가하면서 어떤 교사는 작년에 비전을 세워서 교육과정을 재구성하자고 할 때 사실 자기는 반대했었는데 이제는 비전 세우기가 중요함을 깨달았다고 한다. 질적인 변화가 필요한 시기임을 교사들이 스스로 느끼고 있다.

모래에 물을 부으면 빠르게 스며든다. 교장이 물과 같은 역할을 해줄 때 모래가 더 단단해지고, 관계가 공고해질 거라고 생각한다. 교장이 전체를 보려면 스스로를 낮춰야 보인다. 그래서 교장이 수업을 하는 게 중요하다고 생각하게 됐다. 교사들과 입장이 같아질 때 이해의 폭도 커지고 깊게 연결된 느낌을 받았다. 아이들도 더 잘 이해할 수 있다. 2021년부터는 환경수업과 교과통합 프로젝트 수업의 한 부분을 맡아 아이들을 만나고 있다. 교장이 수업을 해야 제대로 물과 같은 역할을 할 수 있다는 확신이 들었다.

학교,
아이들의 놀이터가 되다

• 김영섭 •

학교는 늘 똑같다. 똑같은 건물, 똑같은 환경, 똑같은 생활. 학교는 재미 있는 곳도, 가고 싶은 곳도 아니다.

아이들은 어디에서 행복할까?

우리는 이런 고민에서 출발했다. 학교를 아이들의 행복한 배움터로 만들기 위해 교육공동체는 실천공동체가 되었다. 혁신학교의 가치와 철학은 우리 학교 공간을 학생의 배움과 연결시키고자 하는 마음과 닿았다.

학교는 삶의 공간이다. 삶의 공간에는 놀이와 배움이 있어야 한다. 내 이야기도 들어주고 따뜻하게 감싸주어야 한다. 학교는 그런 공간이어야 한다. 공간구성은 혼자의 힘으로 어렵다. 교육공동체의 협력이 수반되어야 한다. 그래서 공동체의 동의를 구하는데 많은 시간과 노력이 필요했다. 민주적인 학교문화는 이해와 기다림, 갈등의 연속이다. 상처받을 때도 많다. 복도의 각종 게시판을 제거하는 데 어려움이 많았다. 협의체의 반대로 설득과 기다림의 시간이 1년이었다. 교실 게시판 제거에는 반대가 더욱 심하였다. 오랜 시간의 협의 끝에 필요성에 대해 공감하며 공간혁신 이야기가 시작된다.

아이들은 흔들거리는 것을 좋아한다

놀이는 아이들의 권리이고, 즐겁게 노는 아이들은 창의성이 발달한다. 학교는 아이들을 위한 놀이공간을 제공해 주어야 한다. 그러나 현장은 녹록지 않다. 운동장에는 미끄럼틀, 정글짐, 철봉, 그네, 그리고 주민들을 위한 운동 기구가 있다. 대한민국 모든 학교가 공통이다. 그곳에는 아이들이 재미있어할 만한 다양한 놀이시설이 없다. 다행스럽게도 그네는 저학년 아이들이 좋아하는 편이다.

어른들은 아이들이 휴대폰에만 몰두한다며 아이들을 탓하고 있다. 교실에 갇혀있는 아이들, 게임만 하는 아이들, 학교에서 재미를 느끼지 못하는 아이들……. 이제 어떤 삶을 살게 할 것인가? 함께 고민하고 해결해야 할 과제다.

운동장 옆에 조그마한 동산이 있다. 동산의 면적은 농구장 크기보다 조

동산에 해먹 3개, 벤치 2개, 테이블 1개, 흔들의자 1개를 설치하였다. 교직원과 학생, 방문객들이 햇볕을 피해 들리는 공간이다.

금 넓다. 아이들이 그네를 좋아하기에 이곳에 흔들의자를 설치하였다. 흔들의자에 아이들이 하나, 둘 모이더니 학교의 명소가 되었다. 흔들의자는 2명 정도의 어린이가 앉기에 적당하다. 그러나 서너 명이 올라타며 즐거워한다. 흔들의자를 밀어주는 아이, 옆에 서 있는 아이, 앉아있는 아이들 모두가 밝은 모습이다.

　아이들은 그네와 흔들의자처럼 흔들거리는 것을 좋아한다. 그래서 나무와 나무 사이에 해먹을 설치하였다. 1인용인데도 2~3명이 올라타고 마구 흔들어대며 즐거워한다. 더운 날, 추운 날을 가리지 않는다. 중간놀이시간, 점심시간, 하교 후 이곳에서 휴식을 취한다. 해먹에 누워 휴대폰으로 음악을 즐기고 영상을 보는 아이들이 많다. 충분한 그늘이 제공되고 선선한 바람이 더해져 학생뿐만 아니라 교직원, 방문객들이 많이 머무르는 곳이다.

아이들은 타는 것을 좋아한다

　운동장에 두발자전거 10대와 세발자전거 6대를 두었다. 초기에는 분실 우려 때문에 하교 후에 창고에 보관하였다. 그러나 자전거 이동에 대한 불편과 분실되지 않을 거란 믿음으로 운동장에 상시 개방하였다. 1대의 분실도 없었다. 학교 근처에 사는 아이들은 자전거를 타기 위해 아침 일찍 등교한다. 학부모님은 자녀들이 자전거를 타기 위해 서둘러 학교에 간다며 흐뭇해하신다. 자전거 여러 대가 줄지어 트랙을 주행하는 모습은 장관이다. 2학기가 되면 1학년 아이들도 자전거를 탈 줄 안다.

　2인용 자전거, 빈폴자전거도 구입하였다. 쉽게 접하지 못하는 특별한 자전거여서 아이들이 신기해한다. 주말이면 외부인들이 학교를 방문한다. 2인용 자전거에 자녀를 태우는 부모님, 부부가 자전거를 타는 모습은 단란해 보인다.

　유치원 아이들을 위한 세발자전거가 있다. 유치원 아이들보다 초등학생이 더 좋아한다. 그것도 고학년 학생들이 좋아한다. 세발자전거에 큼직한 몸을 싣고 불편하게 페달을 밟는 데도 재미있어한다. 세발자전거로 경주

1학년 어린이가 마스크를 착용하고 트랙을 따라 빈폴자전거를 타고 있다.

까지 한다.

운동장이 사람 사는 공간으로 변모하였다. 아이들의 함성, 깔깔거림, 속삭임이 가득한 운동장이 되었다.

학교는 가장 행복한 곳이고 모든 어린이가 행복해하는 곳이다

아이들은 어디에서 행복할까? 월트디즈니는 '세상에서 가장 행복한 곳, 모든 어린이가 행복해하는 곳'을 꿈꾸며 디즈니랜드를 완성하였다. 학교가 디즈니랜드가 되길 바란다. 그래서 운동장 주변에 트램펄린, 집라인, 스케이트보드장, 모래놀이장 등 여러 가지 놀이기구를 설치하였다. 아이들이 학교에 있는 날이면 지루해하지 않는다. '학교는 가장 행복한 곳이고 모든 어린이가 행복해하는 곳'이라는 디즈니랜드의 비전과 학교의 비전을 실현하였다. 아이들은 자치활동 시간에 트램펄린 이용 규칙도 만들었다.

아이들은 아침, 중간, 점심, 하교 시간을 이용하여 트램펄린을 즐긴다.

- 마스크 착용하기
- 5명만 타기(1, 2학년은 7명까지 타기)
- 시간은 5분만 타기
- 힘들면 밖으로 나오기
- 유치원은 트램펄린이 비어있을 때 탈 수 있게 하기
- 정해진 요일에만 타기

집라인 운행 첫날, 집라인을 타려고 줄을 섰다. 몇 명의 친구들은 집라인을 밀어주고 있다. 집라인 길이는 20m 정도의 짧은 거리지만 스릴을 느낄 수 있다.

커다란 미끄럼틀

3, 4학년 학생들이 광주로 도시 체험을 갔다. 체험을 마치고 돌아오는 길에 광주에 있는 공용 스케이트보드장에 들렀다. 단순하게 생긴 스케이트보드장인데 모두가 어우러져 신나게 노는 것이다. 스케이트보드장에서 신나게 달리는 아이, 힘차게 달렸지만 오르지 못하는 아이, 미끄러져 내려오는 아이, 높은 턱을 손으로 잡고 낑낑거리며 오르는 아이, 높은 곳에 올라 친구를 바라보는 아이, 높은 곳에 오른 아이가 친구의 손을 잡아주는

스케이트보드장은 유치원부터 6학년까지 꾸준한 인기를 받고 있다. 혼자 또는 여럿이 즐기며 어울리는 곳이다.

아이. 친구의 손을 잡고 함께 뛰어가는 아이. 너무나 즐거워한다.

학교에서도 아이들은 '미끄럼틀을 좋아한다. 그런데 혼자만 탈 수 있다. 친구와 둘이서 함께 내려오지 못한다. 뛰어가서 미끄럼틀을 오르고 싶은데 그러지도 못한다. 스케이트보드장이 그러한 욕구를 해결해 주는 것이다. 높은 곳에 오르는 도전도 할 수 있다. 운동장에 스케이트보드장을 설치하여 미끄럼틀로 이용하고 있다. 유치원부터 6학년까지 전교생의 인기를 한 몸에 받고 있다. 몇 해가 지났는데도 스케이트 보드장의 관심은 꾸준하다.

너와 나를 우리로 만드는 모래놀이

너와 나를 우리로 만드는 놀이가 있다. 모래놀이다. 저학년 아이들이 모래놀이를 좋아한다. 모래를 파고 나뭇가지를 꽂고 물도 붓는다. 뭐가 그리 재미있는지 모르겠다. 그래서 물었다.

"왜 그렇게 바닥을 파는 거야?"

하교 후 아이들이 모래언덕에서 소꿉놀이를 하고 있다. 양동이에 흙을 다지는 아이, 모래를 다양한 틀로 찍어내는 아이, 물을 긷는 아이 다양한 활동을 하고 있다.

"그냥, 재미있어요."

아이들은 모래놀이를 하며 소통하고 협동하며 창조물을 만든다. 모래놀이를 하며 사회성도 기르고 친구와 우정도 쌓는다. 어른들도 모래놀이 추억을 간직하고 있을 것이다. 친구들과 해 지는 줄 모르고 놀던 기억들. 한참 모래놀이를 하고 있으면 어머니께서 부르신다.

"○○야, 그만하고 빨리 들어와, 저녁이다. 밥 먹어야지"
"친구야, 나 먼저 갈게."

그 시절이 친구와의 소중한 추억으로 남았다.
모래놀이를 하는 아이들을 유심히 바라보던 선생님이 제안하였다.

"바닥을 깊이 파고 모래를 더 많이 쌓으면 좋겠어요."
"TV에서 보았는데 아이들은 깊이 파려는 욕구가 있다고 합니다. 땅 아래를 깊이 파서 모래를 충분히 쌓으면 좋겠습니다."
"모래언덕을 만들면 언덕 너머에 대한 궁금증도 자아내고 정상에 오르는 기쁨도 있다고 합니다"

　선생님 말씀대로 모래를 충분히 쌓았다. 신난 아이들은 모래 위에서 건축공사를 하는 것이다. 모래집과 터널을 만들고 성을 쌓는다. 물도 길어다 붓는다.

　어느 날, 모래놀이장 옆에 자동차 한 대가 보였다. 자녀를 등하교시키는 학부모 차량이었다. 아이는 아랑곳하지 않고 모래놀이를 계속하고 있다. 아버지는 운전석에 앉아 자녀를 바라보고 있었다. 30분 넘게 기다리면서도 얼굴엔 미소가 가득하다.

우리 학교 오락실

　어른들은 주로 혼자만의 시간과 휴식을 통해 피로를 회복한다. 그러나 아이들은 재잘거리고 뛰어다니고 친구들과 어울리며 에너지를 충전한다. 그래서 아이들을 위한 실내오락실을 만들었다. 교실 반 칸이 조금 못 되는 크기다. 이곳에 코인노래방, 두더지게임, 에어하키, 펌프잇업, 농구게임기를 갖추었다. 아이들의 놀이공간이다.

선생님과 아이들이 오락실에서 놀이를 즐기고 있다.

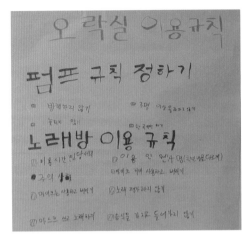
학생 다모임에서 만들어진 오락실 이용 규칙이다.

코인노래방에서 1학년 어린이 둘이 영탁의 '니가 왜 거기서 나와'를 부른다. 음정, 박자 모두 틀리게 부른다. 그래도 신났다. 한쪽에서는 두더지 게임, 에어하키를 하고 있다. 펌프잇업(예전의 DDR)은 인기가 많다. 펌프잇업은 음악에 맞춰 화살표 발판을 밟는 오락이다. '베토벤 바이러스'는 신나고 빠른 곡으로 난도가 높다. 두 명이 음악에 맞춰 빠르게 발판을 밟는다. 펌프잇업은 리듬을 익히고, 지구력과 민첩성을 기르기에 안성맞춤이다. 학교에 오락실을 갖춰 놓으니 많은 어린이가 찾는다. 비좁은 공간에 아이들이 많으니 혼잡하고 대기 줄도 많다. 아이들도 이용 규칙의 필요성을 느꼈는지 자치활동 시간에 이용시간표와 규칙을 만들었다. 하루에 한 학년만 사용하고 다른 학년은 사용하지 못하게 하였다.

어느 정도 시간이 흘렀는데 돌봄 선생님이 문제를 제기하였다. 오후에 오락실이 비어있는데도 1, 2학년이 사용하지 못하는 것이다. 규칙 때문에 고학년생에게 쫓겨난 것이다. 규칙은 개선되었다. 오락실이 비어있을 때는 자유롭게 이용하되 사용 학년이 오면 비켜주기로 한 것이다. 자신들이 만들어서인지 규칙을 잘 지킨다.

계단과 복도가 밝아졌어요

선생님은 학생 곁에 있어야 한다. 선생님의 시간을 온전히 학생에게 돌려주어야 한다. 선생님과 학생이 옹기종기 모여 소소한 이야기, 행복한 이야기를 나누고 고민을 이야기하는 시간을 제공해 주어야 한다.

학생 작품, 교색, 교화, 교목, 대한민국 지도가 게시되었던 자리에 학교의 비전을 담은 벽화를 그렸다.

선생님의 시간을 어떻게 돌려드릴까? 각종 게시물을 제거하면 어떨까? 환경 구성에 쏟는 시간이 줄어들어 학생들과 함께하는 시간이 많아지게 될 것이다. 많은 공력을 들이지만 교육적 효과가 미미하니 피로도가 높은 것을 덜어내어 교사에게 시간을 돌려주는 것이다.

복도를 둘러보면 많은 게시물이 있다. 누구도 관심을 두지 않는 게시물, 졸업한 학생들의 작품, 교체해야 할 작품, 한자 성어, 교색, 교화, 교목, 지역 특산물, 관광지 등으로 가득하다. 누구도 그곳을 주시하지 않았다. 액자를 갱신해야 하지만 학생이 참여해야 하고 좋은 작품이어야 하고 많은 시간을 투자해야 한다. 번잡스럽고 갱신 요구도 없으니 무덤덤하게 지내

너저분한 각종 게시물을 제거하고 학교의 특색을
담은 벽화로 대체하였다.

왔다. 원래 있던 자리에 박제되어 교육
적이지도 않고 아름답지도 않고 미관까
지 해친다.

선생님들과 협의하여 복도의 게시판
을 모두 제거하고 그 자리에 학교의 비
전(삶이 재미있고 배움이 재미있는 학교)을 담
은 벽화로 채웠다. 복도가 한층 밝아졌
다. 단순하고 깔끔한 환경에 모두 만족
했다.

변하지 않는 교실

교실의 게시판. 그 자리를 언제나 지키고 있다. 직사각형 모양에 알루미
늄 테두리, 초록색 바탕, 여러 가지 게시물. 학년 초가 되면 환경 구성으로

게시판은 대한민국 어느 교실을 가도 볼 수 있다. 그 자리를 채우기 위해 교사
와 아이들은 힘겨운 시간을 보낸다.

소동이 일어난다. 게시판은 아이들의 공간이 아니라 보여주기 위한 치장의 공간이다. 수업은 뒤로한 채 환경을 꾸미는 데 많은 시간을 소비한다. 그래서 3월은 교육과정 정상화가 어렵다. 선생님들과 협의하여 교실 게시판을 제거하였다. 교실 게시판 제거는 지금까지 시도된 적이 없어 선생님들은 처음에 모두 반대하였다. 게시판이 없는 교실을 경험하지 못했을 뿐만 아니라 학생 작품 게시의 필요성 때문이었다. 더욱이 예측 불가능한 상황에 대한 부담감도 있었다. 오랜 설득과 협의 끝에 6개 학급, 모든 교실의 게시판을 제거하였다.

그날 이후, 선생님들은 텅 빈 뒷면을 바라보며 수업을 하였다. 그런 상황은 선생님들에게 불안감을 주었다. 익숙하지 않은 공허함이다. 게시판은 언제나 교실 뒷면에 있어야 하고 학생 작품이 빼곡히 채워져 있어야 하는데 말이다. 그런데 예상 밖의 변화가 일어났다. 그곳에 시계를 걸고 하나, 둘 장식을 하는 것이다. 그러면서 학생들과 함께 교실 환경을 바꾸는 것이다.

교실 게시판 제거는 '신의 한 수'였다

어느 날, 6학년 담임선생님이 찾아왔다.

"교실 뒷면이 하얗고 허전합니다. 교실 뒷벽에 페인팅을 해도 되나요?"
"그렇게 하세요."
"그런데, 내년에 다른 선생님이 교실을 사용할 때 만족하지 않으면 어떡하나 걱정됩니다."
"그럼, 다시 흰색으로 페인팅할게요."

버림은 채움의 미학이다. 선생님은 채움의 필요성을 느낀 것이다. 선생님은 아이들과 라주어 페인팅을 하였다. 라주어 페인팅은 벽화를 수채화처럼 그리는 것으로 솔에 물감을 묻혀 여러 번 붓질하여 색을 입히는 기법이다. 선생님은 미술 시간에 학생들과 칠하고 지우고, 다시 칠하고 지우기를 반복하고 있었다. 선생님 교실을 방문하여 물었다.

"선생님, 어제 페인팅이 아름답던데 왜 지웠나요?"
"저도 처음 하는 거라 물 조절에 실패하여 페인트가 흘러내립니다."
다음에 방문하여 또 물었다.
"선생님, 오늘은 왜 페인팅을 지웠나요?"
"오늘은 원하는 색상이 나오질 않았어요."

뒷면이 점점 은은하고 아름다운 모습으로 바뀌었다. 선생님과 아이들의 열정으로 최고의 교실이 되었다. 교실의 불필요한 사물함은 제거하고 필요한 사물함만 재배치하였다. 의자는 페인팅하여 어벤져스 의자로 탄생하

6학년 교실 게시판을 제거하고 그 자리에 라주어 페인팅을 하였다. 선생님과 학생들이 3주 동안 작업하여 완성하였다. 2층 구조물은 아이들의 아지트다. 학생들이 필요한 목재를 구입하여 선생님과 함께 제작하였다.

였다. 학생들은 2층 높이의 아지트도 만들었다. 선생님은 학생들과 함께 톱질하고 색칠하고 피스와 못을 박으며 완성했다. 6학년 교실은 비밀스러운 공간, 쉴 수 있는 공간, 감성 공간, 내가 만든 세상에 하나뿐인 공간이 되었다.

자신감을 얻은 6학년 담임선생님이 다시 찾아왔다.

"교실 창가를 새롭게 꾸미고 싶습니다."
"파벽돌을 붙이고 판지를 올려 카페처럼 꾸며보고 싶습니다."

수납장이 있는 곳은 언제나 너저분하여 외면받는 공간이다. 그러한 공간을 개선하고 싶다는 선생님의 의견이었다.

"선생님 생각대로 꾸며보세요."

창가의 변화에 깜짝 놀랐다. 상상 이상이었다. 선생님은 수학 시간에 아이들과 벽면의 면적을 계산하고 필요한 파벽돌의 수량을 파악하였다. 그리고 실과, 미술 시간을 이용하여 파벽돌을 붙였다. 상판 소재는 학생들이 선택하여 크기에 맞게 주문하였다. 학생들이 교실의 변화를 주도한 것이다.

이듬해부터 교사전담교실제를 운영하였다. 선생님이 원한다면 해당 교실을 전출할 때까지 계속 사용할 수 있다. 이는 교실에 대한 선생님의 애착과 책임감을 높이기 위함이다. 그래서인지 교실이 선생님의 관심으로 지속하여 변하고 있다.

6학년 교실의 변화는 촉매제가 되어 인접 학급으로 확산되었다.

어느 날, 5학년 선생님이 찾아왔다.

창가 공간 구성 전
6학년 교실

창가 공간 구성 후
6학년 교실

"저도 교실을 꾸미고 싶습니다. 6학년처럼 파벽돌을 붙이지 못하지만, 널빤지를 이용해서 창가를 꾸미고 싶습니다."

선생님은 하얀 널빤지를 구입하여 벽면의 크기에 맞게 재단하여 붙였다. 상판은 치수를 재고 여러 목공소를 방문하여 제작 가능 여부를 타진하였다. 그리고 자신의 자동차에 목판을 실어와 부착하였다. 변화된 환경에 어울리는 의자와 인테리어 제품을 구입하여 배치하였다. 침침했던 창가가 밝고 세련된 공간으로 바뀌었다.

선생님은 교실을 생활공간으로 바꾸고 싶었다.

5학년 선생님은 3년째 같은 교실을 사용하고 계신다. 선생님의 깔끔하고 섬세한 성향이 교실 환경에 투영되었다. 교실은 담임선생님과 아이들

5학년 교실. 밝은 색상으로 꾸며진 창가의 구성과 인테리어가 돋보인다.

이 직접 디자인하였다. 아이들의 쉼과 놀이 활동, 학습 공간을 경계 짓지 않았다. 선생님과 아이들은 그들의 필요에 따라 교실을 설계하였다. 인테리어 전문가도 깜짝 놀랄 변화다. 교실에 들어서면 눈이 번뜩인다. 밝은 색채, 깨끗한 환경, 세련된 인테리어가 눈을 정화시킨다. 이름난 카페에 온 느낌이다. 학교를 방문해 주신 분들이 교실에 들어서면

5학년 교실. 뒷면이 정돈되고 간결하여 산뜻함을 느낄 수 있다.

"와!"

"카페 같은 교실이다."

"이런 교실에서 근무하고 싶다.'라며 교실의 매력에 흠뻑 젖는다.

4학년 교실은 애환이 많은 교실이다. 학교 예산만으로 공간을 꾸미다 보니 충분한 투자가 어려웠다. 예산은 몇 개의 교실에 집중되었다. 4학년 교실에 대한 투자는 없었다. 학생들은 다른 교실에는 새로운 물건이 들어오는데 우리 교실만 초라하다며 서운해하였다. 미안한 마음에 자투리 예산 40만 원 정도를 제공하였다. 아이들은 행복해하였다. 선생님과 함께 이커머스를 통해 흔들의자와 물품을 구입하였다.

2019년 2학기에 1천만 원의 예산이 확보되어 4학년에 모두 투자하였다. 학생들은 그룹 활동을 할 수 있는 칸막이 교실을 구상하였다. 그리고 선생님은 완성된 교실을 보지 못한 채 군대에 갔다. 아이들은 교실의 독립적인 공간에서 오순도순 이야기하며 하루를 보낸다.

3학년 교실은 밋밋했다. 교실 뒷면이 흰색 바탕 그대로였다. 2020년 7

4학년 교실. 학생들이 그룹 활동을 할 수 있도록 칸칸이 구분된 공간이다.

월, 가장 늦게 완성된 교실이다. 6학년 선생님의 제안으로 교실을 입체적으로 꾸미기로 했다. 창밖에서 바라본 카페의 모습을 디자인하였다.

3학년 교실은 3학년과 6학년 학생들의 프로젝트 수업으로 진행하였다. 6학년이 디자인하고 3학년이 색을 칠하는 것이다. 6학년이 카페 모습을 도안하였다. 완성된 도안은 빔프로젝터 2대를 이용하여 벽면에 투영하였다. 6학년 학생들은 벽면에 투영된 그림을 보며 외곽선을 그렸다. 3학년 학생들은 색상을 입혔다. 3차원의 입체 환경을 나타내기 위해 벽에 선반을 부착하고 전등갓 2개를 설치하였다. 앞쪽에 테이블과 의자 등을 배치하니 카페 분위기가 연출되었다.

선생님들의 협력과 아이들의 협동으로 꾸며진 값진 교실이 되었다.

3학년 교실. 카페 그림과 수납형 2층 침대, 테이블, 의자가 어우러진 환경이다. 아이들은 테이블에서 대화하고 침대에 올라 놀이와 휴식을 취한다.

2학년 교실은 선생님의 손길이 구석구석 닿아있다. 선생님의 생활 경험이 반영되어 편의성과 효율성이 돋보이는 교실이다.

수납이 가능하고 앉을 수 있는 계단형 좌석, 오르고 내리기에 안전한 15cm 높이의 단상, 책을 쉽게 꺼낼 수 있는 책장의 배치, 접근이 편리한 사물함, 개별 학습을 위한 원탁 테이블, 창가의 벤치 등이 그것이다. 저학년 학생의 신체 상황과 학습활동에 맞는 환경이다. 한 곳 한 곳 선생님이 꼼꼼하게 실측하고 검증하며 구성하였다.

허투루 낭비되는 공간이 없고 편의성이 돋보이는 교실이다. 가정과 사무실의 이점을 가져다 놓은 생활교실이다. 교실의 색상들도 알록달록하여 아이들에게 친근감을 준다.

2학년 교실. 담임선생님이 디자인하여 조성된 삶의 교실이다. 환경에 어울리는 사물함과 책장, 탁자, 수납장을 적절히 배치하였다.

기존의 책걸상은 가라. 기존의 책상은 교과서 한 권을 펼쳐놓으면 다른 물품을 놓을 수 없다. 상판이 비좁아 학용품이 자꾸 바닥으로 떨어진다. 의자는 딱딱하고 미끄러져 장시간 앉아있기 불편하다. 이러한 불편을 해소하기 위해 교과서 두 권을 펼칠 수 있는 넓은 책상과 쿠션 의자를 구입하였다. 의자는 학생들이 직접 앉아보고 만져본 후 학생투표로 선정하였고 의자의 색상은 각자가 선택하였다. 편리한 기능을 갖춘 현대적 감각의 책걸상이다. 의자는 통일된 색상이 아니어서 더욱 좋다. 다채로운 색상 때문에 교실이 밝고 활기차 보인다.

책상과 의자는 전교생 36명 모두에게 제공하였다. 자신의 책상과 의자는 졸업 때까지 가지고 진급한다. 책걸상을 소중히 여기도록 하기 위함이다. 책상과 의자는 방문하신 분들이 눈여겨보는 것 중의 하나다.

2학년 교실 뒤쪽 출입문에서 바라본 모습이다. 왼쪽에는 개별 학습용 원형 테이블, 오른쪽에는 전체 학습을 위한 책상이 놓여있다.

1학년 교실. 2019년 게시판을 제거하고 수납 가구를 구입하여 배치하였다.

1학년 교실을 가득 채우고 있던 투박한 사물함을 모두 제거하였다. 학습 용품을 관리할 수 있는 수납장과 벤치, 매트는 선생님이 선택하였다. 1학년이 활동하기에 널찍하고 쾌적한 교실로 바뀌었다. 넓은 공간으로 인해 아이들의 활기가 넘쳤다. 매트는 아이들의 놀이터였다. 누울 수 있고 뒹굴 수 있고 뛸 수 있었다. 매트에서 소꿉놀이, 퍼즐 맞추기, 여러 가지 놀이를 한다. 단출하게 꾸며졌지만 편안한 공간은 아이들을 머물게 하였다. 가정의 거실처럼 친숙하게 느낀 것이다.

1학년 교실은 다시 바뀌었다. 2019년 1학년 바닥 난방시설 공모사업에 선정되어 2020년에 완성되었다.

1학년 교실. 2020년 바닥 난방시설 공모사업으로 바뀐 교실.

교사용 탁자와 의자도 교체하였다. 기존의 컴퓨터용 탁자는 투박하고 불편하며 교실의 밝은 분위기와 어울리지 않는다. 선생님의 아이디어로 아일랜드 식탁을 교사용 탁자로 활용하였다. 아일랜드 식탁 2개를 연결하니 상판이 넓고 수납공간도 넉넉하여 편리하였다. 요즘은 서서 업무를 보시는 분들이 많아 모니터 받침대도 구입하였다.

6개 교실이 각각 특색 있게 꾸며졌다. 교사의 의도와 아이들의 요구를 반영한 교실이다. 이제 학생들이 진급하면 똑같은 교실이 아닌 색다른 교실을 만나게 된다. 3월이 되면 새로운 책, 새로운 선생님, 새로운 교실이 아이들을 맞이할 것이다. 아이들은 설레는 마음으로 교실을 찾아갈 것이다.

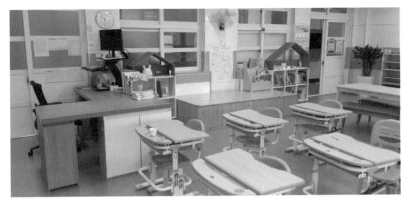

1학년 교실. 아일랜드 식탁 2개를 연결하여 교사용 탁자로 활용하였다. 상판이 넓고 수납공간이 많아 편리하게 사용하고 있다.

그동안 많은 분께서 학교를 방문해 주셨다. 그리고 이런 말씀을 하신다.

- 소인수 학급에나 가능하지 다인수 학급은 불가능해.
- 예산이 있어야지, 예산 없이는 어려워.
- 게시판을 제거하려니 엄두가 안 나.
- 나는 개선하고 싶은데 이웃 학급과 비교되어 민원이 발생해.

"이봐, 해보기나 했어?"

해보지도 않고 '안된다, 못한다, 어렵다'라고 얘기하는 이들이 있다.

해보지 않으면 어떤 일도 당연히 성공할 수 없다.

– 故 정주영 회장

공간구성은 2017년부터 시작하여 2021년까지 이어졌다.

이제는 21C 교실에서 21C의 교사가 21C 아이들을 가르친다고 말할 수 있다. 또한 현재에 머무르지 않고 변화는 계속될 것이다.

에필로그

아름다운 사람은 아름다운 환경을 만들고, 아름다운 환경은 아름다운 사람을 만든다. 환경 구성에 대한 부담이 줄어드니 선생님에게 여유로운 시간이 주어졌다. 여유로운 시간은 자연스레 수업으로 이어졌다.

선생님들은 수업 컨설팅을 통해 배움중심수업을 접하게 되었다. 몇 분의 선생님이 배움중심수업에 관심을 보였다. 선생님의 요청으로 배움중심수업 컨설팅 횟수를 늘리고 예산도 확보하였다. 선생님들은 전문적학습공동체를 통해 공동수업안을 작성하였다. 컨설턴트와 수업을 협의하고 수업 참관, 수업 후 협의회를 가지며 학생중심수업, 배움중심수업을 실천하였다. 두 분의 선생님은 목포교육지원청에서 개설한 배움중심수업 직무연수에 참여하며 수업의 재미에 빠져들었다. 아름다운 선생님이다. 수업을 위해 매진하시는 선생님, 참으로 오랜만에 만났다.

2021년, 임기를 마치고 다른 학교로 옮기게 되었다. 근무지를 옮겼지만 이전 학교의 소식을 종종 접한다. 2022년 7월 최근에 접한 소식이다. 7명 모든 선생님들이 배움중심수업 기초·심화과정 직무연수를 이수하셨다고 한다. 선생님들은 서로 수업 친구가 되어 수업을 촬영하고 수업 영상을 보며 배울 점을 찾고 전문가로서 자신만의 수업을 만들어 가고 있다고 한다. 전해 들은 선생님들의 말씀을 옮겨본다.

"수업안은 전문적학습공동체를 기반으로 선생님들이 고민하여 작성합니다."

"아이들이 활동지를 보며 탐구하는 모습에 보람과 행복을 느낍니다."

"수업에서 막혔던 상황을 언제든지 물어볼 수 있는 선생님이 계셔서 학교 가는 길이 든든합니다."

학교는 교육기관이다. 교육기관의 역할은 학생 교육이다. 선생님은 마땅히 수업에 능동적이어야 한다. 자신들의 수업을 끊임없이 성찰하고 탐구하는 그분들과 함께한 시간이 뿌듯하고 자랑스럽다.

"선생님, 선생님을 만나게 되어 감사드립니다."

못다 한 이야기

2021. 학교 전경 사진

2021. 학교 공간구성으로 노후화된 구령대를 없애고 학생 활동공간으로 꾸몄다.

학생들이 모래놀이장에서 모래를 파헤치며 즐거운 시간을 보내고 있다.

운동장에 천막을 설치하여 자전거를 보관하였다. 24시간 개방으로 원하는 시간과 휴일에 이용할 수 있다.

본관동 앞에 쉼터를 마련하였다. 수업, 야외 학습, 요리 활동이 이루어지는 곳이다. 전교생이 사용할 수 있는 적당한 규모의 공간이다.

학교의 야경을 밝히는 태양광 전등을 설치하였다. 1박 2일 캠프가 있던 날, 정원과 본관의 모습이다.

3부

—

배움과 성장이
살아 숨 쉬는 곳

—

잘하지 않아도
괜찮아

· 김세희 ·

우선 지금의 나를 소개하자면

새로운 일에 도전하는 것을 좋아해서 끝까지 해낼 자신은 없어도 일을 잘 벌이는 사람이다. 늘 교육에 관심이 있었고, 다른 사람들이 부정적으로 생각하고 힘들어하는 일을 때로는 다르게 해석해서 오히려 즐거워하기도 한다. 살다 보면 해야 할 일이 너무 많은데, 이렇게 생각하면 하기 싫어져서 '해야 한다' 대신에 '하고 싶다'고 자꾸 되뇐다. 잘하고 싶은 일이 많다. 잘해야만 멋진 사람이 아님을 알지만 그래도 뭐든 잘하는 사람이 되고 싶다. 한 가지를 오랫동안 지속하는 것은 힘들어해도 새로운 일을 빠른 속도로 습득하는 일에 자신이 있다.

내가 성장한 초, 중, 고등학교를 돌아보면

내가 다닌 낙성초등학교는 혁신학교이자 작은 학교로, 수업 시간에 주인공이 될 기회가 많았고 한 학년이 한 학급이라서 같은 친구들과 오래도록 지내 서로를 잘 알았다. 태권도, 바이올린, 외발자전거, 판소리, 댄스스포츠 등 요일마다 다른 방과후활동을 하며 다양한 체험과 경험을 했다.

또한 부모님들이 학교와 교육에 관심이 많았다. 부모님, 선생님, 친구들과 학교에서 밤늦게까지 놀고 운동장에 텐트를 치고 잤던 뒤뜰 야영이 기억에 남는다. 부모님들이 와서 통구이를 해주고 학생들이 직접 요리를 하기도 했다. 이때는 선생님들보다 부모님들의 역할이 컸다. 부모님들께서 밤에 불침번을 서거나 캠프파이어를 해주시는 모습을 보면서 부모님들과 함께 야영한다고 느꼈다.

학생 수가 적어 항상 학교 통폐합 이야기가 오갔다. 4, 5학년 때에는 '학교를 살리는 고구마'라는 이름으로 운동장 한편에서 전교생이 고구마를 키웠다. 부모님들이 농기계로 땅을 갈면 학생들은 선생님들과 함께 고구마를 심었고 여름방학에 학교에 나와 고구마를 캤다. 부모님들과 같이 고구마를 포장하고 우리가 쓴 손글씨 편지도 함께 담았다. 학교가 통폐합될지도 모른다는 불안 속에서 모두가 학교를 살리기 위해 힘을 모았다.

입학 전 순천별량중학교는 선생님들이 학생들의 의견을 잘 들어주고 학생들이 자유로운 학교라고 들었고, 실제로도 그런 학교였다. 전교생 다모임, 축제, 대의원이 진행하는 학급회의 등은 학생들이 주도하는 학교 문화를 보여주는 것이었다. 선생님들은 본인 생각을 강요하기보다 학생들의 의견을 수용해주셨고 학생들에 대한 애정이 남달랐다.

모둠 수업이 활성화되었던 것이 기억난다. 입학 초반에는 친구들에게 내가 모르는 것을 들킬까 염려하기도 했지만, 모둠 수업을 계속한 이후에는 과제가 주어지면 곧바로 모둠 친구들과 논의하게 되었다. 한 달에 한 주 수요일에는 한 학급이 남아 다른 학교 선생님들이 참관하는 공개 수업을 했다. 그때 나는 '우리 학교 수업이 본받을만하구나. 좋은 수업이구나.' 하고 자부심을 느꼈다.

3학년 때 간 지리산 종주도 인상적이었다. 지리산 종주를 함께 간 모둠원 친구들과 같이 밥을 해 먹고 산길을 걸으며 힘들 때 가방을 들어주면서 정말 끈끈한 관계가 되었다. 그때 다리를 다친 친구의 가방을 대신 들어주면서 나도 누군가에게 도움을 준다는 생각에 좋았다. '도움을 주는 사람'이 되고 싶다는 꿈을 꾸고 있었는데 그 꿈을 실현한 것이다.

벌교여자고등학교는 고등학교임에도 입시에서 비교적 자유롭고, 대학에 대한 고민뿐 아니라 내가 어떨 때 행복한지에 대해 고민할 수 있는 곳이었다. 사제지간 독서토론 프로그램이 있어 매주 선생님과 대화했고, 선생님들이 학생들에 대한 애정을 가지고 계셔 진로 상담이나 학교생활에 대한 고민 등 속 깊은 이야기를 나눌 수 있었다. 또 1년에 네 번 강사를 초청해 특강을 듣는 인문학 아카데미는 많은 시사점을 주었다. 그중 황윤 감독님의 다큐멘터리 영화와 특강은 내가 채식을 지향하는 계기가 되어 삶에 큰 영향을 주기도 했다.

학생들이 주도적으로 여행을 기획하고 다녀오는 '움직이는 교실-통합기행'도 큰 배움이었다. 당시에는 여행 기획이 어렵게만 느끼고 무거운 배낭을 메고 대중교통으로 이동하느라 힘들었다. 그런데 돌이켜 보면 그때 친구들이 있어서 든든하다는 것을 느끼며 나도 우리 조에 이바지해야겠다고 생각하게 되었고, 여행뿐 아니라 새로운 일을 기획하는 것이 더 이상 어렵지 않게 느껴졌다.

내가 생각하는 혁신학교는

자율, 협력, 사제관계의 측면에서 일반 학교와 다르다고 느꼈다. 먼저 혁신학교는 일반 학교에 비해 학생들의 자율적 선택권과 학생 자치권을 더 많이 부여한다. 학생회의 진행으로 전교생 다모임을 운영하여 의견을 자율적으로 공유하고, 결정된 사항을 전달하면 선생님과 부모님은 존중해주셨다. 이 과정을 통해 학교에서 학생이 교육공동체의 일원이라는 사실을 몸소 느꼈다. 학생들의 권리를 침해하거나 불합리한 일이 있는 경우, 의문을 제기하고 학생들의 권리를 주장할 수 있어야 함을 배웠다.

다음으로 모둠 수업을 통해 친구들을 이해하고 협력할 수 있었다. 대학에 와서 보니 친구들 대부분이 조별 과제를 싫어한다. 그런데 나는 조별 과제를 할 때면 '나 혼자서는 어려웠겠다. 같이 할 사람들이 있어서 든든하다.'라고 생각한다. 모둠 수업에 익숙해지면서 친구들과 과제에 관해 대화하고 질문하는 것이 자연스러운 일이 되었다. 때로는 선생님이 설명해 주시는 것보다 더 알아듣기 쉽게 설명해주는 친구도 있었고, 친구들과 질문하는 것이 일종의 놀이처럼 느껴지기도 했다. 이렇게 나에게 모둠 수업은 친구들과 마음껏 대화를 나누고 함께 답을 찾아가는 시간이었다. 그 덕분에 지금도 조별 과제를 부담스러워하지 않는다.

마지막으로 선생님들과 좀 더 친밀한 관계를 형성할 수 있다. 다모임 등으로 학교 운영에 학생 의견을 반영하고 학생 주도의 활동이 많아, 선생님과 학생 사이의 관계가 비교적 수평적이었다고 생각한다. 특히 중, 고등학교는 학생들이 교무실에 들어가는 것이 부담스럽지 않은 분위기였다. 선생님들이 학생들에게 애정을 가지고 있는 것이 우리 학생들에게도 보였다. 그렇다 보니 고민이 있을 때 선생님과 대화하고 상담하는 것이 자연스러웠다. 이렇게 사제지간에 신뢰를 쌓고 학교생활을 할 수 있었다.

다른 사람들이 보는 혁신학교는

① 공부를 하지 않는 학교?

왜 혁신학교가 공부를 하지 않는 인식이 생겼을까? 모둠 활동이 많아 강의식 수업에 비해 수업 진도가 빠르지 않아서 그렇게 생각하는 것일까? 그렇다면 이렇게 생각하는 분들에게 한 가지를 질문하고 싶다. 학교에서 일어나는 배움의 목적이 무엇일까? 주어진 지식을 잘 외우는 것이 그 답이 되기에는 아쉬움이 있다. 친구들과의 토론, 활동지에 제시된 단서, 전 차시에서 배운 것들을 활용해 스스로 답을 찾아내는 과정, 답을 찾았을 때 느끼는 희열과 뿌듯함, 문제를 마주했을 때 해결하는 나만의 방법과 절차

혹은 내가 무엇을 배울 때 즐거운지를 아는 것. 이 정도는 돼야 학교 속 배움의 목적이라고 할 수 있지 않을까. 그러니 진도가 빠른 것이 곧 배움이 큰 상태라고 보기는 어렵다고 생각한다.

교사가 강의식으로 수업을 운영하면 수업의 진도가 빨라 효율적일까? 물론 수업의 진도가 빠르다는 점은 인정한다. 그런데 내 경험에 비추어 보면 그렇게 얻은 지식들은 금방 휘발되었다. 반면에 선생님이 정답을 먼저 알려주기보다는 학생들이 스스로 해답을 고민하게 하는 수업에서는 내가 직접 발견한 지식을 더 오래 기억할 수 있었다. 게다가 스스로 고민하는 시간은 그 자체로 탐구하는 자세를 배우는 과정일 것이다.

중학교 2, 3학년 때 과학 선생님은 항상 답란이 빈 활동지를 주셨다. 이 활동지를 해결하기 위해서는 교과서를 참고하지 않고 모둠 친구들과 토의하며 답을 생각해야 했다. 이전 시간까지 배운 과학 지식과 원리로 이번 차시 활동지의 답을 추론했다. 수업 초반에는 처음부터 활동지에 맞는 답만 적어야 한다고 생각해서 이러한 수업 방식에 호감이 가지 않았다. 그런데 수업을 거듭할수록 친구들과 고민하는 시간이 즐거워졌고 좀 더 타당한 근거를 찾게 되었다. 우리 모둠이 생각한 답이 틀릴 때도 있었고 다른 모둠의 의견을 듣고 '어떻게 저런 생각을 떠올렸지?'하며 감탄하기도 했다. 그러면서 스스로 과학자가 된 기분을 느끼기도 하고 '그렇지. 이게 과학이지.'라고 생각하기도 했다. 친구들과 토의하면서 얻어낸 답은 너무 값졌고 알아낸 것을 쉽게 잊기에는 내 고민의 과정이 아까웠다. 그때 처음으로 과학을 즐거워하게 되었다.

② 체험학습이 많은 학교?

내가 졸업한 고등학교에서는 학기마다 3박 4일 동안 '움직이는 교실 - 통합 기행'을 떠났다. 고등학생인데 학기마다 이렇게 학교 밖으로 기행을 하니 '혁신학교=공부하지 않는 학교'라고 생각할 수도 있겠다. 그런데 내가 다닌 고등학교에서는 이외의 수련회, 체험학습이 없었다. 모든 체험학습 활동 시간을 모아 통합 기행으로 기획한 것이었다. 이렇게 하여 같은 시간이라도 보다 응집된 체험과 경험을 할 수 있도록 기획해 깊이 있는 학습을 할 수 있었다.

통합 기행은 기행 주제와 기행 장소부터 이동 방법, 활동, 숙소까지 모든 것을 학생들이 선정·기획하고 길을 찾아 떠나는 프로그램이다. 친구들과 주제를 정한 후 주제와 관련된 장소를 선정하며 차편과 숙소를 예약하면서 기획에 대한 두려움이 사라졌다. 이후에 주도적으로 여타 프로젝트를 시작할 때 부담 없이 시작할 수 있게 되었다.

'움직이는 교실 – 통합기행'은 그저 기행을 다녀오는 것으로 끝나지 않는다.사전에 답사 장소에 대한 정보를 모아 책자를 만들고, 기행 중에는 각 교과에 맞춘 활동지를 해결하며 사후에 기행 영상을 만들어 발표회를 통해 각자의 기행을 공유했다.

기행 전 여러 차례의 회의는 모두 학생 주도였고, 선생님들은 우리가 길을 잘못 찾거나 실수해도 기다려주셨다. 이때 주도성을 배웠다. 또 친구들 사이에서 서로 이해하고 배려하는 경험을 하는 것도 중요한 배움이었다. 배낭을 메고 대중교통을 이용해 기행을 하니 몸이 지쳐 친구들 사이에서 갈등도 있게 마련이었다. 그래도 갈등을 해결하기 위한 대화를 하고 서로를 이해할 수 있었다.

혁신학교인 초, 중, 고등학교에 다녔기 때문에

적어도 세 가지의 영향을 받았다. 먼저 내 의사와 입장을 솔직하게 표현할 줄 아는 사람으로 자랐다. 학생 자치가 내실 있게 이루어지는 학교에서 성장한 덕분에 나의 입장을 표현하는 것이 두렵지 않고 마땅한 것임을 알고 있다. 학생의 배움을 위해야 할 학교에서 학생들의 생활에 어려움이 되는 것이 있다면 함께 소리 내야 함을 안다. 개인적으로도 내 생각과 감정

등을 표현하는 것에 자신 있다.

다음으로, 내가 속한 집단에서 역할을 맡는 것이 중요하고 의미 있는 일임을 안다. 학생 수가 적은 혁신학교에 다니면서 학생 자치회나 학급 위원 등의 역할을 맡은 경험이 많고 학생 축제에서 사회를 맡기도 했다. 이렇게 어떤 역할을 맡아 나의 시간과 정성을 쏟으면서 내가 속한 공동체에 애정을 가지게 되고 자아존중감도 높아졌다.

마지막으로 다른 사람들과 함께 과업을 수행하는 일이 어렵지 않고 때로는 반가운 일로 받아들이게 되었다. 물론 처음부터 그런 것은 아니었다. 초등학교 저학년 때 다른 친구들을 견제하면서 빨리 수학 익힘책을 풀려고 한 기억이 아직도 남아 있다. 이런 나였지만, 특히 중학생 때부터 친구들과 함께 배우는 태도를 가지게 되었다. 매 수업 시간에 모둠 활동이 있었고 모르는 것이 있으면 친구들에게 질문했다. 모둠 수업이 당연하게 느껴지기 시작했다. 그래서 이제는 대학생이면 다들 피하고 싶어 한다는 '팀플'도 오히려 반가워한다. 나는 새로운 일을 시작하는 것은 좋아하지만 끝맺음은 잘 못 하는 편인데 팀 프로젝트에서는 다른 친구들의 추진력 덕분에 끝까지 집중을 유지할 수 있다. 그래서 혼자서는 해내기 어려운 장기 프로젝트도 다른 사람들과 협력하여 해낸다.

내가 혁신학교에서 교사로 근무하게 된다면

교육 실습에 가서 선생님들이 외부 공문 처리 등 과중한 행정 업무로 무척이나 바쁜 모습을 봤다. 거기에 혁신학교라면 관련 업무가 추가될 것이라고 생각한다. 학생들과 수업에만 집중하고 싶은데 교육계 현실은 다르다고 들었다.

그럼에도 불구하고 나는 혁신학교에서 근무하고 싶다. 스스로 답을 찾는 수업, 친구들에게 질문하고 함께 토의하는 모둠 수업을 구성하고 싶다. 학생 자치가 활발한 학교에서 학생들이 주도적으로 의사 결정하는 경험을 할 수 있도록 지원하고 싶다. 내가 혁신학교에서 성장했던 것처럼 전남의 학생들도 잘 자랄 수 있도록 기여하고 싶다. 혁신학교에서 근무한다면 이런 내 바람을 좀 더 오랫동안, 더 구체적으로 실천할 수 있을 것이라 기대해본다.

당했다. 유별난 학교라는 이야기도 많이 들었다. 왜 시험을 치르지 않는 거냐, 그렇게 해서 진도는 나가겠느냐, 공부를 하지 않으면 학력이 떨어질 거다, 등의 말들이 내 주위를 둘러쌌다. 당연히 시내권의 학교들보다 진도가 뒤처지는 게 맞았다. 하지만 그렇다고 해서 집중력이 떨어지거나 공부하는 태도가 나태해지거나, 수준이 뒤처진다고는 생각하지 않았다. 내가 다니는 학교는 한 주제를 가지고 심도 있게 파고들고 공유하면서 서로 알아가는 것이 더 중요하다고 생각했기 때문이다. 입학식 날부터 교장선생님과 선생님들이 강조했던 '경청'은 선생님과 친구들의 말에 귀 기울여 들으면서 나와 다르게 생각하거나, 나와 다른 의견을 가진 입장을 받아들이고 이해할 수 있도록 했다.

늘 경청이 바탕이 되어 학교생활을 하다가 '통합 기행'을 갔다. 친구들과 조를 짜서 함께 여행지를 정하고 교통편과 숙소 역시 계속 논의하면서 의견을 좁혀갔다. 항상 옳고 좋은 아이디어만 나오는 것이 아니었기에 갈등을 겪기도 하고 목적지에 도착하기 전 길을 헤매 엉뚱한 곳으로 가기도 했다. 여행 도중 지하철에 짐을 두고 온 친구도 있었다. 다시 돌아가 그 분실물을 찾기 위해 역무원을 찾아가 해결책을 강구해보기도 했다. 그 과정에서 선생님은 길을 찾는 학생들의 뒤를 묵묵히 따라와 주었다. 초등학교에서 갔던 수학여행은 학교에서 이미 짜놓은 여행지와 빌려놓은 버스에 올라타서 시간이 되면 내리고 구경하고 올라타는 방식이었다. 학생 수가 많았기 때문에 어쩔 수 없는 방향이었다는 걸 알기도 했고 그로 인한 추억들도 있지만 초등학교 때에도 이러한 활동을 미리 천천히 접했다면 어땠을까 하는 생각을 한다.

전교생이 모여 학교의 교칙을 논하는 다모임 자리에서는 전교생의 이야기를 듣고 내 의견을 이야기하면서 함께 고민해볼 수 있는 시간을 다양하게 접했다. 가감 없이 내 의견을 이야기하며 '나'라는 사람이 어떤 방식으로 생각하는지를 다수에게 드러낼 수 있었다. 과반수가 찬성하는 안건에 대해 "왜? 나는 다르게 생각해."라고 이야기하는 것이 이상한 것이 아니고 유별난 사람이 아니라는 분위기가 좋았다. 물론 그 의견을 수렴하는 학생회는 어떻게 이 안건을 풀어나가야 할지에 대해 고민을 깊이 했을 테지만 말이다.

벌교여자고등학교에 진학하게 된 것도 별량중학교에서 겪었던 것들을 놓치고 싶지 않아서였다. 친구들과 경쟁보다는 함께 알아가면서 배우는 과정들이 즐거웠다. 하지만 고등학교에서는 입시가 가장 큰 비중을 차지하다 보니 중학교처럼 자유롭게 의견을 논할 수 없었다. 혁신학교에서 가장 아쉬웠고 힘들었던 부분이다. 그리고 고등학교에서 만난 친구들은 혁신학교를 다니지 않고 바로 고등학교에 입학한 탓에 학생 주도적인 활동 방식을 힘들어하는 것이 눈에 보였다. 그래서 학년 초기에 자유여행을 갈 때도 친구들과 충돌이 있었다. 이 부분에서 고등학교 친구들도 함께 조금이라도 더 일찍 혁신학교를 경험했다면 함께 더 좋은 방향을 고려해볼 수 있지 않았을까 하는 생각이 들었다.

학교 안에서 나는 학습에 열의를 가진 학생이 아니었지만, 친구들과 의견을 공유하고 나누는 과정이 단순한 수다가 아닌 배움에 한 발짝 더 나아갈 수 있는 발판이 되어주었다고 생각한다. 선생님들은 공부를 특별히 잘하는 것보다는 모둠활동으로 친구들과 활발히 교류하며 알아가는 것이 진짜 배움이라는 것을 강조했다. 학교 밖에서는 다양한 상황과 마주하면서 학교 안에서 있었다면 몰랐을 것들을 가르쳤다. 현재의 나는 중 고등학교 때의 경험을 바탕으로 처음 가는 지역과 장소의 지리와 배경을 파악하는 능력을 갖추게 되었다. 가령 길을 헤매다 지하철을 반대로 탔을 때 어떻게 해야 다시 돌아갈 수 있는지, 어떤 방식을 활용해야 진짜 여행을 즐길 수 있는지. 학교에서 지리산 종주를 갔을 때 과학 시간의 연장선상으로 선생님이 별자리를 직접 보여주었던 적이 있다. 대충 지나치기만 했던 별을 그 자리에서 친구들과 함께 찾아본 기억이 아직도 인상 깊게 남아있다. 지금도 별이 많은 하늘을 보면 어떤 별자리가 있는지, 모르는 별자리가 있으면 어떻게 찾아봐야 하는지, 그렇게 찾아낸 별자리의 이름이 무엇인지 알아내고 뿌듯해한다.

나는 학교에서 가르치는 교과과정의 내용이 모두 같을지언정 그것을 어떻게 가르치느냐에 따라 단지 기억에 남는 것과 경험을 바탕으로 삶에 녹아드는 것이 다르다고 생각한다. 학교에서 배운 내용들은 사실 막연히 외우기만 하고 건조한 문자 자체로 일상에 대입시킬 수 없는 지식이 될 수도 있었던 것들이었다. 하지만 실제로 겪은 경험 덕에 내면화되고 배운 내용을 다시 떠올릴 수 있다는 것은 현재를 살아가는 소소한 행복이자 만족을 주는 기억이다. 나는 만나는 사람들에게 "친구들과 함께 배우면서 성장하는 중·고등학교를 다녔어요. 그래서 행복했어요."라고 말한다. 후배들이 꼭 내가 다녔던 학교를 경험했으면 좋겠다.

현재 나는 순천풀뿌리교육자치협력센터에서 근무하면서 가끔은 융통성이 없는, 가끔은 눈치가 없는 직원이기도 하다. 그만큼 내 입장을 솔직하게 표현할 수 있다. 모두들 이런 나를 이상하게 생각하지 않는다. 청소년기를 모두 혁신학교에서 보내면서 책임감과 자유분방함이 나를 구성하는 큰 축으로 자리 잡았다. 나는 어느 곳에서든 통통 튀는 사람이 되고 싶지만 모나지 않은 사람이 되고 싶은 욕심이 있었다. 그렇게 되기 위해서는 막연히 내 의견만을 고집할 것이 아니라 다른 이들의 생각을 들어보고 이해하는 게 먼저라고 생각한다. 나는 갈등 상황이 일어날 것 같으면 일단 상대방의 입장을 들어보고 역지사지한 다음 나의 의견을 이야기한다. 당연하고 단순한 방법처럼 보이지만 막상 실천하려면 어려운 일이라는 것은 누구나 알 것이다. 하지만 이 사실을 인지하고 행동으로 옮기려는 시도를 꾸준히 할 수 있게, 이렇게 생각하는 사람으로 살아갈 수 있도록 밑바탕을 깔아준 것은 나를 지켜보며 내가 하고 싶었던 일들을 편견 없이 지원해준 선생님과 학교, 그리고 친구들이 있었기 때문에 가능했던 일이다.

미래에 뭐 할 거야? 라는 질문에 명확한 답을 할 수 없다. 다만 내가 하고 있는 일들을 탈 없이 진행하고 있고 좀 더 나은 내가 되기 위해 끊임없이 노력하고 있다. 안정된 미래를 준비하기보다 새롭게 시도하는 일들, 예상치 못하게 내게 닥쳐오는 일들을 유연하게 받아들이고 싶다.

혁신학교에서
아이와 함께 자랍니다

• 권오산 •

  큰아이가 초등학교에 들어갈 시기가 되자 아이 교육에 대한 고민이 컸다. 아이들을 시골 학교에 보내기 위해 광주에서 인접한 장성으로 이주하였다. 아파트 콘크리트 숲에서 도시 학교에 보내며, 학원 '뺑뺑이'로 아이들을 내맡기고 싶진 않았다. 필자가 어릴 때 잠깐 시골에서 자라서인지 우리 아이들도 흙을 밟으며 생태적 감수성을 키우는 것이 좋다고 생각했다. 애들한테 선물이 되지 않을까 해서 들어오기도 했지만 실은 내가 오고 싶었던 것 같다. 2010년 큰아이가 진원동초등학교, 둘째가 같은 학교 병설유치원에 입학했다. 지금은 셋째가 진원동초등학교 1학년이다. 2010년부터 13년 동안 1년을 제외하고는 진원동초등학교, 병설유치원 학부모였다.

  내가 바라본 혁신학교는 아이들과 구성원들의 주체성을 고양하며 상호 존중과 협력을 통해 민주적 학교문화를 만들며 함께 성장하는 공교육 모델이다. 진원동초등학교는 '협력적 존중과 배움을 실천하는 학교'라는 비전으로 2012년부터 지금까지 혁신학교를 운영하고 있다. 필자는 2012년부터 학교운영위원, 학부모회 임원, 마을학교 대표 등으로 활동해 왔다.

진원동초등학교의 혁신학교 시작부터 지금까지 동고동락해 왔다. 2013년에는 전남의 다른 혁신학교 학부모들과 전남혁신학교학부모네트워크를 창립했다. 2014년에는 장성혁신교육지구학부모네트워크를 결성하여 2022년 5월까지 운영해왔다. 장성혁신교육지구학부모네트워크는 혁신학교뿐만 아니라 장성군 전체 유·초·중·고 학부모로 구성되어 활동했다. 2014년 전국혁신학교학부모네트워크도 함께 만들었다. 당시 전남, 전북, 광주, 경기 등 4개 시·도에서 시작해 지금은 9개 시·도에서 참여하고 있다. 이러한 학부모네트워크를 만들어 소통하며 혁신학교와 교육혁신을 공유하고 확산하기 위한 활동도 함께해왔다. 필자가 혁신학교 학부모 활동을 꾸준히 하는 이유는 혁신학교의 철학과 가치가 나의 교육관과 통하고 그로 인해 나도 많이 배우고 있기 때문이다.

경험을 나누고 함께 배우며 성장하기

진원동초등학교는 2011년 당시 자율무지개학교를 운영했는데 열정적인 교직원과 학교 활동에 적극 참여하는 학부모들이 있었다. 자모회가 있었지만 전체 학부모의 의견을 수렴하고 소통하기에는 다소 어려움이 있었다. 학교운영위원회에 학부모 의견을 반영하기에도 쉽지 않았다. 2012년 무지개학교로 지정되면서 학부모 참여를 더욱 필요로 했다. 이러한 생각에 동의하는 학부모 몇 명과 필자가 학교운영위원회 운영위원으로 나섰다.

운영위원들이 함께 만든 첫 번째 공약은 학부모회를 만드는 것이었다. 학년 대표와 총무를 뽑아 운영위원회 학부모 위원들과 학부모 대표자회의를 구성하였다. 매월 정기 모임을 하며 학부모 의견을 수렴하고 학교운영위원회에 반영하였다. 2013년 3월에 학부모총회에서 학부모회칙을 만들고 학부모회장을 선출해서 정식 학부모회가 출범하였다. 학부모 대표자회의는 학부모회 임원, 학년 대표, 학부모동아리 대표, 운영위원회 학부모위원으로 구성되었다. 학교운영위원회 학부모위원도 학부모회의 대표성을 갖고 출마하였다. 자모회를 마감하고 학부모회가 출범하자 학부모들의 의견수렴과 학교 참여는 공식적인 시스템 안에서 좀 더 적극적으로 이루어졌다.

학부모회는 월 1회 대표자회의를 운영하며 주요 학교 행사나 학부모 활동에 대해 의견을 모은다. 학교에서도 중요 사안이나 학부모 의견을 모을 필요가 있는 사안은 사전에 학부모회에 요청한다. 학교와 소통이 좀 더 원활해진다. 학교운영위원회도 학부모회의 의견을 가지고 학부모위원들이 참여하기 때문에 대표성을 갖고 중요 사안들을 결정할 수 있게 된다.

학부모회가 구성되자 학교는 예산을 배정하고 자율적으로 활동할 수 있게 하였다. 학부모회를 통해 다양한 학부모 활동이 이루어졌고 학부모 간 이야기를 나눌 기회도 많아졌다. 기존의 교육청에서 하는 학부모 대상 교육은 강의를 듣고만 오고 형식적이라 아쉬움이 컸다. 성인 교육의 경우 이미 경험과 기본적인 지식이 축적되어 있는 상황이라, 서로 얘기하고 나누고 그 속에서 뭔가 새로운 것들을 만들어내는 과정이 필요한데 말이다. 혁신학교 운영과 아이들의 교육을 위해서는 학부모가 먼저 배워야 했다. 학부모회는 '함께 배우며 성장하는 학부모'를 표어로 내걸고 학부모교육에 집중하였다. 학부모들의 생각이 바로 서야 아이들에 대한 돌봄이나 교육이 가능했기 때문이다. 학부모교육은 학부모회가 기획하고 운영한 학부모 아카데미가 있다. 여러 해 동안 한 해에 10강 내외의 인문학 강좌를 운영하며 교육과 삶을 바라보는 새로운 시각을 만들어갔다. 저녁 7시에 모여 10시까지 시간 가는 줄 모르고 강의와 이야기를 나눴다. 혁신학교, 학교혁신, 학교자치, 자녀교육 등의 주제에 공감하며 학부모 역량을 키우는 소중한 시간이었다. 솔바람독서회, 회복적서클, 오카리나 등의 학부모 동아리 활동, 저학년 아침 책 읽어주기, 목공, 로봇, 뜨개질, 요리 수업 등 프로젝트 수업 강사, 학부모회 주최 1박 2일 달빛가족캠프, 진원동 1박 2일 캠프와 '학교는 즐거워' 활동 지원, 사랑의 바자회와 김장 등 다양한 학교 참여 활동을 했다. 그렇게 학부모들은 자신의 경험과 역량을 나누었다.

학부모회 결성과 적극적인 학교 참여 활동에 대해 학부모 사이에 갈등이 없었던 것은 아니다. 특히 원주민과 이사 오거나 광주에서 보내는 학부모 사이에 미묘한 갈등이 있었다. 원주민 학부모의 경우 모든 것은 학교와 교사가 알아서 할 터인데, "학부모들이 너무 나서는 것 아니냐?"는 불편함이 있었다. 반대로 원주민이 아닌 학부모들은 원주민들이 소극적으로 참여하는 것에 아쉬움이 컸다. 학부모회 학년 대표와 총무를 원주민과 이주민이 교차하여 담당하는 구조를 만들었다. 아이만 보내던 많은 학부모가 마을로 이사 왔다. 원주민들도 함께 생활해야 할 주민으로 받아들이면서 우정을 나눌 수 있는 벗으로 여기기 시작하였다. 둘 사이의 경계는 허물어지기 시작하였고 어느 순간 혁신학교 학부모로 하나가 되었다.

학부모 교육과 학교 활동 참여를 통해 학부모들의 직접적인 변화는 자녀의 중학교 선택으로 드러났다. 진원동초등학교 졸업생은 가까운 담양의 한재중학교와 광주의 사립중학교에 배정되었다. 선행학습을 하지 않으면 따라가기 힘들다는 학교였는데, 졸업생의 90%가 광주 사립중학교로 입학하고 있었다. 하지만 혁신학교가 정착되면서 그 비중이 절반으로 줄더니, 나중에는 90% 이상이 담양 한재중학교로 바뀌었다. 학부모, 학생들은 작은학교로서 진원동초와 비슷하게 운영되는 담양의 중학교를 선택한 것이다. 학부모들이 자녀의 선택을 존중한 결과이자 교육에 대한 학부모의 인식이 바뀐 것이라 할 수 있다.

학부모회가 활성화됨에 따라 학교와의 소통, 학부모 간 소통도 원활해졌다. 갈등은 있으나 풀어갈 힘이 좀 더 커졌다. 교사들은 학부모회를 든든한 후원자로 생각해 교원이 바뀌었을 때 학교문화도 바뀔 것이라는 불안함을 내려놓았다. 학부모회가 학교혁신을 지속하는 안전장치 역할을 하였다. 위와 같은 학부모회 구성과 활동을 통한 학교혁신의 성과는 비단 진원동초뿐만 아니라 초기 혁신학교를 이끌어왔던 송산초, 순천별량중, 옥룡초, 장흥남초, 서정초 등에서 보여주었다. 학교에서 지명하거나 학생 임원의 학부모로 구성되는 자모회, 학부모회가 아니라 학부모들이 자발적으로 선출해 구성한 학부모회가 필요한 이유다. 학부모회 조례가 만들어지기 전에 진원동초등학교를 비롯한 혁신학교들은 학부모 스스로 학부모회를 만들어 함께 배우고 경험을 나누며 아이들과 함께 '주체'로 성장해왔다.

지속가능한 혁신학교를 위한 솔바람마을학교

우리는 학부모회 활동을 활발하게 하면서 혁신학교 지속 방안을 모색하였다. 하나는 관리자가 바뀌고, 교사 다수가 바뀌더라도 혁신학교를 유지하고 지속할 수 있는 조건을 만드는 것이었다. 다른 하나는 별도의 예산을 받지 않더라도 혁신학교를 지속해야 한다는 것이었다. 이를 위해 학부모회 활동력을 높여 학부모회가 혁신학교의 기반과 성과를 이어가는 버팀목이 되고 다른 한편으로 마을학교를 만들어 마을교육공동체와 함께 성장하는 혁신학교로 가는 길이었다.

그런데 활발한 학부모회 활동과 혁신학교가 완숙기에 접어드는 시점에 진원동초등학교는 적지 않은 아픔과 갈등을 겪었다. 학교의 상황도 복잡하게 얽혔다. 교직원과 학부모 사이, 학부모와 학부모 사이의 갈등과 균열이 점점 커졌다. 특히 초기 혁신학교 구축에 중심적인 역할을 한 교사들이 다른 학교로 옮기고 새로운 교사들이 많이 왔고 관리자도 새로 왔다. 이들에게 진원동초등학교의 혁신학교 문화는 낯설 수밖에 없었을 것이다. 기존 방식대로 혁신학교를 운영하는 데 어려움이 따랐다. 상호 이해를 위한 활발한 소통이 필요한 시기였지만 코로나19 국면에서 만나서 이야기를 나눌 기회가 줄면서 소통의 어려움은 가중되었다. 그래도 학교에서 모이지 못하면 밖에서 모이거나 온라인을 통해 이야기를 나누었다. 학부모회가 중심에 있었기 때문에 이 어려운 과정을 하나씩 해결해갈 수 있었다.

진원동초등학교는 혁신학교 9년 차부터 비예산으로 혁신학교를 운영하고 있다. 언젠가는 예산 지원 없이도 유지되는 혁신학교로 가야 한다고 공유하고 있었고 어느 정도 자신감도 있었기에 받아들였다. 앞서 말한 어려움을 겪으면서 울림학교 역할을 할 수 없는 여건이라 예산 지원을 요구하기가 어려웠다. 이처럼 변화된 여건을 고려하여 학부모회 주도로 솔바람마을학교를 만들었다. 2019년부터 자율적으로 운영하며 마을교육공동체와 함께하는 혁신학교를 만들기 위해 노력하였다. 2020년부터 장성교육지원청 마을학교 공모사업에 선정되어 운영하고 있다.

학교 참여 활동과 학교 밖에서 이루어지는 민주시민교육을 학부모회와 마을학교가 공동으로 추진하고 있다. 전체 학부모 대다수가 마을학교 회원으로 참여하여 회비를 낸다. 졸업생 학부모도 회원으로 일부 참여하고 있다. 코로나19 국면에서 학교에서 하기 힘든 1박 2일 달빛가족캠프를 학교 밖에서 전교생과 다수 학부모가 참여하여 원만하게 진행하였다. 4·16 세월호 추모주간에 진도 팽목항 순례 및 교내 추모 활동, 5·18 광주민주화운동 유적지 순례, 11·3 광주학생독립운동 유적지 순례 등 다양한 민주시민교육을 하고 있다. 요리, 목공, 로봇, 리듬체조 등 프로젝트 수업 강사뿐만 아니라 교육과정에 대한 직접 참여도 높았다. 모내기와 벼 추수, 텃밭 가꾸기 등 노작 활동을 학부모회와 마을학교에서 직접 진행할 뿐만 아니라 1학년부터 6학년까지 단계별 생태교육을 교과과정에 편성해 학부모회가 기획하고 학부모가 강사를 담당하고 있다. 생활기술력으로 마을을 찾아가며 생활에 필요한 기술도 배우고 있다. 학부모 목공동아리, 기타동아리, 배드민턴, 독서회 등 다양한 동아리를 운영하며 아이들과 함께하는 기반을 만들고 있다. 이를 담당할 마을학교 활동가 양성 교육도 진행한다. 매월 진행하는 솔바람마을학교 운영위원 회의에는 학부모회장과 학교운영위원장이 참여하고 있다. 마을의 전·현직 이장님은 노작 활동과 마을에서 배우는 생활기술력 교육과정에 지원을 아끼지 않는다.

교사들의 배움과 수업 혁신

진원동초는 혁신학교 8년 차까지 거점 혁신학교 역할을 하였다. 교사들의 힘이 컸다. 교사들은 학교혁신을 위해 꾸준하게 헌신해 왔는데 무엇보다 수업혁신을 통해 교실 수업도 행복한 기운이 흐르게 했다. 이를 위해 교사들은 전문적학습공동체 연수와 교과 연구 동아리 활동을 통해 공부했고 이를 수업에 적용했다. 학생 배움 중심 수업의 주체가 되었다. 공개 수업은 특별한 것이 아니라 일상이었다. 수업에 자신감이 없다면 할 수 없는 일이다. 그만큼 공부하고 연구한 반증이다. 학부모와도 새로운 수업방식을 공유하며 공감대를 높였다. 학부모회는 학교에 혁신학교 예산을 지원받는 동안에는 공모사업을 하지 않도록 요청하였다. 교사들의 행정업무를 줄이고 수업혁신에 집중할 수 있게 한 것이다.

아이들이 수업 중에도 끊임없이 질문하고 의견을 말하며 웃음을 잃지 않는다. 그를 보는 학부모들은 행복하다. 어느 교사가 6학년 국어 수업 시간에 「그 수많은 싱아는 누가 다 먹었을까」란 책을 가지고 슬로우 리딩 온 책읽기 방식으로 모르는 어휘 찾기, 토론하기 등을 통해 한 학기를 진행한 것이 인상적이었다는 학부모도 있었다. 교사들의 헌신과 수업혁신은 학생, 학부모들의 학교 활동과 주도성도 촉진하였다.

이러한 배경에는 초빙 교사들이 학교에 계속 남아 혁신의 촉진자로서 지속성과 안정성을 담보한 점도 컸다. 교사들이 만약 수업혁신으로 나아가지 않았다면 중간중간 일어난 크고 작은 갈등에 휩쓸려 학교혁신과 학교자치를 지속해서 이끌어오기 어려웠을 것이다. 물론 새로운 수업방식과 교육과정을 모든 학부모가 공유하지 못한 한계도 있었다. 교과서 진도대로 나아가지 않는다고 지적하는 학부모도 있었다. 함께 풀어가야 할 과제는 여전히 남아 있다.

웃음꽃을 피우는 학생들의 자치활동과 자기 주도성

진원동초등학교 학생들은 얼굴에 웃음꽃을 달고 산다. 학교에 견학하러 오는 다른 학교 학부모들은 학생들의 밝은 표정이나 전체 학생이 모여 학생주도로 진행하는 다모임 시간을 보고 놀라워했다. 다모임은 1학년부터 6학년까지 전체 학생이 모여 자연스럽게 회의를 진행하고 모둠을 나눠 행사를 운영한다. 선·후배 학생들이 함께 자신들의 문제를 숙의하고 공론화하는 민주적 훈련의 장이다. 주도성이 자연스럽게 드러난다. 학생회 자치활동도 활발하다. 학생회가 바자회를 열어 나눌 물건을 모으고 사고파는 과정에서 배울 뿐만 아니라 그 수익금으로 어려운 곳에 기부하거나 봉사활동을 하고 어르신 큰잔치를 열어 재롱을 피우거나 김장을 해서 나누며 이웃과 함께 나누는 삶을 배운다. 때때로 외발자전거 대회, 그림 그리기 대회와 같은 행사를 기획하고 운영하며 함께 노는 재미를 배운다. 6학년은 2박 3일 졸업 여행을 직접 기획하여 그들이 원하는 지역과 방식으로 여행을 한다. 여행의 즐거움을 배가할 뿐만 아니라 여행이 주는 것 이상을 배운다. 자율동아리 활동, 프로젝트 동아리 수업 등을 통해 재능을 키우고 삶에 필요한 다양한 기술을 배운다. 모내기, 텃밭 가꾸기 활동 등을 통해 식물과 교감하며 함께 사는 삶을 배운다. 모둠 토론 수업과 함께 다양한 자치활동을 통해 자기 주도성이 자연스럽게 몸에 밴다. 선생님과 학부모는 아주 조금 거들 뿐이다. 다양한 자치활동과 함께 교실에서, 체육관에서, 운동장에서 아이들이 웃고 즐거워하는 모습을 보니 학부모들이 학교를 좋아하지 않을 수 없다.

학교자치위원회 역할을 하는 학생, 교사, 학부모 한자리 모임

진원동초등학교는 학생, 학부모, 교직원 대표단이 모여 회의를 하는 '한

자리 모임'을 분기별로 진행한다. 분기별 주요 행사를 평가하고 주요 현안과 다음 분기 사업을 논의하는 자리다. 학생은 학생회 임원진이 참여하고 학부모들은 학부모회 임원과 운영위원, 일반 학부모까지 참여를 열어둔다. 교직원은 교장, 교감, 교무부장, 행정실장, 사업 담당 교사 등이 참여한다. 한자리 모임 전에 3주체는 사전 논의를 해 대표성을 갖고 참여한다. 이를 바탕으로 논의하고 조율하여 필요에 따른 역할을 나눈다. 논의 과정에서 되도록 학생들이 먼저 의견을 말하게 하고 조율하되 그 의견을 최대한 반영하도록 노력한다. 한자리 모임에서 결정된 내용을 갖고 3주체 각 단위에서 다시 필요한 사안들을 챙겨 사업을 집행한다.

한자리 모임은 학생들이 학교운영위원회에 참여하고 있지 않은 상황에서 3주체가 대표성을 갖고 참여하는 학교자치위원회 역할을 한다. 한자리 모임에서 결정한 대표적인 행사는 진원동 1박 2일을 봄과 가을 두 번 했다가 한 번으로 줄이고, 대신 학부모회가 주최하는 1박 2일 달빛가족캠프를 진행하는 것이었다. 교직원들의 일을 줄이고, 학생들은 반복적인 지루함을 줄이며, 학부모회는 가족들이 참여하는 1박 2일 캠프를 진행해 유대관계를 더욱 돈독히 하자는 취지였다. 하지만 코로나19 국면에서는 대표자 간 만남으로 대체하거나 축소하여 제대로 추진하지 못하였다.

학부모네트워크를 통한 혁신학교 학부모회 활동과 작은학교 살리기

혁신학교가 확산되고 학부모회가 활발해진 요인 중 하나는 학부모네트워크를 만들어 소통했기 때문이다. 혁신학교학부모네트워크는 혁신학교의 성과와 학부모회 활동을 공유하고 서로에게 배우며 확산의 통로 역할을 하였다. 학부모들의 이해와 심정을 누구보다 잘 아는 동료 학부모들의 이야기와 교육은 그 효과가 더 컸다.

혁신학교학부모네트워크는 학교나 교육청이 제시하고 기획한 학부모회 사업 틀에 머물지 않고 스스로 기획하고 실행하였다. 또한 장성혁신교육지구학부모네트워크, 전남혁신학교학부모네트워크, 전국혁신학교학부모네트워크와 연대하며 학생회, 교직원회, 학부모회 등 자치지구의 법제화와 교장공모제 확대, 학생인권 조례 제정, 혁신학교 지원조례 제정, 학급당 학생 수 감축, 비정규 교직원 권리보장, 지자체의 적극적인 역할 등 혁신학교와 교육혁신에 필요한 정책과 제도를 요구하였다. 이 중 일부는 실현되었다. 특히 폐교 위기에 몰린 작은 학교를 혁신학교로 운영하며 성과를 통해 작은 학교 살리기에 적극적인 역할을 하였다. 학교 안 학부모로만 머무르지 않고 교육정책과 제도를 요구하는 주체적 시민으로서 적극적인 역할을 만들어 간 것이다.

혁신학교를 마중물 삼아 미래교육에 한 걸음 더
한국 사회와 전남교육은 수십 년간 지속하며 여전히 위세를 떨치고 있는 입시경쟁과 능력주의 교육이라는 거대한 사회적 욕망의 바다 위에 있다. 혁신학교는 지난 10여 년간 질적, 양적으로 성장해 오고 있지만 아직은 작은 섬일 뿐이다. 모든 학교가 혁신학교를 마중물 삼아 교육혁신의 섬을 하나하나 세우며 학교혁신을 일반화하고 삶을 가꾸는 교육으로 나아가야 한다. 긴 호흡으로 학생, 교직원, 학부모 3주체와 함께 뚜벅뚜벅 걸으며 미래교육을 향해 나아가야 한다.

4부

—

전남혁신학교의
어제, 오늘
그리고 내일

—

전남혁신학교가
걸어온 길

• 전라남도교육청 혁신교육과 •

새로운 교육! 희망의 씨앗을 뿌리는 선생님들

40여 년 전의 학교는 일사불란하게 움직이는 군대와 다를 것이 없을 정도로 비민주적이고 수직적 문화에 익숙해져 있었다. 헌법에서는 교육의 자주성·전문성·정치적 중립성을 보장하고 있다. 하지만 당시에는 가르쳐야 하는 내용이 거의 정해져 있었고 그 외에 다른 내용을 가르치려면 학교장의 허가를 받아야 가능했다. 학교는 아이들의 삶과 배움에 온전히 집중하는 곳이 아닌 행정을 위한 기관에 머물렀고 일부에서는 공정하지 못한 일도 일어났다.

이렇게 척박한 교육 현장에서 꿋꿋하게 실천하는 삶으로 묵묵히 희망의 씨앗을 뿌리는 선생님들이 있었다. 의미 있는 학급경영을 하면서 아이들과 행복한 교실을 만들어가고, 꽉 짜인 교육과정 속에서 아이들의 삶과 배움을 잇는 교육활동으로 진정한 교사로서의 삶을 추구하는 선생님들의 이야기로 훈훈함을 더해갔다. 하지만 그들의 목소리는 작은 메아리에 불과

했고, 학교의 근본적 변화와 교육의 본질 회복은 요원했다. 교사 개개인의 실천이 우리 아이들의 지속적인 변화와 성장을 위하는 데는 한계를 드러낸 것이다. 결국 학교공동체 구성원 모두의 협력과 연대만이 학교와 교육을 변화시킬 수 있음을 깨달았다. 이런 움직임은 전남은 물론 전국 곳곳에서 작은 학교 살리기 운동, 새로운 학교 운동 등으로 희망을 틔워갔다. 이런 씨앗들이 싹을 틔우고 군락을 이루어 혁신학교로 성장해가는 바탕이 되었다.

혁신학교의 시작, '무지개학교'로

명칭으로 인한 혼란

이름은 자신의 정체성이자 상징이고 목표이며, 추구해야 할 가치를 담아야 한다. 대부분 사람들은 어렸을 적 이름으로 평생을 살지만, 간혹 자신의 이름을 바꾸면서 스스로 삶에 대한 정체성을 새롭게 정립해가는 사람도 있다. 그만큼 이름은 매우 중요하다.

2010년 경기도교육청은 '혁신학교'라는 명칭을 이미 쓰고 있었고 전남도 정책의 명확성을 위해 '전남혁신학교' 또는 '혁신학교' 등으로 의견이 좁혀졌다. 그러나 민선 1기 장만채 교육감은 혁신학교보다는 완곡한 명칭이 필요하다는 의견을 여러 차례 피력하였고, 정책을 추진하는 과정에서 내실 있게 운영하자는 의견을 받아들여 '무지개학교'로 최종 결정되었다. '무지개학교'는 일곱 빛깔 무지개처럼 학교마다 다른 특색을 가진 학교, 무지개와 같이 학생들의 희망과 꿈을 키우는 학교라는 의미를 더 강하게 담고 있었다.

무지개학교를 방문했을 때 어느 교장 선생님께서 "무지개학교처럼 학생들의 다양한 재능을 살려주기 위해 모든 학생들에게 다섯 가지 이상의 특기를 살릴 수 있는 주제를 정하도록 하고 그에 맞는 프로그램을 마련했다."라고 말씀하셨다. 수없이 많은 사업설명회와 직무연수, 워크숍, 학교별 컨설팅을 통해 혁신학교의 철학과 비전, 민주적인 학교문화를 비롯한 4대 과제들을 안내했다. 하지만 무지개학교로 지정된 학교들마저 명칭으로 인한 혼란을 겪고 있었으니, 일반 학교 교직원과 도민들은 얼마나 혼란스러웠을지 짐작이 가는 대목이다. 명칭으로 인한 혼란을 겪은 이후 '무지개학교'는 민선 3기 장석웅 교육감 취임과 함께 도민과 교직원의 의견 수렴절차를 거쳐 '전남혁신학교'로 명칭을 바꾸고 지금까지 그 이름을 이어오고 있다.

걸음마를 떼기도 전에 닥친 시련

2010년 2학기. 8개의 시범학교를 지정하며 본격적인 무지개학교 운영을 준비하고 있었다. 아무래도 혁신학교에 대한 이해가 부족하고 혁신학교의 상이 제대로 정립되지 않았을 뿐더러 업무를 추진하는 주체마저 분명하지 않았으니 추진 과정 중에 예상되는 어려움은 짐작하고 있었다. 그런 상황에서 무지개학교 시범 운영은 매우 중요한 의미를 지녔다. 무지개학교는 '미래지향적인 공교육 혁신학교 모델' 창출이라는 목표를 가지고 학교 상을 제시하고 있었다.

2010년 시범 무지개학교 운영을 마치고 2011년 본격적으로 무지개학교를 지정하는 절차를 앞두고 있었다. 아직은 혁신학교에 대한 이해도 부족하고 무엇을 어떻게 추진해야 할지 모르는 상황이었다. 혁신의 방향과 필요성을 공감하고 추진하려는 의지가 있는 학교를 선정해야 공교육 모델 학교로서 의미 있는 변화를 이끌 수 있을 것이라는 판단하에 계획서 심사와 현장실사를 포함한 면접까지 꼼꼼한 계획을 세웠다. 하지만 엄청난 벽에 부딪혔다. 많은 예산 지원을 하는 관계로 혁신학교 철학에 동의하지 않으면서도 무지개학교를 운영하려는 학교가 예상보다 훨씬 많았다. 결국

2011년 지정 무지개학교 30교 가운데 혁신학교 철학에 동의하고 혁신의 방향성을 찾으려는 의지를 가진 학교는 절반에도 이르지 못했다. 혁신학교에 대한 오해를 불러일으키는 데 무지개학교라는 명칭이 기여한 꼴이 되고 말았다. 이렇게 무지개학교는 본격적으로 추진을 해보기도 전에 갖은 시련을 겪어야 했다.

헌신적인 선생님들이 지킨 무지개학교

연꽃은 진흙탕 속에서 온갖 오염 물질을 자양분 삼아 산소를 만들어낸다. 견뎌내기 쉽지 않은 환경과 불리한 여건 속에서 세상에 없는 그 맑고 순수한 꽃을 피워낸다. 그런 연유로 사람들은 연꽃을 보며 희망을 품고 긍정적 기대를 한다. 전남의 학교에서도 진흙탕 속에서 새로운 희망의 씨앗이 싹트기 시작했다. 도교육청의 역점과제임에도 제도적·행정적 뒷받침도 별로 없었고, 정책을 추진하는 사람들마저 무지개학교에 대한 이해가 부족하였으며, 권위적 학교문화가 조성된 환경에서 작은 꽃들이 피어나기 시작한 것이었다. 학교 문을 곧 닫아야 하는 분교장(송산분교장, 서정분교장)으로 학생들이 몰려들기 시작했다. 내 아이도 무지개학교에 보내겠다는 일념으로 먼 순천시에서, 해남읍에서 부모님들이 차를 빌려 통학시키면서까지 시골의 작은 분교장으로 자녀들을 보내기 시작했다. 모두 무지개학교가 생기면서 일어난 일이다. 존중과 배려, 자율과 협력의 새로운 학교문화가 자리 잡히고 학교가 행복한 공간으로 변모하면서 생긴 일이었다. 단순한 가르침을 넘어 학생 스스로 배움의 주체가 되는 학습으로 전환되면서 타율적이고 수동적인 아이들이 주체적이고 능동적인 삶의 주인으로 바뀌는 변화가 일어나고 있었다.

학교폭력 문제로 지역사회가 갈라질 정도로 갈등이 심해 선생님들마저 근무를 기피하던 학교가 무지개학교로 지정되면서 학교문화가 바뀌고 아이들을 존중하는 풍토가 조성되면서 완전히 다른 학교가 되어 지역사회와 학부모들의 신뢰를 회복하기도 했다. 창의적이고 다양한 교육과정이 운영되면서 아이들이 행복하고 학부모가 만족하는 새로운 학교로 변화하는 사례들이 곳곳에서 만들어졌고 무지개학교에 대한 생각은 점차 달라지게 되었다. 열악하고 어려운 환경에서 교육의 본질을 회복하고 진정한 참교육이 실현되는 현장으로 바뀌고 있었다. 헌신적이고 열정적인 선생님들의 노력이 작은 연꽃을 피우고 열매를 맺기 시작한 것이었다. 조건이나 상황이 어려운 가운데서 우리 선생님들의 꺼지지 않는 열정이 무지개학교에 대한 기대와 희망으로, 신뢰로 생각을 서서히 바꾸어 놓았다. 이제 무지개학교를 희망하는 학부모들이 많아지고, 심지어는 지역사회와 지역 정치인들까지 자기 지역 학교가 무지개학교로 지정될 수 있도록 노력하는 등 생각보다 빨리 무지개학교가 활성화되었다.

감동적인 혁신학교가 여기저기

폐교 위기의 분교장에서 본교로 승격

해마다 무지개학교가 새로 지정되고 연차적으로 성장하며 운영되는 가운데 여기저기에서 성과들이 나타나기 시작했다. 교육적인 효과는 여러 가지 측면에서 검증되어야 하고 성과를 내는 데는 많은 시간이 걸린다. 그럼에도 불구하고 당장의 가시적인 성과로 무지개학교 운영을 통해 폐교 위기의 분교장들이 본교로 승격되기도 했고, 학생 수가 늘어나는 학교가 등장하기 시작했다. 전남은 급격한 인구 감소와 보다 나은 교육환경을 쫓아 농산어촌을 떠나는 학생이 늘어나면서 농어촌의 작은 학교를 살리는 것이 무엇보다 중요한 정책과제였다. 그런데 무지개학교를 운영하면서 농산어촌 작은 학교의 학생 수가 늘어나고 지역이 활기를 되찾게 된 것이다. 특히 송산분교장도 폐교 예정 학교로 지정된 이후 학교 시설 환경에 대한 투자가 끊겨 학교의 물리적 환경이 심각한 상태였다. 그러나 송산분교장이 무지개학교로 지정을 받고 선생님들과 학부모, 지역사회가 하나가 되어 민주적인 학교문화를 만들고 송산분교장만의 새로운 교육활동이나 교육과정을 운영하면서 학교가 달라지기 시작했고 그 소문은 삽시간에 가까운 순천은 물론 전국적으로 퍼져나갔다. 각종 언론을 통해 학교가 재조명되기 시작했고, 많은 선생님들과 학부모들의 방문이 이어졌으며 학생 수가 계속 늘어나 결국 본교로 승격되는 기쁨을 맛보았다. 서정분교장 또한 비슷한 사례로서 해남군 미황산 아래 작은 분교장이 본교로 승격되는 실로 기적 같은 일이 벌어졌다. 이 역시 무지개학교 운영의 성과였으며 승용차로 40여 분이 걸리는 해남읍에서 학생들이 찾아오는 활기찬 학교가 되었다. 이 외에도 곧 폐교되거나 분교장으로 격하될 위기의 여러 학교의 학생 수가 늘어나고 학교의 규모가 커지면서 무지개학교는 농산어촌 작은 학교를 살릴 수 있는 대안으로 자리 잡게 되었다.

모두가 주인 되는 민주주의 실험터

무지개학교 운영은 학교 민주주의 구현이라는 측면에서 매우 중요한 시작이었다. 초중등교육의 일차적 목표는 민주시민을 기르는 것이다. 물론 형식적 민주주의를 경험하고 그런 태도와 삶의 양식을 갖춘다고 민주시민이 되는 것은 아니다. 그렇지만 여태까지 학교는 그 형식적 민주주의마저 담보되지 않았던 공간으로 존재해 왔다. 학교는 관리자의 지시와 통제에 따라 운영되었고, 공적인 기관으로서 교육의 공공성을 담보하기 위한 토론이나 토의, 협력이나 존중하는 문화는 미미했다. 이러한 학교문화는 교실에도 그대로 투영되어, 교실에서 교사들 스스로 아이들 위에 군림하고, 모든 것을 혼자 결정하는 모습이 비일비재했다. 더 심각한 문제는 그런 상황을 모두 당연하게 받아들이고 있어서 이를 개선하려는 시도조차 어려운 상황이었다. 이러한 학교와 교실의 문화 속에서 학생들은 민주주의를 삶

속에서 경험하고 배울 수 있는 기회를 부여받지 못한 상태로 성장할 수밖에 없었다. 무지개학교는 이런 민주주의에 대한 학습의 암흑 상태를 빛의 상태로 전환시켰다. 무지개학교는 민주적인 학교문화 조성을 그 첫 번째 과제로 선정해 학교 안에서의 민주주의를 실현하고자 했다. 교무회의 의결기구화, 행사 전후 협의회 진행, 주요 정책 토론회, 학생자치 활성화 등이 그것이다.

민주적 학교문화를 시도하면서 갈등도 표출되었다. 회의 문화에 익숙하지 않았던 교사들은 교사들대로 토론이나 잦은 회의를 힘들어했고, 관리자들은 자신들이 가졌던 결정 권한이 분산되는 것에 대한 불만이 여기저기서 분출되었다. 하지만 도도히 흐르는 교육의 본질적 회복을 위한 거대한 변화를 누가 거스를 수 있단 말인가? 권한을 내려놓는 관리자가 늘어났고 교사들은 함께 모여 학교 일을 이야기하기 시작했다. 어설프고 서툴기만 했던 교직원 회의 문화도 정착되어가고 학생들도 스스로 자기 문제들을 결정하고 실행해 옮기는 경험을 통해 서서히 민주주의를 배워가고 있었다. 또한 학교의 상황과 실정에 맞는 회의 문화가 만들어지고, 학생자치가 보편화되면서 이제 학교는 민주주의 배움터가 되어가고 있다. 이런 결과는 학교 안 전문적학습공동체로 발전되어 스스로 학교 과제를 도출하고 이를 함께 해결해나가기 위해 실천하고 연구하는 학교 본연의 역할을 제대로 하기 위해 노력하는 아름다운 모습이 만들어지고 있다.

선생님들이 만들어가는 교육과정

'교사는 전문가인가?'라는 질문에 대부분 '그렇다.'고 답할 것이다. 전문가란 '특정 분야에 관해 풍부한 지식과 경험을 가진 자'라는 사전적 의미를 떠나 그 분야만큼은 아무나 할 수 없는 일을 하는 사람을 말한다. 의학을 체계적으로 배우지 않는 사람이 의료행위를 할 수는 없다. 사람의 목숨이 달려있기도 해 매우 위험하고 그 행위 결과에 따라 엄청난 결과를 가져오기 때문에 의료행위는 전문가만이 할 수 있는 것이다. 그러면 다시 질문을 던져보자. '교사는 전문가인가?'라는 물음에 이제 자신 있게 전문가라고 답할 사람이 몇이나 될까? 우리 주위에 공적으로 가르치는 사람 외에 많은 사람들이 가르치는 행위를 하고 있다. 학원 강사, 학습지 선생님, 기타 각종 기관이나 단체, 학부모도 있다. 물론 이들은 체계적으로 공부를 한 사람들이 아니다. 그렇다면 교사는 가르치는 행위를 하는 여러 부류의 사람들과 어딘가에서 전문가로서의 차별성을 확보해야 할 것이다. 그것은 바로 교육과정과 수업이다. 교사는 교육과정에 대한 이해와 교육과정에 제시된 교육목표 달성을 위해 교육과정을 스스로 편성하고 운영할 수 있어야 한다. 그런데 안타깝게도 국가의 교육과정 정책은 그러지 못했다. 우리 근대교육은 아픈 역사를 갖고 있다. 일제 강점기 황국신민을 기르는 것에서 근대교육이 시작되었다. 해방 이후에도 좌우 이데올로기에 사로잡혀 편향되고 왜곡된 것을 가르쳐야 했으며, 권위주의 정권 시절에는 세상의 이치와 현실사회에 대한 비판적 사고 능력을 길러주기 위한 교육 행위는 일명 '의식화 교육'이라는 프레임이 씌워졌다. 교육은 철저하게 정권 유지나 통치 수단으로 악용되었다. 이는 국가교육과정을 통해서 명확하게 확인할 수 있다.

그런데 이제 교육과정은 국가 수준의 교육과정을 넘어 지역화 교육과정, 학교 교육과정, 교사 교육과정, 학생 교육과정으로까지 발전하게 되었다. 그 시작이 바로 혁신학교이다. 무지개학교의 세 번째 과제가 역량중심 교육과정 운영이었다. 국가 수준의 교육과정을 교육과정 재구성을 통해 학생들의 삶과 학교 특색 교육과정으로, 교과서에서 제시된 제재나 소재를 넘어 아이들의 삶 속에서 배움이 가능한 주제로 선생님들이 모여서 교육과정을 만들어갔다. 그것이 오늘날 2015 개정 교육과정, 2022 개정 교육과정에서 추구하고 있는 삶에 기반한 역량중심교육과정, 교육과정의 지역화, 교육과정의 학교 자율성 확대라는 핵심 내용을 견인하게 된 것이다.

이제야 비로소 교사가 교육과정을 편성하고 운영하는 주체로 서게 되었고 전문가로서 정체성을 확립하게 된 것이다.

살찌고 키 크며 성장하는 무지개학교

무지개학교는 시작하기 전부터 추진하는 과정 중에 갖은 시련과 어려움이 있었다. 하지만 교사들의 헌신적인 노력과 혁신학교 사례와 모델이 만들어지면서 해를 거듭해 갈수록 발전을 거듭해 왔다. 혁신학교 이전에 경험하지 못했던 민주적인 학교문화가 곳곳에서 만들어지면서 당연시되던 관행들이 깨지기 시작했다. 중요한 교육 관련 결정들을 학교공동체 구성원 모두가 합의하는 과정을 거치면서 교사들의 자율성과 주체성도 자연스럽게 성장하게 되었다. 이에 발맞춰 학교장으로서 권위주의를 버리고 민주적인 리더십으로 성장한 관리자들이 여기저기서 등장했다. 학교 민주주의가 꽃을 피워감과 동시에 학생자치도 자연스럽게 추진하게 되었다. 학생자치는 대부분의 무지개학교가 소규모학교였기 때문에 모든 학생들이 참여하는 다모임 형태로부터 시작되었다. 학생들 스스로 자신들의 문제를 직접 결정하는 경험을 하게 된 것이다. 회의를 진행하는 것이 서툴고 어설펐지만 그 과정을 통해 능동적이고 주체적인 시민으로 성장하는 계기가 된 것이다. 예전에는 상상하지 못했던 창의적인 주제 선정에서부터 다양한 기획까지 실행하는 학교가 생겨났다. 입학식, 졸업식 등 행사를 직접 진행하고, 운동회와 체험학습 등을 기획하고, 봉사활동을 비롯한 지역사회 문제까지 확장되었다. 이렇게 혁신학교의 학생자치가 활발해지면서 도교육청에서도 학생자치를 활성화하기 위한 학생회의실 구축, 학생자치 예산 확보 등의 지원이 이루어지기 시작했으며, 전남학생의회가 출범하는 데까지 기여했다고 볼 수 있다.

학교는 교육기관인지 행정기관인지 헷갈릴 정도로 행정업무가 많다. 이러한 행정업무는 교사가 본질적 역할을 하는 데 걸림돌이 되기도 했고, 수업보다 우선하는 경우도 종종 발생했다. 이런 고민들을 해결하기 위해 무지개학교에서는 교육을 지원하는 학교 시스템을 구축하기 위한 과제를 설정했다. 불필요한 잡무를 줄이고, 관행적이고 교육효과가 떨어지거나 새로운 교육적 요구에 부합하지 않는 일을 과감히 정리했다. 교사들이 교육청에서 요구하는 보고 공문으로 인해 수업이 침해되지 않도록 하고 각종 행정업무에서 자유로워져 수업과 생활지도에 집중할 수 있도록 교무행정사를 무지개학교부터 배치해 나갔다. 이를 통해 학교가 실질적인 교육기관으로의 역할을 온전히 해나가는 모델들이 만들어졌다. 지금은 모든 학교에 교무행정사가 배치되어 있고, 위임전결규정이 확대되었으며 교무행정업무전담팀이 구성되어 있다. 당연하게 받아들이는 시스템이지만 이 또한 혁신학교 정책을 통해 상상하고 실천한 결과물들이다.

　학교에서 교사와 학부모의 관계는 늘 어렵게 느껴졌다. 학부모는 자식을 맡겨놓은 죄(?)로 학교나 선생님을 어려워하고 행여 자기 자식이 피해를 보진 않을까 하는 마음에 하고 싶은 말도 제대로 못 하던 시절이 있었다. 무지개학교에서는 학생들의 올바른 성장을 위해 학부모와 지역사회를 협력해야 할 대상으로 관계를 재설정하고자 했다. 흔히 교육의 3주체로 학생, 교사, 학부모를 꼽는다. 대등한 교육의 주체이면서도 늘 소극적이고 방관자이거나 을의 위치에 있는 경우가 대부분이었다. 무지개학교를 통해 학부모를 당당한 교육의 주체로 세움과 동시에 학교와 긴밀히 협력하는 관계를 만들어갔다. 학부모가 학생들과 함께 학교교육 활동에 참여하기도 하고, 때로는 교육활동을 도와주는 보조자로 방과후나 마을교육활동 운영자로도 함께했다. 더 성장한 학교에서는 학교 운영 방향이나 교육과정 편성 단계에서부터 학부모와 지역사회가 함께하는 사례도 만들어갔다. 이렇게 무지개학교 4대 중점과제를 중심으로 다양하게 성장하는 모델들이 만들어졌다. 이렇게 성장한 무지개학교는 전남교육이 한 단계 위로 도약하는 데 결정적 역할을 했다. 이제 전남의 학교 어디를 가든 민주적 학교문화는 정착 단계에 들어서 있다. 또한 학생자치, 행정업무 경감, 삶 중심 교육과정 운영, 학부모·지역사회와 협력 등이 일상적으로 이루어지고 있다.

전남혁신학교의 도약

무지개학교에서 전남혁신학교로 재탄생하다

민선 2기를 마치고 전남혁신학교 정책은 새로운 전환기를 맞이했다. 그동안 무지개학교의 명칭으로 인한 혼란은 여전히 존재했고, 혁신학교를 성장시키기 위한 제도와 행정의 뒷받침은 부족한 상태였다. 민선 3기가 출범하면서 혁신학교 정책의 확대를 추진했고, 그에 따라 '무지개학교'라는 명칭을 바꿔야 한다는 의견이 많았다. 혁신학교의 철학과 가치를 담으면서 우리 전남만의 차별성을 나타낼 수 있는 명칭이 필요했다. 같은 정책이면서 명칭을 바꾸는 일이기에 그 과정에 도민과 학부모, 교직원과 학생이 참여할 수 있는 방안을 모색했다. 명칭을 공모하여 공정한 심사 끝에 3가지로 압축했고 도민과 교육 주체들의 온라인 투표를 통해 '전남혁신학교'로 최종 결정되었다. 이제 더 이상 명칭으로 인한 혼란은 사라지게 되었고, 전남혁신학교는 정체성을 명확히 하고 확실한 성장의 토대를 마련했다.

전남혁신학교지원센터 본격 가동

무지개학교팀에 장학관 1명과 장학사 2명, 주무관 1명이 배치되어 본격적으로 운영했다. 무지개학교에 대한 이해가 부족한 상황에서 4명이 지정된 학교의 성장을 돕는 일도 해야 하고, 학교혁신에 대한 전반적인 이해를 돕기 위한 연수와 연찬회도 해야 했다. 하지만 무지개학교를 지정하고 컨설팅하고 평가하는 데 필요한 행정업무도 만만치 않아 무지개학교지원센터의 필요성이 대두되었고, 수차례 요구와 노력 끝에 무지개학교지원센터에 파견교사 2명을 배치했다. 센터 파견교사는 도교육청의 무지개학교팀에 있지 않고 전라남도교육연구정보원 내 전남교육정책연구소 소속으로 배치되어 함께 일하는 것이 불편했다. 민선 3기에는 전남혁신학교지원센터로 명칭을 변경하면서 사무실도 본청 안에 두게 되었다. 그리고 파견교사도 2명에서 3명으로 확대되면서 혁신학교 성장을 위해 본격적으로 가동되었다.

전남혁신학교가 지속적으로 성장할 수 있었던 것은 전남혁신학교지원센터에 파견되어 헌신적으로 활동한 여러 선생님들이 있어서 가능했다. 혁신학교 컨설팅, 혁신학교 연수 기획, 혁신학교 평가와 지정, 교사의 성장과 지원, 지역교육네트워크 구축, 전문적학습공동체 확산 등 셀 수 없을 정도로 많은 일을 해왔다.

새로운 지역공동체, 무지개학교교육지구

무지개학교 정책은 전라남도교육청의 첫 번째 역점과제였다. 역점과제라 함은 전남교육청의 질적 성장과 도약을 위해 전략적으로 선택한 사업으로 과나 팀을 넘어 전라남도교육청 전 부서, 직속 기관, 교육지원청이 협력해야 한다. 그럼에도 불구하고 무지개학교는 담당팀을 제외하고는 여전히 무관심하거나 소극적으로 대했다. 역점과제에 걸맞은 지원은 고사하고 외로운 섬처럼 고립되어 일을 추진하면서 생각보다 일찍 한계에 부딪혔다. 앞에서 지적한 대로 역점과제이면서도 각 교육지원청이 자기 지역 내 학교혁신에 대한 아무런 역할을 수행하지 못해 무지개학교들은 지역 안에서 외롭게 혁신정책을 추진하였기에 그 성장도 더디고, 확산은 더더욱 어려운 상황이었다. 이제 도교육청의 무지개학교를 담당하는 팀을 넘어 교육지원청과 지역사회가 자기 지역의 학교혁신을 보다 책임 있게 추진해야 할 필요성에 따라 새로운 정책이 필요했다. 더불어 삶과 연계한 교육 실현을 위해 지자체를 비롯한 지역사회와의 협력 시스템 구축을 위한 정책적 전환을 모색하게 되었고, '무지개학교교육지구'를 추진하게 되었다.

> '무지개학교교육지구'는 도교육청과 기초지방자치단체가 업무협약(MOU)을 통해 전남교육 청의 역점과제인 무지개학교 사업을 확산하기 위해 공동으로 협력하여 학교혁신과 지역교육 사업을 추진함으로써 신뢰받는 공교육 혁신과 지역교육공동체 구축을 통한 새로운 교육적 요구에 능동적으로 대응하고자 전라남도 교육감이 지정한 시 · 군을 말함

무지개학교교육지구를 정의하고 있는 위 표 안의 핵심 내용은 다음과 같다.

첫째, 도교육청과 기초지자체가 협력해서 무지개학교를 확산하는 데 협력하기로 한 부분이다. 즉, 교육지원청과 지방자치단체가 자기 지역의 학교혁신을 주체적으로 지원하라는 것이다. 둘째, 시군 교육지원청과 지자체가 정부와 도교육청의 정책을 수행하는 단위가 아닌 지역의 교육적 요구와 특성을 살린 교육을 추진하기 위해 지역교육공동체를 구축하라는 의미를 담고 있다. 위의 두 가지 목표는 지역 교육자치를 처음으로 시도했다는 데 가장 큰 의미를 두고 있다.

도전! 장흥교육공동체
이러한 교육사적 의미를 두고 있는 무지개학교교육지구의 첫발을 장흥에서 떼게 된 배경에는 여러 가지가 있다. 첫째, 학교혁신과 지역교육공동

체 구축에 관심을 가지고 있었던 당시 박인숙 교육장이 장흥교육지원청으로 부임하면서 자연스럽게 무지개학교교육지구 지정에 관심을 가졌고 여러 노력 끝에 첫 지정 대상이 되었다. 둘째, 장흥이 여러 교육 시민단체와 교원단체 등 지역사회의 교육에 대한 관심과 연대가 다른 지역에 비해 성숙해 있다는 판단에서였다. 셋째, 장흥에 무지개학교가 비교적 많았고 교육의 변화에 적극적인 선생님들이 지역에 살면서 지역사회의 신뢰가 높아 교육공동체를 꾸리기에 적합했다. 이렇게 새로운 지역교육공동체를 위한 희망찬 출발이 시작되었다. 교육청, 지자체, 교사와 학부모, 지역교육 시민단체까지 모두가 무지개학교교육지구로 모이기 시작했다. 하지만 누구도 가보지 않았던 길을 처음으로 가게 된 시행착오로 당초 무지개학교교육지구를 통해 구축하려고 했던 지역교육공동체와 학교혁신 일반화를 위한 노력은 쉽지 않은 여정임을 드러냈다. 지역에서 서로 다른 역할을 했던 기관이나 사람들은 공동체 경험이 많지 않아 협력의 미숙함을 드러냈고, 지역교육공동체에 대한 철학적 성찰 부족으로 사업이 왜곡되기도 했다.

　야심 차게 출발했던 장흥무지개학교교육지구는 아쉽게도 첫 출발의 중요한 역할을 수행하며 타 시군의 부러움을 사기도 했으나 한계를 드러냈다. 그럼에도 불구하고 교육자치와 지역교육공동체 구축의 불모지였던 전남에서 장흥의 창조적 도전은 전남혁신학교교육지구의 시초로서 학교혁신 전면화와 마을교육공동체 활성화로 거듭나고 있다.

무지개학교를 통해 교육자치를 만들어가다

　'자치'는 자기 스스로 일을 기획하고 스스로 처리함을 의미한다. 그렇다면 '교육자치'는 자기 지역의 교육정책을 기획하고 스스로 문제를 해결함을 의미한다고 볼 수 있다. 우리나라의 교육정책은 철저히 중앙집권적이고 시·군 교육지원청은 하급행정기관으로서 중앙정부와 도교육청의 추진 정책을 일선 학교에 하달하고 관리하는 기관으로 존재한다. 다시 말하면 자치할 수 없는 조건과 환경인 셈이다. 시군교육청에서는 지역 상황, 역사와 문화, 삶을 반영한 특색교육을 기획하고 추진할 제도적 근거도 부족하고 예산도 없다. 시군 교육장에게 인사권, 예산편성권도 없다. 즉, 스스로 정책을 기획하고 실현할 수 없는 구조적인 한계를 지니고 있는 것이다. 이렇게 교육자치를 할 수 없는 조건임에도 무지개학교교육지구 운영을 통해서 지역교육공동체 구축이라는 목표와 함께 비로소 지역의 교육 상황과 특성에 맞는 교육을 시도하기 시작했다. 도교육청과 시군 지자체가 1:1 대응투자를 통해 확보한 예산(4억)을 지역교육공동체 모두의 합의 과정을 통해 사업을 결정하고 추진하게 된 것이다. 이를 계기로 교육지원청과 지자체가 정기적으로 협의회를 진행하기 시작했고, 지역사회 안에서 지역교육 의제에 대한 토론회를 일상적으로 추진하게 되었다. 아직 제도도 미비하고 자치 경험도 부족하지만, 지역교육을 우리가 스스로 결정해야 한다는 인식이 점차 확산되고 있다. 지역의 자치 경험이 축적되고 학생들은 학교교육을 통해 자치를 삶으로 배우게 되면 머지않아 제대로 된 교육자치가 뿌리내리고 꽃을 피우게 될 것이다.

지역 모두를 교육 주체로

무지개학교교육지구는 지역단위 학교혁신과 지역교육공동체 구축을 통해 또 하나의 커다란 성과를 내고 있다. '한 아이를 키우려면 온 마을이 나서야 한다.'라는 인식을 지역사회가 하게 된 것이다. 이 역시 현재의 전남혁신교육지구 사업을 통해 구체적으로 실현되고 있다. 여태까지 교육은 교사와 학교, 교육지원청과 교육행정가들의 전유물이었다. 지자체나 지역사회는 자신들과는 무관한 것으로 인식했고 관심을 가지는 것조차 간섭하는 것으로 여겨왔다. 학부모들 역시 학교나 교육청의 행사에 동원되거나 형식적 참여에 그친 것이 사실이다. 이는 우리 정치의식의 더딘 성장이 한몫을 했다고 본다. 비록 학교교육을 통해서 제대로 된 민주주의를 배우지 못했지만 무지개학교교육지구 사업을 통해 참여 민주주의를 배우고 실천하는 경험을 하게 된 것이다. 내 삶은 물론 우리 자녀들의 삶에 결정적인 영향을 끼치는 교육에 대해 지자체와 학부모, 지역사회와 지역시민단체, 마을까지 우리 모두를 주체로 세워낸 것이다. 교육은 삶 속에서 배우고 삶을 통해 사회화 과정을 밟는 것이다. 그런 의미에서 우리 아이들의 삶과 관련된 모두가 교육 주체가 되는 것은 어쩌면 당연한 일이지만 우리는 그 먼 길을 돌아 이제야 진정한 교육의 길을 만들어가고 있다.

혁신학교 정책의 미래

　도교육청 혁신학교 담당 부서로서 소박한 꿈이 있다. 그것은 학교가 본질적으로 수행해야 할 역할이나 기능을 제대로 하고 있어서 혁신학교 정책이 없어지는 것이다. 어느 시대나 기존 관행과 사업, 정책이나 제도를 혁신하고자 했다. 혁신학교도 그렇다. 현재의 학교가 학생들을 가르치고 교육하는 공적인 기관으로서 마땅히 해야 할 역할들을 제대로 하고 있지 못하다는 평가와 성찰, 미래사회가 요구하는 교육의 전환이 더딘 상황에서 교사들을 중심으로 새로운 학교 운동, 작은 학교 살리기 운동이 일어났다. 그리고 경기도교육청을 시작으로 혁신학교 정책이 본격적으로 추진되었다. 또한 혁신학교 정책은 12년을 지나면서 혁신학교를 질적으로 성장시켜야 한다는 요구와 일반화 정책으로 전환하고 혁신학교를 폐지해야 한다는 주장까지 나오고 있는 실정이다. 그럼에도 불구하고 분명히 짚고 넘어가야 한다.

　그동안 혁신학교는 우리 대한민국 교육을 질적으로 성장시켰음은 물론 새로운 미래교육 담론을 지속적이고 선도적으로 생산해왔다. 지금은 당연하게 받아들여지는 역량중심교육과정 운영, 삶에 기반한 교육, 학생배움

중심 수업, 과정중심 평가, 교육과정-수업-평가의 일체화, 전문적학습공동체, 마을교육공동체, 교육자치 등 수없이 많은 정책이 혁신학교를 통해 선도적으로 운영되고 그것이 2015 개정교육과정, 2022 개정교육과정을 통해 일상적 교육활동으로 이어지고 있음은 부인할 수 없는 사실이다.

혁신학교는 많은 성과와 함께 분명히 한계도 가지고 있다. 그럼 앞으로 어떻게 할 것인가? 학교는 계속해서 진화하고 있다. 그리고 다가올 미래는 우리가 예상하는 것보다 훨씬 더 빠르게 변하고 있다. 우리가 혁신을 쉬지 않고 지속해야 할 이유이다. 혁신학교를 처음 추진할 때는 '미래지향적인 공교육 학교 모델' 창출이 목적이었다. 사실 공교육의 모델은 각 학교의 상황과 교육적 요구와 조건에 따라 달라질 수 있다. 도교육청에서는 혁신학교의 네 가지 추진과제를 분명하게 제시했다. 학교 기능을 제대로 발휘하기 위한 최소 충족 여건인 민주적인 학교문화 조성, 교육과정중심 지원체제 구축, 역량중심교육과정 운영, 지역사회 학부모와의 협력체제 구축 등이 그것이다. 하지만 계속해서 획일적인 과제를 제시할 수는 없다. 언제까지 자기 문제를 외부에서 개선시켜 줄 수 없다. 설사 할 수 있다고 하더라도 바람직한 방식은 아니다. 따라서 학교가 스스로 과제를 도출하고 해결할 수 있는 힘을 기를 수 있는 제도를 만들어주어야 한다.

미래사회는 다양성과 창조성이 그 어느 때보다 필요하다. 우리 아이들을 미래사회가 요구하는 사람으로 성장시키려면 교육부, 교육청에서 일방적으로 요구하는 획일적인 교육이 아닌 지역과 학교만의 교육과정을 운영할 수 있어야 하고 저마다 비전과 철학을 세워야 한다. 그런 교육을 가능하게 하는 것이 학교자치이다. 혁신학교는 이렇게 학교자치와 교육자치의 마중물이 되어 전남교육 대전환의 물길을 열어줄 것이다.

전남혁신학교지원센터가 걸어온 길

• 전남혁신학교지원센터 •

(아랫글은 전남혁신학교지원센터의 시기별 상황과 중점 활동 위주로 작성되었으며, 그동안 지원센터를 거쳐 간 파견교사들과의 간담회 및 면접을 통해 재구성하였습니다.)

전남혁신학교지원센터 설립 과정

초기 무지개학교지원센터(이하 지원센터) 설립에 대한 현장의 필요성은 두 가지였다. 첫째, 무지개학교에 대한 안정적인 지원 역량을 갖추는 것이다. 둘째, 무지개학교의 다양한 운영방식에 따른 실천과 고민을 공유하는 것이었다. 정책을 통해 활동의 여건을 마련하는 일도 중요하지만, 현장 교사들과 협력 구조를 만들고 활동을 나누는 과정에서 성장하는 것이 중요했다.

지원센터라는 새로운 조직을 신설하는 일은 쉽지 않았다. 이미 각종 센터가 많았기 때문이다. 차선책으로 새로운 조직구조를 편성해야 할 부담이 없는 학습연구년제를 제안하였고 2014년부터 무지개학교 활동을 주제로 초·중등 3명씩 6명의 교사들과 함께 현장 지원활동을 시작하게 되었다. 6명의 교사들은 매주 2회 벌교여고에 모여 학교 컨설팅을 준비하고 학교의 상황을 함께 나누면서 지원대책을 세웠다.

2015년에 지원센터가 설립되었으나 독립기구가 아닌 전남교육연구정보원 내 전남교육정책연구소에 교사 파견 제안으로 수용되었다. 그나마 초·중등 파견교사 2명과 학습연구년 교사 6명으로 실질적인 형태를 갖춰 활동할 수 있었다.

2016년부터는 지원센터의 활동과 내용을 공식적으로 인정받기 시작하였다. 도교육청의 담당팀도 무지개학교의 활동 경험이 있고 취지에 충분히 공감하는 장학관과 장학사가 배치되었다. 그럼에도 불구하고 무지개학교는 도교육청의 전반적인 정책으로 확산되지 못하고 부서 정책에 머무를 수밖에 없는 한계가 있었다.

민선 3기 교육감 당선 이듬해인 2019년에 파견교사는 3명으로 증원되었고 공간은 도교육청 7층으로 옮겼다. 8층에 위치한 혁신학교팀과 적극적으로 소통하기 위한 목적이었다. '무지개학교' 명칭이 '전남혁신학교'로 바뀌면서 '무지개학교지원센터'도 '전남혁신학교지원센터'로 바뀌었다. 또한 학교혁신의 방향을 결정하는 구조에 변화가 생겼다. 이전에는 지원센터가 주도했으나 팀과 함께하면서 일상의 활동 방식과 일정을 조정해야 했다. 새로운 환경에서 실질적인 소통과 협력에 대한 또 하나의 도전이었다.

2020년부터 혁신학교지원센터(이하 지원센터)는 혁신교육과 내 혁신학교팀으로 합류하여 같은 공간에서 활동을 시작하였다. 일각에서는 행정업무 구조로 편입되어 독립적인 활동을 우려하기도 했다. 물론 혁신학교팀의 행정 일정에 더 많은 영향을 받을 수밖에 없었다. 그렇지만 한 공간에서 현장의 다양한 상황을 공유하고 관련 정책을 함께 논의하는 과정에서 담당자 개인의 결정에 의존하는 사업 방식을 탈피할 수 있는 장점이 있었다.

현장지원체제 구축을 위한 노력

초기 무지개학교의 지원 체계 (2010~2011)

2010년 민선 1기 교육감 취임 직후 교육감 직속 기구인 '무지개학교 추진기획단'이 꾸려졌고 6개월 뒤 교육진흥과 소속의 '무지개학교지원단'으로 개편되었다.

지원단이라는 이름은 초기부터 사용하기 시작했다. 이름은 같지만 상황에 따라 실제 역할이나 활동은 지금과 다를 수밖에 없다. 초기 지원단은 활동의 가치나 방향뿐만 아니라 확장성에도 무게를 두었다. 지원단에는 활동 교사들이 중심이었지만 취지에 공감하는 관리자와 장학사도 함께했다. 그런 이유로 지원단 내부 인식의 차이가 컸다. 그 과정에서 크고 작은 의견의 차이도 있었지만, 장기적으로 구성원들의 성장이나 확산을 위해서라도 동조자 그룹에만 의존할 수는 없었다.

지원 체계의 확장 (2012~2015)

2015년까지 무지개학교 지원은 '지원단, 컨설팅단, 네트워크, 연구동아리, 각종 연수' 등을 통해 이루어졌다. 무지개학교지원단은 상황에 따라 외부 인사를 포함해 다양한 사람들이 참여했고 무지개학교 활동을 위한 정책적 지원이나 협의에 관한 내용을 주로 다루었다. 현재 혁신학교 관련 인사정책의 많은 부분도 무지개학교 지원단 협의과정을 통해 만들어졌다.

무지개학교 컨설팅단은 활동 경험이 있는 교사들 위주로 구성되었고 각자 지원 가능한 컨설팅 주제를 가지고 있었다. 중점 과제별로 4팀을 운영하였으며 그 내용은 학교리더십, 학교문화, 수업과 교육과정, 무지개학교 운영 철학이었다.

무지개학교 네트워크와 연구동아리는 지역의 학교와 교사들이 자율적으로 함께 고민을 나누고 서로의 활동을 공유하자는 취지에서 운영되었다. 연수 과정은 무지개학교에 대한 이해과정, 심화과정, 전문가과정을 운영하였으며 역할에 따라 관리자, 행정실장 및 학부모 대상의 연수를 개설ㆍ운영하였다.

지역별 지원 체계로 전환 시도 (2016)

2016년 5년이 넘는 운영 기간 누적된 지정학교는 100교가 넘었다. 무지개학교 운영은 현실적으로 활동가로 불리는 리더 교사의 근무 여부에 달려있었다. 실무적인 능력뿐만 아니라 자발적 의지와 협업 능력을 갖춘 교사들이 근무했던 학교에서는 관리자들의 지원도 함께 이루어졌다. 하지만 확대되는 과정에서 활동가들의 부재, 관리자 지원 부재를 호소하기 시작하였다. 직접 지원 방식은 한계가 분명했다. 다양한 현장 상황에 일괄적으로 대응할 수도 없기 때문에 지역별 지원 체계로 전환을 고민하고 있었다. 이를 해결하기 위한 대안은 지역별 컨설팅지원단을 꾸려 지역의 학교를 지원하는 방식이었다. 물론 지역별로 무지개학교를 관리ㆍ지원하는 방식은 의미가 있었으나 학교에 따라 그런 방식을 선호하지 않는 경우도 있었고 무지개학교 지원단의 요구 수준이 학교와 맞지 않는 상황도 발생했다. 간혹 해당 학교에 배정된 교사가 아닌 타 지역의 교사를 요청하는 일도 있었다.

지역별로 컨설팅단을 꾸리고 자생적인 힘을 기르는 시도가 의미는 있었지만, 시간이 지나면서 컨설팅단도 단위 학교도 충분한 지원을 받지 못하게 되는 어려움이 발생하였다. 조직이라는 형식을 갖추더라도 내용이나 실효성이 항상 뒷받침되는 것은 아니었다.

다양한 현장의 요구와 중점 과제 그리고 자기문제해결력 (2017)

양적 확대와 더불어 현장과 외부의 요구가 다양해졌다. 그러나 요구하는 방식의 문제해결은 한계가 있었다. 도교육청에서 문서로 제시한 중점 과제 수행력과 별개로 스스로 문제를 찾아 해석하고 실천을 통해 문제를 해결하는 학교들도 있었다. 이런 상황은 자연스럽게 학교혁신의 확산과 성장에 대해 돌아보게 만들었다. 문서로 제시한 4대 중점과제를 실행하는 것도 중요하지만 학교 상황에 따라 자기 학교의 문제를 해결하는 과정에서 협력이 일어나고 그 과정에서 자기변화를 경험하게 된다. 이를 확장이라고 해석할 수 있다. 그런 활동 경험이 없이 역량강화 연수나 외부에서 활동가들을 받아들이는 방식으로 무지개학교의 지속성을 보장할 수는 없었다. 일반화, 전면화를 내세우고 있지만 혁신학교가 가진 여러 어려움은 지속되었고 특정 사업을 추진하는 학교로 인식되는 현상에 대한 고민이 커졌다.

앞의 고민을 통해 학교혁신이란 '4대 중점 과제'를 수행하는 학교라는 관점에서 '자기 문제를 해결하는 협력적 과정'이라는 접근이 필요했다. 역량강화라는 이름으로 진행되는 다양한 연수도 필요하지만 진정한 성장은 학교 안에서 자신들의 문제를 함께 해결하는 협력의 경험, 자기 지역의 문제를 해결하는 활동 과정에서 일어나며 이를 위한 다양한 주제나 여건에 대한 구체적인 지원이 요구되었다.

연수와 평가 방식의 전환 (2018)

2018년에는 안정적인 지원체제를 만들기 위한 방안으로 경기도 선생님들과 함께 구성원 모두가 참여하는 '실행연수' 과정을 개발하는 데 노력을 기울였다. 이는 혁신학교의 연수체계와 평가 방식을 개선할 수 있는 기회가 되었다. 특히 무지개학교 평가에 있어서 기존의 면담방식을 구성원 모두가 참여하는 방식, 구체적인 지원사항을 파악하고 학교의 상황을 이해하는 방향으로 평가에 대한 관점의 변화가 일어났다.

연수는 학교혁신 전문가과정을 운영하였으며 학교혁신 실행연수 기초 및 심화과정을 운영하여 자료집을 발간하고 보급하였다. 이를 통해 실행 연수를 대중화하기 위해 노력하였고 이후 실행연수가 각 지역청을 통해 안내되었다. 많은 현장 교사들에게 실행연수는 구성원 모두가 서로 머리 를 맞대는 새로운 경험이었다.

지역청 혁신학교팀 신설과 혁신교육지구 역할 확대 (2019)

혁신학교가 양적으로 늘어나면서 지원센터가 직접 선정, 평가, 지원을 모두 담당할 수는 없었다. 지역의 활동가들과 지역청의 역할을 확대하고 자생적으로 노력하는 방향으로 정책이 수립되었다. 이를 위해 지역청이 기존 업무구조에서 벗어날 수 있도록 장학사를 추가 배치하여 혁신학교팀 을 신설하였다.

그러나 현장에서 고민을 함께할 협력대상이 분명히 존재하는 지역과 그 렇지 않은 지역의 편차는 분명했다. 추가된 인력이 기존 업무를 재분배하 는 방향으로 활용되기도 했고 업무 순환 주기가 짧아 조직개편의 취지가 그리 오래 지속되지 못하였다.

구체적인 학교 지원 전략과 연결 (2020)

혁신학교 활동이 10년을 넘기면서 그동안 축적된 활동 주제나 사례, 그 것을 위한 조건과 고민은 다양해졌다. 학교를 지원하고 있지만 학교혁신의 큰 방향과 당위적인 과제를 강조하는 데 그치고 있다는 지적이 있었다. 학 교혁신의 장기적 과제를 좀 더 구체적인 과제로 세분화할 필요가 있었다.

민주적 협의 문화는 회의 시간을 정하고 몇 가지 도덕적 주장만으로 해 결되지 않았고 수업 나눔도 수업 공개 횟수를 늘리고 전문적학습공동체를 통해 협의 시간을 확보하는 것만으로는 충족되기 어려웠다. 새학년집중준비기간 또한 그랬다. 그런 고민의 결과로 2022년 '새학년집중준비기간' 도움 자료를 제작하였다. 학교 구성원들이 다양한 질문과 주제로 함께할 수 있도록 구체적으로 지원하기 위한 노력이었다.

활동 교사들의 고민과 욕구도 깊어졌고 뛰어난 개인들의 노력만으로 해결할 수 없는 일들이 누적되었다. 지원센터는 교사들의 고민을 해결해주는 역할에 머무르지 않고 광역 단위에서 다양한 장을 만들어주는 '연결자'가 되어가고 있었다.

전남혁신학교지원단과 정책소위원회 (2021)

혁신학교팀과 지원센터는 광역 단위의 전남혁신학교지원단 운영과정에서 심화된 논의를 보완하기 위해 '정책소위원회' 형식의 협의기구를 신설하였다. 전남혁신학교지원단은 현장의 활동을 지원하고 소통을 중시하는 의미 있는 기구이다. 하지만 실제 운영과정에서는 풀어야 할 고민이 많았다.

전남혁신학교지원단은 22개 시군에서 다양한 사람들이 모여 제한된 시간 내에 실무 집행을 위한 의사결정, 중요사안에 대한 심의, 지역 활동 공유 등을 수행했다. 여기에도 어려움이 있었다. 의사결정 시 22개 시군의 상황이 다르다 보니 쉽사리 결론을 내지 못할 때도 있었고 심의를 할 때 매년 동일한 경험과 사고를 가진 사람들로 구성되지 않아 깊이 있는 논의로 들어가지 못했다. 함께 생각을 나눌 시간도 충분하지 않았다. 22개 시군의 다양한 구성원에 맞춰 회의를 준비하는 일은 상당한 시간과 노력이 요구되었다. 정책소위원회는 이런 어려움을 덜어내기 위한 보완책 중의 하나였다. 위원들 간 심도 있는 논의를 통해 중요한 판단을 함께하는 데 도움을 얻을 수 있었다.

지원단의 역할과 지역의 요구 (2022)

지역마다 사정은 다르겠지만 현재 지원단은 지원보다는 네트워크 혹은 연결자로서 역할이 더 요구되고 있다. 지원단은 지역에서 담당 장학사와 현장 교사들이 협력 구조를 형성했다는 데 더 큰 의미가 있다.

초기 지원단은 자발적 활동 경험이 있는 교사들 위주로 구성되었다. 지금은 혁신학교 업무담당자들이 주를 이루는 지역이 많다. 자신이 근무하지 않는 학교의 문제를 찾고 지원활동을 펼치는 데 어려워할 수밖에 없고 실제 지원을 요청하는 학교가 많지 않다. 불편함이나 어려움을 호소하는 일과 별개로 실제 구성원들이 외부의 자극을 받아들일 준비가 되기까지는 소통이 필요하다. '지원단 역량 강화'라는 과제가 매년 등장하고 실행연수를 운영 매뉴얼처럼 만들어 보급하기도 하였지만, 그것만으로 해결될 수 있는 일은 아니었다.

지역 내에서 서로 연결되고, 활동을 공유하는 과정에서 상황을 인지하게 되고, 그 상황에 맞는 역할로 연결될 때 자발성이 발현된다. 또한 특정 상황에서 구체적인 역할로 기여하는 협력적 경험이 일어날 때 역량이 강화된다. 따라서 지원단이 지역의 요구에 맞게 실질적으로 운영될 수 있도록 지원센터 파견교사들이 직접 운영에 참여하여 함께 고민을 나누기 위해 노력하였다.

활동 현안과 쟁점

큰 규모의 행사가 가지는 의미

큰 규모의 행사는 저변을 확대하고 공감대를 형성하는 데 효과가 있다. 초기 '호남권 혁신학교 포럼'과 같은 행사들은 프로그램의 내용도 의미가 있지만 규모로 인한 압도적인 힘은 많은 사람들에게 정서적으로 큰 영향력을 발휘했다. 2017년 하반기 '작은학교-무지개학교 축전'이라는 큰 행사를 준비하였다. 여러 선생님들과 함께 준비하는 과정에서 그동안 무지개학교의 성과를 돌아보고 함께 공유하며 공감대를 만들어내기 위한 노력을 기울였다.

전면화 정책의 이면과 도교육청의 과제

'전면화'는 지정 학교 수의 확대로 드러났다. 그러나 학교혁신을 통해 추진했던 방향이 도교육청 정책 전반에 영향을 미치는 내용상의 전면화는 여전히 숙제이다. '전면화'가 '일반화'로 바뀌어도 마찬가지다. 학교혁신이 도교육청의 역점사업이 되면서 현장 교사들의 활동이 행정에 의존하거나 요구하는 방식으로 강화된 측면도 있다.

학생들을 자기 삶의 주인으로 바라보는 관점, 그들의 선택과 활동을 보장해주는 활동 방식의 변화가 없는 학교혁신은 아무리 좋은 말로 치장해도 공허한 구호에 불과하듯 학교혁신의 진정한 전면화는 도교육청이 현장을 바라보는 관점과 활동 방식이 변할 때 가능하다.

학교혁신은 학교 현장의 선택과 자발적인 활동을 존중하고 그들과 협력 구조를 형성함으로써 가능했다. 현장의 선택을 존중하지 않으면 자발적 활동은 일어나기 힘들다. 활동이 부재한 상황에서 지원 대상은 불분명해지고 상급 기관은 설 자리가 없다. 최근 연구자들은 교육청이 관리하는 상급 기관이라는 틀을 벗어나 참여의 장을 만들고 연결해주는 플랫폼 역할을 제안하고 있다. 우리도 이 지점에 대해 곱씹어볼 필요가 있다.

혁신교육과 신설과 새로운 담론의 형성

민선 3기 출범 직후 조직개편을 통해 혁신교육과가 신설되었다. 학교혁신이라는 기조를 분명히 밝히는 메시지였다. 공교롭게도 공간혁신, 마을교육공동체, 작은학교 살리기 등이 부각되면서 수업과 교육과정은 상대적으로 약화되었다는 오해도 받았다. 추가 예산을 지원하고 새로운 사업을 통해 성과를 만들어내려는 것처럼 보였다. 전국적으로 '미래교육'이라는 틀 안에서 전남형 미래학교, 미래형 혁신학교 등 새로운 사업과 담론이 생겨났고 내부적으로 혼란과 이견도 생겼다.

도교육청의 정책 기조는 현장의 의도와 다르게 상급 기관의 흐름에 어느 정도 영향을 받을 수밖에 없다. 다만 새로운 정책 기조나 사업이 집행해야 할 업무로 부과되지 않고 그 사업을 통해 구성원이 학교교육활동을 돌아보는 참여의 기회로 이어질 수 있도록 노력했는지를 따져보는 것이 더 중요하다.

여기서 한 가지 고민해야 할 점은 도교육청에서 제시하는 정책 중 방향이나 지향점에 가까운 것들이 있지만, 사례나 결과물에 가까운 '사업이나 과제'도 적지 않다는 점이다. 사례나 결과물은 서로 다른 조건에서 자기 문제를 해결하는 과정의 부산물이다. 예산을 교부하고 결과물을 강조하면 단위 학교나 현장은 오히려 자기 문제로부터 소외될 가능성이 커진다. 따라서 결과물에 가까운 '사업이나 과제'를 정책으로 제시할 때는 보다 신중해야 한다.

코로나19로 인한 활동 위축과 협력의 조건

2020년은 코로나19가 본격적으로 시작된 해였다. 하반기까지 학교별 컨설팅이나 연수 지원을 제외하고는 다른 활동이 위축되었다. 그런데 '코로나19'라는 위협요인은 오히려 전남지역 곳곳에서 자발적인 협력이 일어나는 계기가 되었다. 기존 활동에 익숙한 학교에서 원격수업에 대응하는 과정은 경험해보지 않은 분명한 위협요인이었다. 크고 작은 어려움은 있었지만 서로 도움을 주고받으며 문제 상황에 신속히 대응할 수 있었다. 지금까지 상급 기관이나 직속 기관이 추진했던 하향식 연수 방식이 아니었다. 연수나 컨설팅도 없었고 누군가의 관리나 통제도 없었다. 학교가 어떤 문제 상황에 대응하는 과정을 변화로 해석할 수 있다면 학교 변화의 가장 큰 기제는 협력이라는 사실을 증명한 셈이다. 협력은 누군가를 변화시키기 위한 의도성이나 도덕적 당위에 의해 일어나지는 않았다. 스스로 문제라고 느끼지 못하거나 필요성을 느끼지 못하면 학교는 좀처럼 움직이기 힘들다는 것이다.

코로나19 대응 과정에서 나타난 또 하나의 주목할 만한 사실은 20~30대 선생님들의 태도에 변화가 일어났다는 것이다. 지금까지 학교는 이미 관행에 익숙한 선배 교사들이 주도해왔고 참여라는 이름으로 선택 없이 따르는 과정이었다. 그러나 이전과는 다른 방식으로 서로 도움을 주고받는 과정에서 구체적인 역할로 기여하는 활동이 일어났다. 성장은 참여 과정을 구체적으로 설계하는 일이다. 참여하는 과정, 기여하는 과정에서 교육활동을 대하는 태도가 자연스럽게 변화했다.

청년 교사들의 등장과 세대교체, 청년 교사 네트워크

몇 년 전부터 초기 활동 교사들의 연령대가 높아지고 일부는 장학사로 전직을 선택하게 되었다. 단위 학교에서는 젊은 교사들로 세대교체가 이뤄지는 가운데 지역마다 능동적으로 활동할 교사들이 부족하다는 어려움을 호소하였다.

초등학교를 중심으로 지정된 혁신학교의 숫자는 이전보다 훨씬 많아져 100개를 넘겼다. 여전히 많은 학교에서 '활동'으로써 협력을 경험하기보다는 분장 된 업무로써 혁신학교를 접하는 경우가 더 많았다. 그럼에도 불구하고 초등에서는 조금씩 새롭게 연결된 젊은 교사들이 서로 관계를 형성하기 시작했다. 지정된 숫자가 많아 실질적 운영이 어려운 학교들도 많았지만, 그 이면에 혁신학교 지정을 통해 새로운 교육적 시도를 경험할 수 있는 기회가 형성되기도 하였다.

반면 중등은 현재 31개가 지정 운영되고 있으며 운영의 질을 떠나 22개 시군에서 지정되지 않은 곳이 12곳이다.

지원센터와 담당 팀은 청년 교사들이 함께 활동을 공유하고 성장하는 네트워크가 필요하다는 데 의견을 모았다. 누구나 참여할 수 있는 개방적인 네트워크에서 활동하는 청년 교사들이 '자기 활동을 공유하는 과정'을 통해 성장하는 장(場)을 만들고자 하였다.

2021년 상반기부터 오랜 준비 끝에 9월에 개최된 1차 워크숍에 초 · 중등 50여 명의 교사들이 참여했다. 2차 워크숍은 그해 12월, 3차는 2022년 4~5월에 초 · 중등이 분리하여 진행하였고 4차 워크숍은 11월에 추진했다. 이를 계기로 10여 명의 초등교사들이 전문적학습공동체를 운영하고 있으며 그중 한 선생님은 자기 지역에서 청년교사네트워크를 따로 운영하고 있다. 학교혁신의 가치나 철학 못지않게 끈끈한 정서적 연결이 만들어낸 교사 동료성의 좋은 사례다.

2015년부터 2022년까지 '전남혁신학교지원센터가 걸어온 길'에 함께한 선생님들

'젊은것들'이 말하는 혁신학교

— 청년 교사들이 바라보는 혁신학교의 어제와 오늘, 그리고 내일

• 서우연 •

시작만큼 중요한 것은 바로 꾸준한 실천과 연결이다. 혁신학교의 철학과 가치는 제도의 존폐를 떠나 계속 이어져야 한다. 그래야만 학교와 교직원이 건강하게 설 수 있다. 이를 위해서는 청년 교사들의 역할이 매우 중요하다. 교실과 학교를 살리고, 아이들의 삶을 함께 가꾸어가고 싶은 이 시대 청년 교사들의 솔직담백한 이야기. '젊은것들'이 직접 경험해보고 말하는 혁신학교의 어제와 오늘, 그리고 내일의 모습을 들어보자.

'젊은것들' 탄생기

2021년 12월, 크리스마스를 한 주 앞둔 주말이었다. 전남학교혁신청년교사 2차 워크숍에 참여하기 위해 옆 반 선생님과 함께 새하얀 겨울왕국 같은 도로를 조심스럽게 달려 곡성 강빛마을펜션으로 향했다. 바쁜 연말에 궂은 날씨에도 불구하고 우리가 그곳으로 향했던 이유는 무엇이었을까? 지난 7월 '젊은것들' 곡성 모임에서 우리 모두가 공감하는 이유를 찾

을 수 있었다. 비슷한 연령대의 동료들과 직접 만나서 대화를 나눌 수 있는 만남의 장이 흔치 않은 요즘, 전남학교혁신청년교사 워크숍은 우리에게 너무나 반갑고 소중한 힐링의 시간이자 공간이라는 것. 한 학기 동안 쌓였던 고민과 이야깃거리들을 마음껏 꺼내놓고 서로 위로받는 훈훈한 분위기는 우리가 추운 겨울과 무더운 여름 날씨를 뚫고 찾아가기에 충분한 보상이자 원동력이었다.

전남학교혁신청년교사 2차 워크숍 홍보물

눈보라를 뚫고 워크숍 가는 길

'젊은것들'이라는 이름으로 교사 전문적학습공동체를 계획하고 실제로 올해 운영하게 된 계기는 위에서 언급한 2차 워크숍에서의 밤 덕분이었다. 2차 워크숍 첫날 공식 일정을 마친 저녁, 세미나실에서부터 대화가 유독 잘 통했던 10명 남짓의 선생님들이 자연스럽게 거실에 모여 깊은 이야기를 나누었다. 우리가 생각하는 학교의 이상적인 모습과 실제로 경험한 일들 사이에서 오는 괴리감과 불편함, 그럼에도 불구하고 느끼는 보람과 감동 등에 대한 이야기를 나누다 보니 어느새 다음 날 아침 해가 밝아왔다. 비슷한 고민을 가진 사람들과 서로 눈을 맞추며 바라보고, 고개를 끄덕이며 들어주고, 자기 마음속을 들여다보는 것 같은 대화를 나누는 과정을 겪어본 사람들은 모두 알 것이다. 그것이 내가 직면한 문제를 당장 해결해주지는 못해도 얼마나 따뜻한 위로가 되는지를. 그리고 그 작지만 놀라운 위로와 공감들이 우리가 다시 일어나 앞으로 나아갈 힘을 가득 채워준다는 것도.

우리는 이런 모임을 조금 더 자주 갖고 싶었고, 그 자리에서 바로 2022년 전문적학습공동체 운영 계획서를 구두로 함께 작성했다. 회장과 총무도 그날 밤 간단한 게임을 통해 선정해서 그 과정이 더욱 생생하게 기억에 남는다. 잠도 깰 겸 시작했던 라이어 게임에서 제시어였던 누드김밥을 맞추지 못한 곡성 선생님이 회장이 되었고, 화장실에 다녀왔다가 그의 지목을 받은 나주 선생님은 총무가 되었다. 심지어 회장이 된 선생님은 워크숍이 끝나고 관사로 돌아갔다가 늦은 밤 부탁 전화를 받고 부족한 간식을 사서 갖다주러 오셨는데 이런 상황을 맞이하게 된 것이었다. 그야말로 '젊은 것들'이기 때문에 가능한 일들이 아니었을까?

'젊은것들'이라는 명칭은 구례 '자라는 공동체' 청소년들이 기획하고 운영하는 버스킹 축제 이름에서 따왔다. 구례에서 근무하는 선생님들도 계셔서 자연스럽게 지역의 교육활동에 대한 이야기를 나누다가 버스킹 축제 이름을 듣고 우리 모임과도 참 잘 어울린다고 생각했기 때문이다. 단순히 나이가 어리다고, 경력이 적다고 하여 교직에 대한 열정과 사명감이 부족한 것은 아니다. 오히려 더 충만하기도 하다. 이름처럼 유쾌하게 '젊은것들'의 반전을 만들어 모두에게 보여주고 싶었다.

전라남도교육청에서는 전문적학습공동체를 '학생의 배움과 학교교육 혁신을 위해 교원이 함께 연구하고 실천하며 성장을 도모하는 자발적 학습공동체'라고 정의하고 있다. 작년에 청년 교사 워크숍과 각종 연수를 통해 만난 우리들의 모습을 돌아보면 단순히 과거와 현재의 고민을 나누고 공감하는 것에만 많은 시간을 쓰고, 정작 문제해결에 대해서는 구체적인 논의를 하지 못한 아쉬움이 매우 컸다.

2022. 전문적학습공동체 지원 계획(전남교육청) 추진개요 중에서

올해는 한 걸음 더 나아가 우리가 마주한 문제들을 더 깊게 탐구하고 해결 방법을 연구하며 올바른 방향성을 유지할 수 있도록 지지해주는 튼튼한 울타리를 만들고 싶었다. 그리하여 각자의 관심사를 공유하고 공통되는 부분을 묶어서 함께 연구할 주제를 선정하고, 같이 할 사람들을 더 모집하여 지금의 '젊은것들'이 탄생한 것이다.

전문적학습공동체의 핵심 요소는 동료성과 자발성, 전문성 그리고 학생의 배움과 성장을 추구하는 것이다. 위와 같은 공동체가 되기 위해 우리는 '젊은것들'의 지향점을 다음과 같이 설정했다.

1. 혁신학교의 철학과 성과를 이해한다.
2. 다양한 주제의 교육에 관해 연구하고 혁신학교와 접목하여 체계화한다.
3. 미래형 혁신학교로 나아가기 위한 구체적인 실천 과제를 도출하고 공유한다.
4. 주제별 교육과정을 개발하고 실천한다.

구성원들의 관심사는 학생자치, 생태환경교육, 수업 나눔과 협의회, 마을 교육과정, 학교문화, 교육정책 등 종류가 매우 다양하다. 그중에서도 특히 관심이 더 많고 현재 따로 연구를 진행하고 있는 분야에 대해서는 해당 교사가 소속 학교로 구성원들을 초대하여 발제하고 공유하는 방식으로 모임을 진행하고 있다.

'젊은것들'이 만났을 때

우리는 카카오톡 단체 채팅방에서 수시로 소통하고 격월 1회 정도 1박 2일 오프라인 모임을 갖고 있다. 금요일 저녁에는 사전에 정해진 주제에 대해 발제를 하고 해당 주제를 중심으로 2시간 정도 협의회를 운영한다. 이어서 저녁 식사 후에는 숙소로 이동하여 앞서 나눈 주제를 더 심화시키거나 교육에 대한 고민과 다양한 생각을 다음 날 아침까지 나눈다.

'젊은것들' 5월 모임, 구례 토지초 5학년 교실에서 '학생자치 활성화'를 주제로 토의하는 모습

구례, 곡성, 강진, 장성, 나주, 장흥, 순천 등 근무하는 지역과 학교의 규모가 다양하다 보니 만날 때마다 다채로운 이야기가 펼쳐진다. 도움이 필요한 순간, 텍스트로 혹은 구두로 질문만 던져도 다양한 해결책이 바로 쏟아져 나오는 일종의 비상구가 생긴 셈이다. 집단지성을 발휘하여 서로 도움을 주고받는 모습을 볼 때면 영화 〈어벤져스〉가 떠오를 정도다.

우리가 만나서 가장 먼저 하는 것은 바로 '꾸아드네프'다. '꾸아드네프'는 프랑스 인사말로 "새로운 일 없니? 별일 없니?"라고 묻는 "Quoi de neuf?"를 우리말로 쓴 것이다. 프레네 교육에서 학생들의 삶을 교실로 불러오기 위해 활용하는 핵심 기술인데, 서로 만나지 못한 시간 동안 있었던 일들을 교류하면서 서로에게 관심을 갖고 마음을 열며 주요 활동을 시작하는 것이다. 그렇게 마음을 먼저 나눈 뒤에 비로소 본격적인 발제와 협의를 진행하고 있다. 올해는 구례, 곡성, 목포, 장성에서 오프라인 모임을 갖기로 했고 지금도 진행 중이다. 그리고 우리가 모여서 나눈 이야기와 자료들은 블로그와 패들렛에 차곡차곡 모으고 있다.

구례 토지초 행버거에서 일행을 기다리며

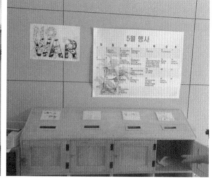
토지초 비둘기 우편함과 다모임 안건함

우리가 '젊은것들'이라는 이름으로 전문적학습공동체 첫 오프라인 모임을 가진 것은 지난 5월, 구례 토지초등학교에서다. 토지초등학교 곳곳을 탐방하며 토지교육의 중점이 실제로 어떻게 반영되고 있는지 살펴보았다. 행버거(행복한 버스 정거장), 도서관, 비둘기 우편함, 다모임 안건함, 몽실몽실 등 학생자치가 빛을 발휘하는 부분이 특히 돋보였다. 자연스럽게 학생자치 활성화 방안에 대한 고민이 오갔고, 각 학교에서 실천하고 있는 사례와 우리가 꿈꾸는 이상적인 학생자치에 대해서 이야기를 나눌 수 있었다.

다모임 회의 진행 시 교사의 역할에 대한 고민, 학생들이 어떤 과정을 통해 문제의식을 갖고 문제해결에 대한 의욕을 키우게 되는지, 학급에서의 자치문화가 어떻게 학교에서의 자치문화로 연결될 수 있는지 등에 대한 이야기를 중심으로 나누었다. 우리 모임의 시작은 '혁신'학교의 철학과 고민을 나누는 것이었지만 이제는 혁신'학교', 즉 우리가 꿈꾸는 학교의 이상적인 모습과 현실에 대한 고민과 실천을 나누는 지금으로 발전했다.

'젊은것들' 7월 모임, 곡성 꿈키움마루에서 생태환경교육을 주제로 토의하는 모습

7월의 주제는 '생태환경교육'으로 죽곡초에서 발제를 맡아 곡성 꿈키움마루에서 협의회를 진행했다. 현재 죽곡초등학교의 텃밭 이야기를 시작으로 하여 환경교육의 실천 목표와 그린스마트미래학교의 이상적인 모습에 대한 이야기까지 깊게 나눠보았다. 협의 과정을 통해 그동안 대부분 사람들이 그러려니 하고 지나쳤던 학교의 어느 장면들도 자세히 짚어보면 분명히 더 나아질 수 있는 방법이 있다는 것을 다시금 깨달았다. 음침하고 구석져서 가기 꺼려지는 공간인 학교의 쓰레기 분리 배출장을 개선할 수 있는 아이디어들이 특히 기억에 남는다. 올바른 분리배출 방법이 설명된 게시판과 내용물을 씻을 수 있는 수돗가가 있는 밝고 환한 분위기의 친환

경적인 분리 배출장이 조만간 우리네 학교에서부터 하나둘씩 나타나기를 기대해본다.

이 밖에도 도움이 될 만한 도서와 다큐멘터리, 탐방하기 좋은 선진 학교 등 생태환경교육에 대한 고민과 사례를 나누고, 숙소로 가서는 혁신학교에 대한 더욱 깊은 이야기들을 나누었다. 자세한 이야기는 뒤에 나오는 〈우리가 경험한 혁신학교〉와 〈우리가 꿈꾸는 학교〉에 기록하였다.

전남도립도서관 세미나실에서 9월 모임을 기념하며　　　　계산초 전문적학습공동체 수업 협의 실습

9월 협의회는 목포에 위치한 전남도립도서관 세미나실에서 진행되었다. 계산초등학교의 전문적학습공동체 운영 사례를 발제로 하여 수업 나눔과 협의 과정을 직접 실습해보았다. 서로에게 어울릴 만한 영어 이름을 지어주고, 우리가 직접 초등학교 1학년 학생들이 되어 50까지의 수를 다양하게 세는 전략에 대해 놀이 수업을 간단히 해보았다. 실제로 학교에서는 생략하는 과정 없이 수업자가 동료 교사들을 대상으로 공동수업안대로 수업을 40분 진행한 뒤 수업안을 재구성한다고 한다. 우리는 앞서 간단히 체험한 놀이 수업 경험을 떠올리며 실제 수업했던 영상의 편집본을 함께 보고 사후 수업 협의회를 실습해보았다. 사회자가 사전에 준비해둔 다양한 질문지들을 뽑아 차례대로 질문하고 생각을 나누었는데 그 과정이 특

히 인상 깊었다. 학습 문제에 대한 학생들의 생활 경험, 수업자가 발표를 시키는 순서, 학생들의 배움에 점프가 이루어진 순간 등 수업을 다양한 시각에서 바라보고 소외되는 사람 없이 모두 생각을 공유할 수 있다는 점이 크게 와 닿았다는 의견이 많았다.

11월에 있을 장성 모임에서는 또 어떤 반짝이는 이야기들이 펼쳐질지 기대가 된다.

우리가 경험한 혁신학교

지난 여름방학, 7월 곡성 모임을 갖기 전에 선생님들께 몇 가지 질문을 사전에 메신저로 보내드렸는데, '내가 경험한 혁신학교 & 내가 꿈꾸는 학교'가 바로 그것이었다. 우리가 그날 밤에 나누었던 대화 일부를 기록해보았다.

우연: 선생님께서 경험하신 혁신학교는 어떤 곳이었나요?

윤정: 제가 처음 경험한 혁신학교는 민주적인 학교문화와 학생자치가 특히 돋보이는 곳이었어요. 학생들과 생각을 모으는 과정에서 학교 교육활동의 질과 의미가 더욱 좋아졌고, 결과적으로는 아이들 곁에서 함께하며 더 기뻐하고 즐거워하게 되었어요. 교사가 모든 것을 결정하는 것이 아니라 아이들의 생각을 반영하고 수용해서 함께 만들어가는 행사! 자치 역량을 강화하고 살아갈 힘을 키워주는 것이 혁신학교의 힘이 아닐까요?

은지: 첫 발령은 혁신학교가 아니었고, 나중에서야 8년째 운영 중이던 혁신학교로 전입했는데 그곳에서 느낀 점이 참 많아요. 혁신학교의 철학과 교육활동들이 이젠 저에게 당연하게 느껴져요. 그

리고 저처럼 혁신학교가 당연하다고 느끼는 선생님들의 힘을 실감하고 있어요. 선생님들이 체력적으로 힘들 수는 있는데 아이들이 정말 행복해하는 것이 눈에 보이거든요.

석우: 혁신학교가 추구하는 중점과제 4가지를 처음 들었을 때가 생각나요. '당연한 것을 왜 혁신한다는 거지?' 정상적인 것을 혁신해야 하는 것이 의아했거든요. 그런데 처음 학교 발령을 받고 조금은 외부자의 입장에서 비판하듯이 학교를 바라보니 그 이유를 알겠더라고요. 제가 발령받은 학교에서 신규 혁신학교를 운영할 때 비민주적인 학교문화를 바꿔나가는 것에 먼저 집중했고, 그 이후에는 교육과정에 더욱 집중하게 되었어요. 함께 고민했던 선배 교사들이 어쩔 수 없이 떠난 뒤에도 많은 시행착오가 있었지만 끝까지 포기하지 않고 있어요. 공유된 비전을 가지고 선생님들이 하고자 하는 것들을 원 없이 지원해주는 것이 혁신학교의 참된 모습이라고 생각했거든요.

한결: 군 복직이 끝나고부터는 쭉 혁신학교에서 근무했어요. 첫해에는 그저 신기했어요. 교사들이 학교에 자발적으로 남아서 교육활동을 기획하고 운영하는 모습을 자주 봤거든요. '아이들이 뭘 하면 재밌을까?'로 시작했던 일들이 이제는 아이들의 배움과 성장까지 고민하는 혁신 업무 담당자 자리까지 저를 이끌었어요. 그런데 담당자나 관리자가 바뀔 때마다 학교가 휘청이는 모습도 경험하게 되었는데, 그때마다 결국은 '사람'이라는 생각을 하게 되었네요.

희진: 신규교사가 4명이 오는 학교로 발령이 났는데, 1년 차에 100대 교육과정 일 때문에 짜장면 먹을 시간도 없어서 한 손에 햄버거

를 들고 문서작업을 해야 했을 정도로 정신없이 바빴어요. 심지어 학예회 전날에도 밤 11시까지 야근하면서 보고서 얘기만 하고 있자니, 문득 '이건 정말 아니지 않나.' 싶기도 했었죠. 그다음 해에 관리자의 제안으로 혁신학교를 처음 시작하게 되었어요. 처음에는 거부감이 들었지만 막상 바꿔보니 너무 좋다는 것을 깨달았죠. 가장 큰 변화는 학생회였어요. 학생회의가 0단계였던 우리 아이들이 이제는 위원회를 나누어 각종 기념일에 주체적으로 행사를 기획하고 운영하기까지 해요. 새로 전입해오신 교장선생님도 처음에는 혁신학교에 대한 의심이 많으셨는데, 얼마 전 다모임에서 학생들이 똑 부러지게 자기 의견을 말하고 그것들이 실제로 학교생활에 영향을 주는 모습을 보면서 의심을 싹 거두셨지요. 저는 혁신학교란 잔 다르크의 깃발 같은 거로 생각해요. 깃발이 보여야 따라오는 사람들도 있잖아요. 이게 있으니까 우린 해야 해! 그래서 혁신학교가 필요한 거 아닐까요?

우연: 첫 발령을 무지개학교로 받았어요. 민주적인 학교문화와 마을학교가 특히 활성화된 학교였지요. 저에겐 그 학교의 모습이 혁신학교에 대한 첫인상이자, 모든 학교가 이러면 좋겠다는 일종의 기준이 되었던 것 같아요. 그렇게 지금의 학교로 전입을 해왔는데, 혁신학교라는 타이틀만 안 달았을 뿐이지 학교문화가 참 따뜻하다는 것을 바로 느꼈어요. 그래서 동료 교사들의 도움을 받아 2021년에 신규 혁신학교로 지정받고 지금껏 운영해올 수 있었지요. 희진 샘 말씀처럼 일종의 깃발이 필요하다고 생각했던 것 같아요.

현주: 약수초에서 7년째 근무하고 있어요. 혁신학교라는 이름을 달기 전 우리 학교는 선생님들 각자의 역량은 출중하나 모래알처

럼 흩어져있고 6년의 교육과정에 유기적인 연결이 부족하다는 것
이 늘 숙제처럼 느껴졌어요. 1년마다 새로운 프로그램에 적응해야
하는 아이들이 안쓰러웠고, 보다 더 의미 있는 배움과 성장을 위해,
학교문화와 교육과정의 유기적인 연결을 위해 혁신학교를 시작하
게 되었지요. 혁신학교 신청을 준비하던 때부터 느끼는 요즘 고민
은 '어디서부터 다시 시작해야 할까?'에요. 혁신 업무를 담당하는
입장에서는 각자가 생각하는 혁신학교에 대한 바람을 존중하면서
도 그저 적극적으로 지원해주고 싶어요.

성진: 저는 혁신학교 근무 경험은 없고, 도시의 큰 학교에서만 쭉
근무를 해왔어요. 어릴 적부터 친구인 석우와 자주 만나 학교 얘기
를 하다 보면 아무래도 비교를 많이 하게 되고 고민도 많이 들어요.
'우리 학교 비전이 뭐더라? 나는 교육에 대한 본질적인 질문에 얼
마나 고민해봤을까?' 내 목소리를 내고 다른 선생님들의 목소리도
들을 수 있는 학교. 혁신학교에서 근무해보고 싶다는 의지가 매우
커졌어요.

윤정: 관리자가 책임은 지지만 의사결정의 의사 표현은 모두가 1/N
인 학교가 제가 경험하고 또 이상적이라고 생각하는 혁신학교의 모
습이에요.

희주: 첫 발령 때 고3을 맡았어요. 제가 졸업한 뒤로 학교가 많이
바뀌었을 거로 생각했는데, 별반 다르지 않은 모습에 처음엔 조금
놀랐어요. 교사를 계속해야 할까 하는 고민까지 하게 되던 때에 순
천별량중학교 수업을 몇 번 보면서 많은 것을 느꼈어요. 저렇게 수
업하면 정말 행복하겠다고 말이죠. 그러다 마침 순천별량중학교로

초빙을 가게 되었는데, 혁신학교에 대해 뭘 알고 간 건 아니었어요. 솔직히 첫 느낌은 조금 실망스러웠지만 지금은 제가 학교를 많이 사랑하고 있다는 느낌을 받을 정도로 좋아요. 특히 학생들에게 너무 감동을 받고 있어요. 아이들이 등교하는 모습을 보면 너무 행복해요. 제가 만약 아이가 있다면 보내고 싶은 학교예요. 공교육은 아직 죽지 않았다는 생각도 들고요.

정범: 첫 발령을 자율형 혁신학교로 받았어요. 그곳에서는 혁신학교란 예산을 쓰기 위한 과업이 아닐까 하는 생각이 들었어요. 그러다가 장성삼서중으로 초빙이라는 타이틀을 달고 다소 무거운 어깨로 전입을 했어요. 하지만 걱정도 잠시, '내가 아이들과 함께 성장할 수 있는 학교가 이곳이 아닐까.' 하는 생각이 들 정도로 처음으로 학교생활의 재미를 느끼고 있어요. 혁신학교는 아이들의 목소리를 들을 수 있고, 아이들의 목소리가 잘 드러나는 학교라고 생각해요. 아이들 스스로 월별계획을 세우고 차근차근 해나가는 모습을 보면 정말 기특해요. 그래서 앞으로 학교 구성원들이 변해도 학교가 흔들리지 않으면 좋겠다는 생각을 자주 해요.

우리가 꿈꾸는 학교

우리가 경험한 학교 에피소드를 다양하게 나누다 보니 마무리는 자연스럽게 '그래서 우리가 꿈꾸는 학교는?'으로 향했다. 저마다 꿈꾸는 학교의 모습은 여러 빛깔로 나타났지만 궁극적으로는 그동안 경험한 혁신학교의 철학과 가치가 유지되는 것은 분명했다.

'젊은것들' 7월 모임. 곡성에서 밤늦게까지 학교와 삶에 대한 이야기를 나누는 모습

한결: 좋은 학교는 결국 구성원들이 만드는 것 같아요. 철학을 이해해주는 관리자, 함께 보듬거나 싸워줄 동료들, 업무를 맡아 지원해줄 팀, 전문성 있는 교사, 관계성을 돈독하게 해주는 사람 등… 제가 꿈꾸는 학교는 사람에 휘둘리지 않는 학교예요. 핀란드 교사들의 수업 권위처럼 교사의 자율성이 충분히 확보되는 학교가 되면 좋겠어요.

은지: '꿈꾸는 학교'라는 말은 조금 어려워요. 그냥 학교와 관련 있는 모두가 뭔가를 해보고 싶은 마음이 드는 학교면 좋겠어요. 학교가 원래 해야 하는 일을 그냥 하는 곳은 단순히 공공기관이지 않을까요? 자기 자신을 위해서든 아이들을 위해서든 나도 학교를 위해 뭐 하나 해보고 싶다는 마음이 계속 생기는 학교야말로 제가 생각하는 좋은 학교, 살아있는 학교예요.

윤정: 아이들, 선생님, 학부모가 한 가지 방향성을 가지고 그 일을 함께하면서 성장해가는 학교가 되면 좋겠어요. 그러다가 누구나 학교를 위해 어떤 도움이든 주고 싶어지는 그런 곳이요.

희진: 수업이 재밌는 학교요. 학교에서 가장 많은 시간을 보내는 시간이 수업 시간인데, 교사에게 수업 시간이 좋아지려면 전문성과 동료성이 잘 채워져야겠지요.

서중: 제가 꿈꾸는 학교는 서로가 어떤 사람이고 어떤 존재인지 들여다볼 수 있는 학교예요. 서로의 얘기를 잘 들어주고 이해할 수 있는 공간이 학교면 좋겠어요.

석우: 자발성, 관계성, 그리고 이것들을 바탕으로 만들어내는 공동체성! 학교다운 학교, 감동이 있는 학교는 이 원리가 작동하고 있는 학교이지 않을까요? 그렇게 아이들의 삶과 선생님의 교육과정이 만났을 때 우리의 실천이 일어나는 것이 제가 꿈꾸는 학교의 모습입니다.

희주: 저는 지금 교사가 되고서야 비로소 사람이 되고 있지 않나… 하는 생각이 들어요. 제 말이 기록으로 남겨진다는 것이 누군가를 바꾸려고 하기보다 그냥 학생들을 있는 그대로 바라봐주는 그런 학교가 되면 좋겠어요.

정범: 학교라는 공간에서는 자유롭고 행복하게 삶과 앎을 토대로 학교의 모든 구성원이 배움을 불러일으키고 함께 성장하는 모습을 상상하고 실천할 수 있으면 좋겠어요. 그리고 학교를 구성하는 모든 사람들이 각자 자신의 역할을 통해 서로 존중하고 믿으면서 성장해나가고 이를 바탕으로 서로에게 배움을 불러일으키는 곳이 되면 하는 바람입니다.

성진: 제가 부러워했던 혁신학교의 모습들이 제가 꿈꾸는 학교의 모습이지 않을까 싶어요. 학교의 비전과 교육철학이 구성원들 사이에 공유가 되고 교육에 대한 본질적인 질문에 대해 충분히 고민하고 실천할 수 있는 학교요.

우연: 구성원들 간의 끈끈한 믿음과 협력으로 우리 학교의 문제를 우리가 해결할 수 있는 그런 학교가 되면 좋겠어요. 남들이 좋다고 하는 것들을 무조건 따라 하거나 기존의 것을 그저 답습하는 곳이 아닌, 우리만의 모양을 잘 알고 그 빛깔을 가장 알맞은 형태로 비춰주는 그런 학교요.

현주: 학교는 아이들이 매일 대단한 일을 해내고 있음을 알아주는 곳이면 좋겠어요. 아이들이 즐겁게 배우면서 성취감을 느낄 수 있고, 앞으로 마주할 어려움을 해결할 수 있는 내면의 힘을 길러주는 따뜻한 공간이면 좋겠습니다.

혁신학교? 학교 혁신!

솔직하게 말하면 혁신학교라는 말을 처음 접했을 때, 마음이 조금 불편했다. 혁신학교의 '혁신'이라는 말 자체가 주는 거부감도 있었지만, 혁신학교가 아닌 학교들과 구분하는 것 같다는 생각이 들어서였다. 그러다가 혁신학교에서 직접 근무해보니, 그 이름에 걸맞게 더욱 열심히 하려는 스스로를 발견했다. 물론 그 열정으로 몸이 지치는 순간도 있었지만, 이 방향이 옳다는 것을 알기에 결코 그 과정이 헛되게 느껴지진 않았다. 아마 혁신학교를 경험해본 사람들은 모두 알 것이다.

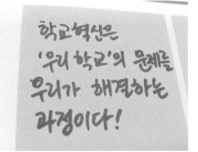

2021년 9월 보성, 전남학교혁신청년교사 1차 워크숍에서 찍은 사진.

　'젊은것들'의 구성원 중에는 혁신학교 근무 경험이 전혀 없는 교사들도 있다. 그래서 우리는 '혁신학교'를 주제로 하기보다는 '학교혁신'에 더욱 중점을 두고 이야기하는 편이다. 우리가 만났을 때 우리는 모두 동등한 선생님이라는 생각을 갖고, 더 나은 교육에 대해 토의할 뿐이다. '젊은것들' 동료들과 함께 이야기를 나누다 보면 우리 학교에서도 이런 분위기로 또는 이런 주제로 이야기 나눠보면 좋겠다는 생각을 많이 한다. 그러다가 어느 순간에는 우리 학교뿐 아니라 이웃 학교, 저 멀리 있는 학교들까지 이렇게 고민하고 대화하다 보면 학교교육의 미래가 얼마나 빛날까 싶다. 더 많은 사람들이 학교혁신에 관심을 가지면 좋겠다. 교실과 학교를 살리고, 아이들 삶을 함께 가꾸어가고 싶은 교사들이 더욱 많아지면 좋겠다. 교육의 본질을 고민하고 이상적인 학교의 모습을 실현하기 위해 고군분투했던 그동안의 수많은 혁신학교의 노력이 헛되지 않고 향기처럼 남아 오래오래 유지되었으면 한다.

　7월 곡성 모임에서 모두가 격하게 공감했던 것 중 하나는 '그럼에도 불구하고, 결국엔 사람'이라는 말이다. 그동안의 혁신학교들도 결국은 사람으로 시작하고 사람으로 끝을 보았다. 진정한 학교 혁신이 이루어지려면 결국은 사람, 즉 나와 우리의 관계에 대한 노력이 절대적으로 필요한 것이다. 그 관계의 형성과 성장을 위해서는 개인의 노력뿐 아니라 지역과 나라 차원에서의 노력도 요구된다.

고민도 많고 반짝이는 생각도 많은 이 시대의 청년 교사들이 교실 문 너머로 나아갈 힘을 실어주고, 따뜻한 네트워크를 형성할 수 있도록 적극 지원해 준 전남혁신학교지원센터의 노고에 감사하며, '혁신학교'라는 명칭을 벗고서라도 '학교 혁신'을 주제로 앞으로도 이런 기회와 장이 많이 만들어졌으면 하는 바람이다.

세상은 누군가와 함께 가는 여행이라는 말이 있다. '지금 내 옆의 동료는 누구이고, 나는 지금 누군가의 동료인가?'를 생각하며 오늘도 학교 혁신을 향해 한 발짝 더 움직일 용기를 내본다.

에필로그

사람은 사람을 통해 배우고 성장한다. 전남새학교넷은 사람들이 서로 바라보고 소통하며 연결될 수 있도록 '인적 플랫폼' 역할을 해왔다. 어떤 지향을 함께 만들어간다는 것은 안정감과 행복감을 준다. 나 홀로 또는 몇몇이 어렵게 학교 변화의 꽃을 피워도 우리 한 송이 한 송이를 이어주는 벌과 나비가 없다면 튼실한 열매를 맺기 어려울 것이다. 함께해야 오래 할 수 있고, 같이해야 변화를 만들 수 있다. 지속 가능한 변화를 위해서는 30년, 100년이 필요하다.

– 전남새로운학교네트워크

글을 쓰기 위해 15년 동안 쓴 일기장을 읽어 보았습니다.
덕분에 지난 삶을 성찰하고 기억 속 사람들을 꺼내 보았습니다.
학생 수 11명의 시골 분교장에서 시작한 작은 학교 살리기가
이제 학생 수 700명에 이르는 도시 거대학교까지 이어지고 있습니다.
혼자가 아니라 함께여서, 손잡아 주는 이들이 있어서 가능했습니다.
만남은 우리 교육의 변화를 가져오고 성장을 가져옵니다.
오늘도 묵묵히 길을 걸으며 사람들을 만납니다.

– 김현진

강아지 꽃순이와 함께 받아쓰기 시험 본다는 것에 긴장하는 아이들, 비 오는 날 운동장에 쪼그려 앉아 작은 모래돌에 흥미를 가지고 비밀스럽게 모으는 아이들, 풀 덮이고 물 가득한 운동장에 악어를 키우자고 제안하는

교장을 걱정하는 아이들, 이러한 아이들을 따뜻한 눈빛으로 지켜보는 선생님들, 웃기는 작은 학교 이야기이다. 아이들은 어떤 존재인가에 대한 물음이 있던 학교였다.

– 장성모

　중요한 것은 아이들이 끊임없이 도전하며 넘어지고 일어설 수 있도록 환경을 잘 조성하는 것이다. 아이들을 믿으며 끈기 있게 지켜보는 선생님들의 눈, 아이들을 존중하고 지지해주는 가정에서의 분위기, 학교 구석구석 물리적 환경까지 아이들의 생각과 삶의 흔적들을 잘 표현해주고 학교가 나의 배움과 성장을 응원하고 기뻐해준다는 느낌을 받고 살아가도록 하는 것이다.

– 김의성

　앞으로 순천왕운중학교는 혁신학교로서 정체성을 지니고 지속 가능할까? 결국은 구성원들의 주체적 의지가 핵심이다. 민주적인 리더십을 더욱 단단히 구축하고, 구성원들이 자발성과 동료성을 발휘하여 혁신학교를 추진하고자 하는 의지가 결집되면, 지속을 넘어 더욱 발전하고 그야말로 큰 '울림'이 되어 널리 널리 퍼져나가게 될 수 있으리라 기대한다.

– 정종완

　통자리중학교 선생님들은 아이들을 깊이 살피고 그들의 세계를 이해함으로써 온전히 아이들의 마음에 스며들고자 했다. 선생님들은 교육이 있는 그대로의 아이들을 받아들임에서부터 시작되어야 한다고 믿고 있었다.

아이들의 세상을 이해하는 것은 우리 사회의 교육 문제를 풀어내는 가장 기본적인 실마리라고 생각했다. 13명의 혁신학교 만들기 도전은 그렇게 시작되었다.

– 박화실

혁신학교를 거쳐 간 선생님들에게 혁신학교가 남긴 것은 무엇일까? 선생님들은 '성장'이라는 단어로 답한다. 교사, 학생, 학부모가 한마음으로 학교의 변화를 일구어 모두가 행복한 '이런 학교'가 가능하다는 것을 경험한 것 자체가 교직생활의 큰 재산이 되었다는 것이다. 민주시민을 키우는 '공교육'으로의 학교. 혁신학교에서 경험한 학교의 모습을 여전히 꿈꾼다. 그 꿈을 이루는 데 필요한 것은 그 무엇도 아닌 지금 바로 옆에 있는 동료 교사이다.

– 홍천

매일 학교에 가야만 하는 아이에게 학교는 어떤 곳이어야 할까. 인생 대부분의 시간을 학교에서 지내는 교직원에게 학교는 어떤 곳이어야 할까. 아이를 날마다 학교에 보내는 학부모에게, 마을 주민들에게, 학교를 품은 지역사회에 학교는 어떤 곳이어야 할까.

– 허성균

아름다운 사람은 아름다운 환경을 만들고, 아름다운 환경은 아름다운 사람을 만든다. 교육공동체가 함께 고민하여 놀이와 배움이 있는 공간을 만드니 선생님과 아이들이 행복하다. 이제는 21C 교실에서 21C의 교사가

21C 아이들을 가르친다고 말할 수 있다. 또한 현재에 머무르지 않고 변화는 계속될 것이다.

- 김영섭

    퍼즐 조각의 한 쪽이 볼록 나와 있으면 그 조각과 만나는 다른 조각의 부분은 오목 들어가 있어야 맞춰진다. 나의 오목하게 들어간 부분이 부족함일지라도 다른 친구의 볼록한 부분과 만나면 된다. 혼자서 다 잘하지 않아도 괜찮다. 함께 자라면 되니까. 함께라서 참 다행이다.

- 김세희

    고민도 많고 반짝이는 생각도 많은 이 시대의 청년교사들이 교실 문 너머로 나아갈 힘을 실어주고, 따뜻한 네트워크를 형성할 수 있도록 적극 지원해 준 전남혁신학교지원센터의 노고에 감사하며 한 가지 질문으로 마무리하고자 한다.

    "지금 당신의 동료는 누구인가요? 그리고 당신은 누군가의 동료인가요?"

- 서우연

    연꽃은 진흙탕 속에서 오염 물질과 악조건을 자양분 삼아 청결하고 고귀한 꽃을 피워낸다. '전남혁신학교'도 혁신교육에 대한 편견과 오해, 잘못된 관행 등의 어려운 여건 속에서 아이들의 웃음이 끊이지 않는 행복한 학교를 만들어냈다. 사람들은 연꽃을 보며 희망을 품고 긍정적 기대를 한다. 전남혁신학교를 통해 우리 교육의 희망을 본다.

- 김유동

저자 소개

정운영 —

아이들 가슴에 품은 저마다의 씨앗이 피어나도록 지지하고 응원하는 선생님이 되고 싶어 한다. 자신과 자기 주변의 행복을 위해 책임감을 가지고 크고 작은 변화에 참여하는 사람으로 성장하길 바란다. 그래서 선생님들과 함께 연구하고 실천한다. 흐르는 물처럼, 끊임없이 몸과 마음을 뒤척이며 새로운 학교를 꿈꾼다. 고흥의 포두중학교에서 공모 교장으로 3년째 아이들과 함께 공부하고 있다.

김현진 —

아이들이 나를 '지니샘'이라고 부를 때 미소가 머금어진다. 모든 걱정은 사라지고, 진짜 알라딘 램프의 그 요정이 된 것 같다. 아이들과 동료들의 소소하고 작은 마음속 이야기를 들어주는 것을 좋아한다. 이렇게 나와 우리가 따뜻하게 변화하면 결국 사회도 나라도 변화할 것이라는 믿음으로 길을 걷는다. 오늘도 우리가 앞으로 만들어 갈 '학교'를 생각하니 가슴이 뛴다.

장성모 —

교직 정년을 2년 앞둔 교장이다. 되돌아보면 부끄럽기도 하고 보람도 있었다. 20대에는 교직과 사회 부조화에 반항, 30대에는 알아야겠다는 생각에 열공, 40대에는 중견으로서 역할, 50대에는 혁신이었던 것 같다. 마지막이 혁신인 것이 다행이다. 지금은 교육과정 혁신운동에 매진하고 있다. 많이 어렵지만 언제까지일지 몰라도 해보련다.

김의성 —

2009년 남한산초의 이야기를 전해 듣고 행복한 학교를 꿈꾸는 광양 지역의 교사들과 함께 소모임 활동을 시작하며 설렘을 키웠다. 2013년부터 2019년까지 전남형 혁신학교인 옥룡초에 근무하며 구성원들과 함께 존중과 협력으로 꿈을 키우는 행복한 학교를 만들기 위한 시간을 통해 교사로서의 성장을 경험했다.

정종완 —

'대한민국의 인권은 교문 앞에서 멈춘다'는 슬픈 현실을 '대한민국의 인권은 교문 앞에서 시작한다'는 자부심으로 바꾸고 싶었다. 아침 교문에서 학생 맞이를 필두로 '존중과 나눔으로 더불어 성장하는 행복한 학교'를 만들기 위해 애를 쓰고 있다. 나그네의 외투를 벗긴 것은 사나운 바람이 아니라 따스한 햇살이었음을, 조약돌을 둥글게 만든 것은 정이 아니라 쉼 없이 부드럽게 쓰다듬은 물결이었음을 늘 명심하며 아이들을 만난다.

박화실 —

1986년 전남 해남의 땅끝에서 처음 교사 생활을 시작했다. 혁신학교를 만나고 교사로서 눈을 뜨기 시작하면서 아이들에게 맞는 수업을 찾아가기 위해 동료 선생님들과 함께 공부했던 순간들이 가장 좋았다. 교사로서 살아가는 동안 스스로가 새록새록 자라는 새싹처럼 느껴진다. 그동안 만났던 수많은 아이들처럼 필자 또한 아직도 자라고 있는 중이다.

홍천 —

1990년 교사가 되었다. '학교가 이대로 괜찮은가?' '나는 제대로 된 교사인가?'라는 질문에 대한 해답을 학교 밖에서 찾으려고 했다. 2011년 순천별량중에서 '배움의공동체'를 만나고 학교 안에서 선생님들과 함께 고민하고 배워가면서 진정한 교사로 거듭났다. 청춘을 바친 순천별량중에서의 7년이 생각만으로도 가슴이 웅장해지는 화양연화였으리.

허성균 —

2011년부터 2014년까지 포두중에 근무했다. 이 기간에 사람은 어떻게 성장하며 학교는 어떻게 학교공동체로 자리 잡아가게 되는지 많이 배웠다.

김영섭 —

내게는 소중한 교육철학이 있다. 배움과 재미교육이다. 변화와 성장이 있는 배움교육, 삶의 가치를 느끼는 재미교육을 실천하며 행복했다. 실천 과정에서 학교문화는 성장했고 아름다운 학교로 발전했다. 과거와 현재를 바라보며 미래에도 학교의 가치를 높이는 사람이 되도록 노력해 보련다.

김세희 —

전남혁신학교인 '낙성초등학교-순천별량중학교-벌교여자고등학교'를 졸업하고 현재 경인교육대학교에 다니고 있다. 교육실습이나 멘토링 등의 기회로 만나는 아이들이 사랑스럽게 느껴져 미래에 학교에서 아이들과 함께할 일상을 기대하고 있다. 학생들에게는 '못해도 괜찮아'라고 격려해주지만, 스스로에게는 그 말을 하지 못해왔음을 깨닫고 괜찮음을 연습하는 중이다.

박지원 ─

태어나고 자란 고향에서 계속 엉덩이 붙여놓고 친구들이랑 깔깔대며 살고 싶은 사람이다. 도시의 초등학교에 다니다가 오빠를 따라 순천별량중학교에 다녔고, 벌교여자고등학교를 졸업하고 순천대학교까지 진학했다. 지금은 순천풀뿌리교육자치협력센터에서 근무하면서 순천교육에 힘을 보태고 있다.

권오산 ─

세 아이를 둔 진원동초등학교 13년 차 학부모다. 아이들을 아파트 콘크리트 숲에서 경쟁교육에 내몰고 싶지 않았다. 땅의 기운을 받으며, 이웃과 더불어 사는 시골 학교에 보내고 싶었다. 큰아이 초등학교 입학선물로 광주에서 장성으로 이주한 이유다. 삶을 위한 교육을 꿈꾸며 교사, 학부모, 마을주민과 함께 혁신학교를 가꾸고 솔바람마을학교를 만들어 수다 떨고 놀며 배우고 있다. 장성 이주는 내게도 선물이었다.

서우연 ─

초등학생 때부터 키워온 초등교사라는 꿈을 2016년 3월에 마침내 이루고, 이제는 누군가의 꿈이 되고 싶은 시골 작은 학교의 선생님이다. 배우고, 기록하고, 나누는 것을 삶의 기쁨으로 여기며, 네이버 블로그《우연샘의 꿈꾸는 교실》에 학창 시절부터 현재까지 학교 안팎의 일상 및 교육활동을 꾸준히 기록하는 중이다. 기억은 언젠가 흐릿해지지만, 기록은 영원히 남는다는 생각으로 전남혁신학교 책자 발간에 참여했으며, 개인적인 기록도 계속 이어갈 예정이다.

도움 주신 분들

(가나다 순으로 정리)

강선희 • 강성윤 • 고일석 • 기나영 • 김남규 • 김민수 • 김봉기 • 김유동
김윤정 • 김지영 • 김철환 • 김춘성 • 김태요 • 김한결 • 김현주 • 김형규
류형우 • 박래훈 • 박미선 • 박진수 • 박진환 • 박현아 • 박효숙 • 서은지
서인숙 • 신숙녀 • 신왕식 • 안희진 • 양혜단 • 윤준서 • 이서중 • 이선례
이재민 • 이형민 • 장옥란 • 장재완 • 정나라 • 정화자 • 조건웅 • 조성진
주정범 • 주희주 • 최관현 • 최석우 • 옥룡초 학부모회

뜨거운 여름을 함께 보낸 여러분을 기억하겠습니다.

학교는 어떻게 학교가 될까

초판 1쇄 발행 2022년 12월 28일

지은이 전남학교혁신 집필팀

발행인 김병주
편집부 조정빈
마케팅 박란희
COO 이기택
뉴비즈팀 백헌탁, 이문주, 백설
행복한연수원 이종균, 이보름
에듀니티교육연구소 조지연

디자인 디자인붐

펴낸 곳 (주)에듀니티
도서문의 070-4342-6110
일원화 구입처 031-407-6368 (주)태양서적
등록 2009년 1월 6일 제300-2011-51호
주소 서울특별시 금천구 가산동 371-28 우림라이온스밸리 A동 1208호
출판 이메일 book@eduniety.net
홈페이지 www.eduniety.net
페이스북 www.facebook.com/eduniety
인스타그램 www.instagram.com/eduniety/
　　　　　　www.instagram.com/eduniety_books/
포스트 post.naver.com/eduniety

문의하기

투고안내

ISBN 979-11-6425-137-7 (13370)
값은 뒤표지에 있습니다.